HANDWERK zu HAUS

Goldenberg
FRANCE
SPAIN

HANDWERK zu HAUS

BAND 8

GRAMMONT VERLAG

Verlegt bei GRAMMONT VERLAG AG
16, chemin de Lucinge
CH-1006 Lausanne/Schweiz

ISBN 2-8270-0660-X (Gesamtwerk)
ISBN 2-8270-0668-5 (Band 8)

Printed in Spain by Gráficas Estella S.A.
D.L.: NA. 1080 - 1981

Inhalt Band 8 nach Sachgruppen

Inhalt Band 8 von A-Z

MÖBELBAUEN

Nehmen Sie Platz an Ihrer neuen Küchenbar

Ein Eßplatz in der Küche. Mit einer Theke können Sie ihn auch dort schaffen, wo für Tisch und Stühle kein Platz vorhanden ist. Die Bar wird einfach an die Rückfront der vorhandenen Küchenmöbel gebaut. Die Hängeschränke an der Decke bieten zusätzlichen Stauraum und wirken gleichzeitig als dekorativer Raumteiler zwischen Koch- und Eßbereich.

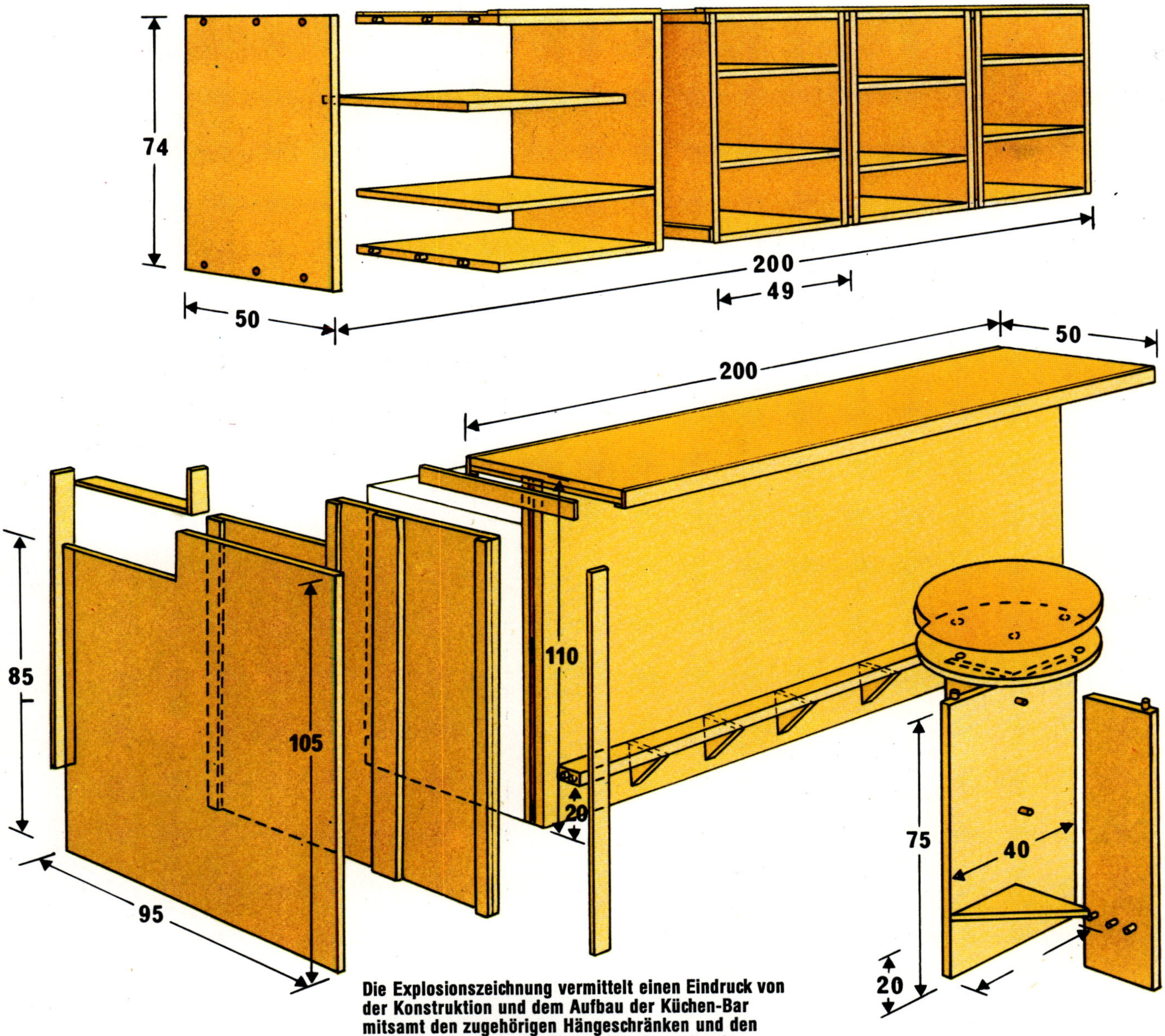

Die Explosionszeichnung vermittelt einen Eindruck von der Konstruktion und dem Aufbau der Küchen-Bar mitsamt den zugehörigen Hängeschränken und den Hockern. Alle Maße sind in Zentimeter angegeben.

Die Eßbar benötigt nur wenig Platz in Ihrer Küche. In unserem Fall rückten wir eine Reihe Unterschränke einer zweizeiligen Küche von der Wand ab und bauten die Theke an deren Rückwand. Zwischen den Küchenzeilen muß dann ein Gang von mindestens 1 m Breite verbleiben. Die Materialliste enthält die Maße aller Teile für eine 2 m lange Bar mit drei Hockern.

Um die Dübellöcher in den Schrankteilen paßgenau bohren zu können, fertigt man sich eine Schablone aus Hartholz an. Die äußeren Bohrungen haben 5 cm Abstand von den Kanten, die dritte sitzt genau in der Mitte.

Die Senkrechten laufen durch, Ober- und Unterseiten haben mit den Zwischenböden das gleiche Maß. Die Verbindung erfolgt jeweils durch drei 10-mm-Dübel. Sie bleiben bei Ober- und Unterseite sichtbar, der feste Zwischenboden wird dagegen »blind« befestigt. Der zweite Zwischenboden liegt lose auf Messingträgern, die auf eingelassenen Hülsen ruhen. Die Löcher dazu bohrt man vor dem Zusammenbau der Schränke.

Beim Zwischenboden setzt man die Dübel vor der Montage ins Hirnholz. Die Dübel der Ober- und Unterseiten kann man auch nachträglich von außen her einschlagen. Für den sichtbar bleibenden Endschrank verwendet man dazu statt der Riffeldübel Abschnitte einer glatten Dübelstange.

Die Verbindungen müssen stabil zusammengepreßt bleiben, bis der Leim abgebunden hat. Alle Leimfugen müssen dicht sein. Vor dem Abbinden des Leims prüft man, ob der Schrank auch winkelig ist. Durch Schrägsetzen der Knechte kann man ihn jetzt noch geraderücken.

Dann kann man das Kantenfurnier aufbügeln. Die überstehenden Grate entfernt man mit einer Feile (Arbeitsrichtung schräg zur Plattendicke). So kann das Furnier nicht einreißen.

Auf jeweils einer Seite erhalten die Schränke eine

1 Um die erforderlichen Dübellöcher in den Hängeschränken paßgenau bohren zu können, fertigt man sich eine Schablone an.

2 Die Zwischenböden werden blind eingedübelt. Dazu muß man die in das Hirnholz eingeleimten Dübel kürzen. Eine Leiste dient als Anschlag.

3 Für die Montage bestreicht man das Hirnholz und die Dübel mit Leim. Der Zusammenbau muß rasch erfolgen, sonst bindet der Leim vorher ab.

MATERIALLISTE

Furnierte Spanplatte, 20 mm dick:

2 St. 105×195 cm	Frontplatte
2 St. 105× 95 cm	Seitenplatte
8 St. 75×48 cm 16 St. 45×48 cm	Hängeschränke
3 St. 75×38 cm 6 St. 75×18 cm 3 St. 18×18 cm	für drei Hocker

Einfache Spanplatte, 19 mm:

2 St. 200×48 cm	Thekenplatte
1 St. 120×40 cm	für Hocker-Sitzflächen

Schichtpreßstoffplatte (z. B. Resopal, Formica)
1 St. 200×48 cm

Kiefernleisten:
8 lfdm 5×1 cm, 15 lfdm 2 × 1 cm,
2 lfdm 4×6 cm

Kleinmaterial und Zubehör:
50 m Kantenfurnier.
100 Dübel 10×50 mm;
1 m glatte Dübelstange, 10 mm ⌀.
16 Bodenträger, Messing, dazu 48 Hülsen.
12 Hülsenschrauben (Schrankverbinder).
3 Schaumstoffplatten, 4 cm dick, 40 cm ⌀,
3 Schaumstoffplatten 4 cm dick, 50 cm ⌀.
Polsterstoff für die Hocker.
12 Holzschrauben 5×80 mm; kleine Nägel;
Weißleim, Kontaktkleber für die Thekenplatte,
Schaumstoffkleber für die Polsterung.

4 Durch Messen der Diagonalen prüft man, ob der Schrank rechtwinklig ist. Durch schräges Ansetzen der Knechte korrigiert man Abweichungen.

5 Seiten- und Frontplatte bestehen aus zwei Platten mit zwischengeleimten Abstandsleisten. So wird die Platte insgesamt 5 cm dick.

6 Die Schichtpreßstoffplatte klebt man mit Kontaktkleber auf die Theke. Leisten dazwischenlegen, die Kanten ausrichten.

7 Die Tragdreiecke der Fußleiste montiert man vor dem Zusammenbau der Frontplatte. Sie werden verleimt und geschraubt.

Auch die stabilen Barhocker sind ganz einfach aus Spanplatten zusammengebaut.

1 Die Untergestelle werden zusammengedübelt. Dazu zuerst die Dreiecke an den schmalen Teilen befestigen und den Leim abbinden lassen.

2 Die runden Sitzflächen der Hocker zeichnet man mit einem improvisierten Zirkel (Latte mit Nagel).

4 So ist die Polsterung aufgebaut: Die Kanten der unteren Schicht bestreicht man mit Spezialkleber. Nach dem Ablüften faltet man sie in der Mitte aufeinander. Die obere Schicht klebt man am Holz fest.

3 Die Sitzflächen sind mit je einem Dübel in der Mitte und in jedem Kreuzschenkel verbunden. Verleimt wird erst nach dem Anbringen der Polsterung.

8 Die vorhandenen Küchenschränke fügen sich harmonisch in die Konstruktion unserer Eßbar ein. Frühstück, Zwischenmahlzeit oder Mitternachts-Snack sind schnell serviert. Das spart Zeit und Wege.

9 Die Hohlräume zwischen den Schränken machen es einfach, Elektrokabel für eine Steckdose oder die Beleuchtung zu verlegen.

1 cm dicke Abstandsleiste, die man mit Leim und kleinen Nägeln befestigt. Dadurch ergibt sich nach dem Zusammenbau des Schranks eine Schattenfuge, die optisch auflockernd wirkt.
Die Schrankelemente verbindet man untereinander durch Hülsenschrauben. Es genügen drei Stück pro Schrankseite. Für die Hülsen bohrt man ein 8-mm-Loch. Weil diese Schrauben nur eine nutzbare Länge von 50 mm haben, versenkt man die Köpfe um ein paar mm (16 mm Bohrer).

Um bei den Front- und Seitenplatten die erforderliche Dicke von 5 cm zu erreichen, setzt man sie aus zwei Platten mit einer Zwischenlage aus 1 cm dicken Leisten zusammen. Die Verbindung erfolgt durch Leim und Dübel. Die Abstandsleisten befestigt man zunächst auf einer Platte. Zum Markieren der Dübellöcher benutzt man Zentrierspitzen oder aber kleine Stifte, die man in eine der Platten einschlägt. Dann kneift man die Köpfe ab und legt die zweite Platte kantenbündig darüber. Beim Bohren muß man darauf achten, den Bohrer genau senkrecht zu halten. Am Bohrer selbst kann man die erforderliche Tiefe einfach mit Klebeband markieren.
Die Platte der Theke besteht aus zwei miteinander flächig verleimten 19-mm-Spanplatten. Die Oberfläche erhält eine Schichtpreßstoffplatte, die man mit Kontaktkleber befestigt. Dazu die ganzen Flächen einstreichen, gut ablüften lassen. Weil man nach dem Zusammenfügen der Klebeflächen die Passung nicht mehr korrigieren kann, muß man die Kanten vorher bündig ausrichten. Dazu legt man Leisten oder Butterbrot-Papier dazwischen. Nach dem Ausrichten kann man sie vorsichtig wegziehen.
Seitenplatte, Frontplatte und Theke werden blind miteinander verdübelt. Die Theke und die Stirnkanten des Seitenteils erhalten eine vorgeleimte Leiste von 5 × 1 cm Querschnitt. Die Fußleiste wird mit Dübeln an den tragenden Dreiecken befestigt. Bei den Hocker-Gestellen erhalten die breiten Teile in der Längsachse durchgehende Dübel. Die Verstärkungsdreiecke muß man zuerst an den schmalen Teilen festdübeln und den Leim abbinden lassen. Diese vormontierten Teile setzt man dann mit den breiten Stützen zusammen. Die Aussparungen im Unterteil gewährleisten sicheren Stand auch bei kleinen Unebenheiten des Bodens.
Die Polsterung besteht aus zwei 4 cm dicken Schichten Schaumstoff. Die Kanten der unteren Lage klebt man gefaltet aufeinander, so daß sich eine Linsenform ergibt. Die obere, größere, wird darüber gespannt und an der Holzkante festgeklebt. Darüber kommt der Stoff.
Die Regale an der Decke sind so ausgelegt, daß man sie bei einer Zimmerhöhe von 2,50 m direkt andübeln kann. Bei höheren Decken muß man sie entsprechend abhängen, z. B. mit Ketten oder Metallstangen.

Bevor Sie sich mit Knoten und Spleißen beschäftigen, sollten Sie Taue nach ihrer Herkunft und Beschaffenheit unterscheiden lernen.
1) Polyamid-Tau, das man als Schot auf Segelbooten benutzt. Der Außenmantel besteht aus geflochtenem Material, daher ist dieses Tauwerk nur für ganz wenige Zierknoten geeignet.
2) + 3) Taue aus farbigem Polypropylen. Diese schwimmfähige synthetische Faser ist häufig hart und steif, daher zum Knoten schwer zu verarbeiten.
4) Manila-Tauende, hartes, strapazierfähiges Tauwerk, das aus dem Stamm einer wilden Bananenpflanze gewonnen wird. Widerstandsfähig gegen Wasser und Feuchtigkeit.
5) Gebleichtes Sisal-Tauwerk, hergestellt aus den Blättern der Sisalagave. Ein preiswertes Tauwerk.
6) Kokos-Tau, hergestellt aus den Fasern der Kokosnuß. Das Material ist leicht, schwimmfähig und elastisch.
7) Tau aus Hanf. Die Fasern: Stengel der Hanfpflanze. Dieses Tauwerk ist weich, biegsam und für Zierknoten besonders gut geeignet. Die Faser ist empfindlich gegen Feuchtigkeit.

WERKEN

Was man aus Tauen + Seilen machen kann

Nicht nur Seeleute haben Freude an Zierarbeiten mit Tauen und Seilen. Auch Sie können daraus nützliche und schmückende Gegenstände herstellen.

Ein Stopperknoten wurde als Abschluß des Handlaufes (links) angefertigt. Das Material ist 25-mm-Hanf-Tauwerk, dessen Kardeele den Knoten bilden. Der Knoten wird lose in der Hand gelegt, wie auf der Zeichnung angegeben. Erst wenn alle Kardeele doppelt nach dem Verlauf der Pfeile gelegt sind, Knoten anziehen.

Die Gebrauchsknoten der Seefahrt standen Pate bei den meisten Zierknoten. Auf den Rahseglern des vergangenen Jahrhunderts entstanden wohl auch die ersten »Fancy Works«, schmückende und verzierende Arbeiten aus Tauwerk. Denn Tauwerk war ja das Material, mit dem jeder Seemann ohnehin gut umgehen konnte; auf langen Seereisen war es oft auch das einzige, das für die Freizeitgestaltung wirklich zur Verfügung stand.
So ist auch zu erklären, daß sämtliche Ausdrücke, die den Umgang und die Verwendung von Tauwerk beschreiben, dem seemännischen Sprachgebrauch entstammen. Wenn man die Materie verstehen will, ist es notwendig, sich mit diesen Ausdrücken vertraut zu machen.
Tauwerk ist der Oberbegriff für Leinen, Seile und Trossen, die der Seemann schlicht »Tampen« nennt.
Man unterscheidet zwischen geschlagenem (gedrehtem) und geflochtenem Tauwerk. Geflochtenes Tauwerk eignet sich nur für ganz wenige Zierknoten, weil es sich nicht spleißen läßt. Spleißen, das ist die Verbindung von Tauwerk ohne Knoten.
Jedes »Ende«, so bezeichnet man ein Stück Tauwerk, besteht aus drei bis vier Strängen, den »Kardeelen«. Die meisten Knoten oder Spleiße entstehen, indem diese einzelnen Kardeele so ineinander verwoben werden, daß sie sich unter Zug oder

So wirkt Tauwerk immer dekorativ

Richtiges Werkzeug: Takelgarn aus Hanf oder Kunststoff, Segelnadel und Segelmacher-Handschuh, Flachzange, Fitt (aus Holz) oder Marlspieker (Metall) und ein scharfes Messer sind erforderlich.

Belastung gegenseitig »bekneifen«. Bekneifen heißt, daß die Endteile der Kardeele gegen unbeabsichtigtes Öffnen gesichert sind. Ein haarnadelförmig zusammengelegtes Ende bildet eine »Bucht«, die beiden Seiten der Bucht nennt man »Parten«; zwei sich kreuzende Parten eines Endes bilden ein »Auge«. Und das Wichtigste: Der Seemann macht keine Knoten, sonder »Steke«.

Der Segelmacher-Handschuh ist notwendig, um die Segelnadel durch das zum Teil harte Tauwerk drücken zu können. Eine Kombizange ist dabei ebenfalls von Nutzen. Mit dem Fitt oder dem Marlspieker werden einzelne Kardeele im geschlagenen Tauwerk angehoben, um ein anderes Kardeel einspleißen zu können. Auch zum Nachstecken oder Festziehen, ebenso zum Aufbrechen von Steken wird er verwendet.

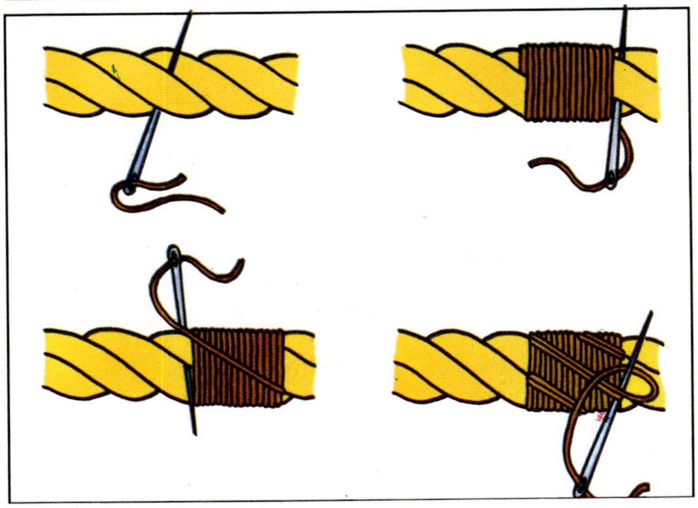

Taklinge nennt der Fachmann diese Wicklungen aus Segelgarn, die verhindern, daß sich die einzelnen Kardeele eines Tampens aufdrehen, der Tampen also in seine Einzelteile zerfällt. Das Bild unten zeigt einen Kreuzknoten, durch den die beiden Tampen verbunden sind. Bei dem auf der Seite 6 abgebildeten Rahmen für das Schiffs-Halbmodell haben wir nach dieser Technik gearbeitet. Wie dieses genähte Takling angefertigt wird, ist aus der Zeichnung links deutlich zu erkennen.

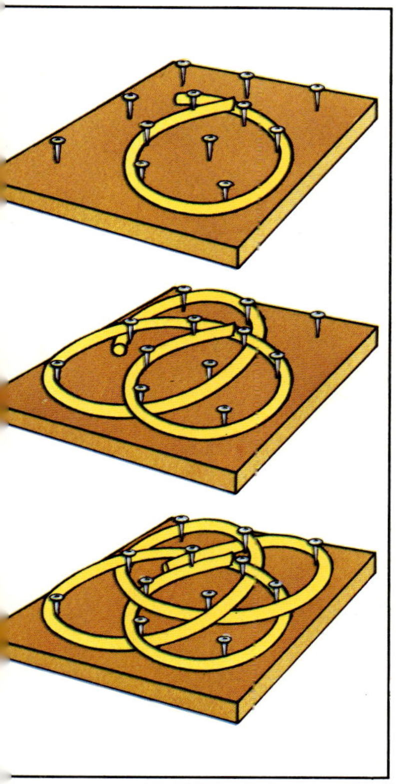

Ein »Türkischer Bund«, als Glas- oder Topfuntersetzer verarbeitet. Diesen Zierknoten kann man schneller anfertigen, wenn man sich eine Arbeitsplatte mit eingeschlagenen Nägeln anfertigt. Folgen Sie dem Verlauf der Zeichnung und legen so viel Windungen, bis die Platte ausgefüllt ist. Damit alles plan liegen bleibt, kann man die Rückseite zusätzlich vernähen.

Bändsel heißen die Verbindungen zwischen zwei parallel laufenden Tauenden. Das Bücherregal auf Seite 7 wurde nach dem System der Strickleiter angefertigt. 12 mm dickes Manilatau, 5 Meter lang, reicht dafür aus. Die Bändsel, deren Knüpftechnik Sie auf der Zeichnung rechts erkennen, werden aus 2 mm dickem gewachstem Hanf gefertigt.

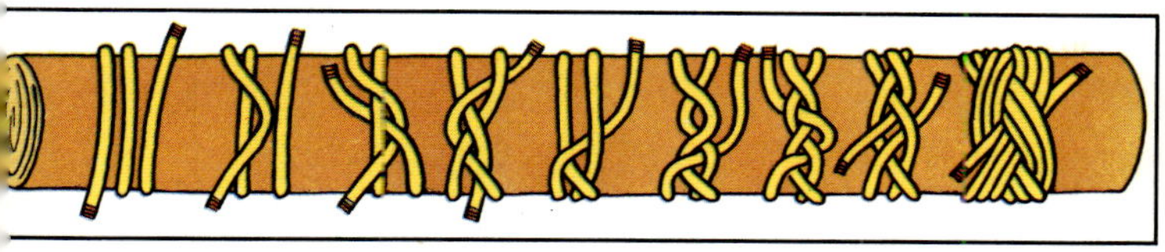

Zylinderförmige Türkische Bunde, als Zierknoten um eine Rumflasche gelegt. Für den unteren Knoten benötigen Sie 3½ m Manila (10 mm ⌀), für den oberen 2 m (8 mm ⌀). Gearbeitet wird, wie aus der Zeichnung oben ersichtlich. Der linke Tampen muß etwa 10 cm nach unten überstehen, das rechte Ende wird in voller Länge zum »Arbeitstampen«. Geben Sie acht, daß die ersten Wicklungen nicht zu stramm ausfallen, sonst ist kein Raum zum Nachstecken für die Vervielfachung.

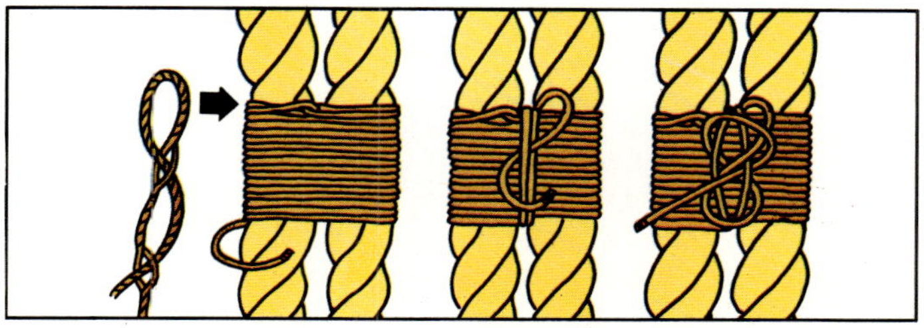

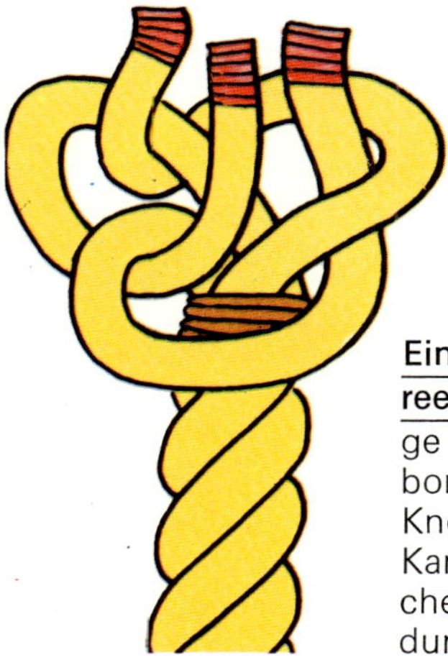

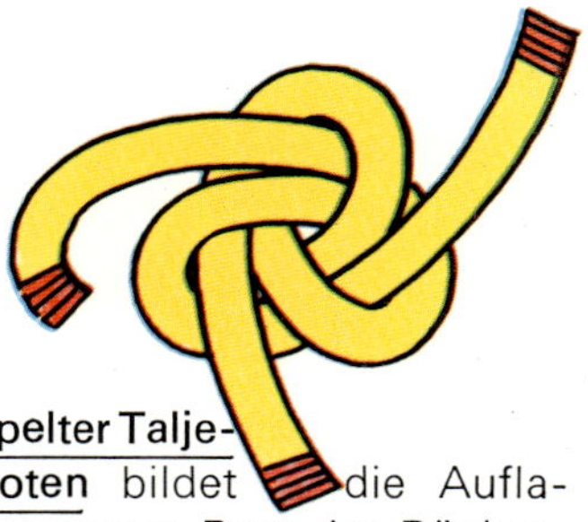

Ein doppelter Taljereepsknoten bildet die Auflage für das untere Brett des Bücherbordes. Bei diesem komplizierten Knoten muß man auch die einzelnen Kardeele mit einem Takling absichern. Alle Kardeele werden zweimal durch die Buchten gesteckt.

Schmuckkästchen aus Holz mit »Einlegearbeiten« aus Stroh

Die Holzkästchen für unsere hübsche Bastel- und Geschenkidee können Sie entweder selbst bauen oder in jedem Fachgeschäft für Bastlerbedarf in allen Formen und Größen kaufen. Sie benötigen nur ein paar Stunden Arbeit und nichts weiter als ein Bündel Naturstrohhalme, Alleskleber und Holzfarbe, um aus den rohen Holzkästen Zierdosen mit dem Zauber kostbarer Einlegearbeiten zu fertigen.

Das Bastelmaterial für unsere Stroh-»Intarsien« ist billig und überall erhältlich. Die Strohhalme gibt es in Bündeln zu etwa 50 Stück im Kaufhaus oder im Bastelgeschäft. Am schönsten wirken Naturstrohhalme, die naturfarben, gebleicht und sogar gefärbt im Handel angeboten werden. Bei den auf diesen Seiten gezeigten Vorschlägen für strohbeklebte Schmuckkästchen wählten wir ausschließlich naturfarbene Strohhalme, da auf dem leuchtend farbigen Lackgrund der Holzkästchen die natürliche Strohfarbe einen reizvollen Kontrast bildet und nicht unruhig wirkt.

Falls Sie aber einen größeren Vorrat farbiger Trinkhalme aus Plastik aufbrauchen wollen, lassen sich durchaus auch damit hübsche Effekte erzielen. Allerdings dürfen die Halme nicht zu durchsichtig sein, da sonst die reizvolle Kontrastwirkung zu den bemalten Holzoberflächen verlorengeht; ein weiterer Nachteil von Kunststoffhalmen ist, daß sie wesentlich schwerer zu spalten und flachzubügeln sind — andererseits können sie nicht einreißen oder brüchig werden, wie das bei Naturstroh häufig der Fall ist. Während für unsere Klebearbeit mit Naturstroh Alleskleber oder Weißleim als Klebstoff voll ausreichen, sind für die Arbeit mit Plastikhalmen mitunter Spezialkleber erforderlich.

Neben Strohhalmen und Leim benötigen wir bei unseren Schmuckkästchen noch Farbe für die Grundierung der rohen Holzflächen. Am besten eignen sich gut deckende Plakat- und Ölfarben in allen dunkleren Farbtönen, die zu der hellen Naturfarbe einen leuchtenden Kontrast ergeben. Auch ohne Bemalung der Holzkästchen sind dekorative Klebearbeiten denkbar. Wenn die Halme auf den hellen Holzuntergrund geklebt werden sollen, dürfen die aufgeklebten Muster ruhig mehrfarbig sein. In diesem Fall eignen sich die in verschiedenen Brauntönen gefärbten Halme aus Naturstroh (Sie können die Halme durch mehrfaches Überbügeln verschieden dunkel tönen) oder auch leuchtend bunte Plastikhalme. Ob Sie mit hellen Strohmustern auf dunklem oder stark farbigem Lackuntergrund arbeiten wollen oder mit mehrfarbigen Motiven auf neutralem Holzgrund — in jedem Fall ist ein lebhafter Kontrast zu empfehlen. Nach dem Bekleben der Holzkästchen sollte ein Schutzüberzug aus farblosem Lack auf die gesamte Oberfläche gestrichen werden.

An Werkzeugen werden für unsere Bastelei lediglich ein scharfes Messer (oder Allzweckschneider), eine handliche Schere und ein Metalllineal benötigt. Zum Glattbügeln der Halme brauchen wir ein Bügeleisen; für die »Tüftelarbeit« beim Aufkleben haarfeiner Halmstücke leisten Klebstreifen, Pinzette oder Zahnstocher nützliche Dienste.

Hier sehen Sie einige fertig beklebte Kästchen, die Ihnen zeigen, welch breite Palette von Möglichkeiten sich beim Dekorieren mit buntem Holzlack und Naturstroh bietet. Solch ein Schmuckkästchen ist immer ein reizvolles kleines Geschenk.

Fast wie eine kostbare Einlegearbeit wirkt dieses kunstvoll mit feinsten Strohspänen beklebte Kästchen. Auf dem schwarzen Untergrund ergibt der warme Honigton des Strohs einen lebendigen Kontrast. Die aparten Muster lehnen sich an Ornamente des südamerikanischen Kunsthandwerks an.

Hier das Material, das Sie brauchen: ein Bündel Trinkhalme aus Naturstroh oder Kunststoff, ein Lineal aus Metall, ein scharfes Messer, Alleskleber oder Klebestift und ein Holzkästchen.

Die eingeweichten Strohhalme lassen sich durch Anritzen mit dem Messer in verschieden dicke Späne unterteilen. Auch durch Flachdrücken mit Finger oder Lineal lassen sich Naturstrohhalme in glattkantige Streifen brechen.

TIP

Beim Bügeln der Strohhalme können sie viele Farbnuancen schaffen. Je nachdem, ob Sie das Stroh nur kurz ansengen oder stark versengen, erhalten Sie honigfarbene bis kaffeebraune Späne. Sortieren Sie die gebügelten Halme nach Farben und Breiten; die Sortimente lassen sich mit Wäscheklammern zusammenhalten.

Zunächst werden die für die Arbeit erforderlichen Strohstücke vorbereitet. Damit die Halme beim Aufschneiden und Flachbügeln nicht brechen, müssen sie drei bis vier Stunden in lauwarmem Wasser eingeweicht werden (auch bei Plastikhalmen, die sich oft hartnäckig dem Flachpressen widersetzen, wird die Arbeit durch Einweichen leichter). Die noch feuchten Strohhalme werden dann durch Einritzen mit dem Messer in ein oder zwei Streifen geteilt. Bei Naturhalmen genügt es meist, wenn Sie die Halme mit dem Messer an einem Ende einschneiden und dann mit dem (auf mittlere

Etwas mühsamer ist das Glätten und Spleißen bei Kunststoffhalmen, da diese sich dem Flachpressen widersetzen und meist nur mit Hilfe des Messers in Streifen geschnitten werden können.

Temperatur eingestellten) Bügeleisen in den Schlitz fahren. Danach wird der Strohstreifen gewendet und von der Außenseite gebügelt. Es empfiehlt sich, gleich ein ganzes Bündel Strohhalme so zu präparieren, denn Sie müssen beim Bekleben mit ziemlich viel Abfall rechnen.

Wenn Sie genügend Strohstreifen vorbereitet haben und das Kästchen, das Sie bekleben wollen, fertig lackiert und getrocknet ist, können Sie die gewünschten geometrischen Muster oder einfachen Motive (von dem auf Papier gezeichneten Entwurf) mit leichten Bleistiftstrichen auf Deckel und Seitenwände des Kästchens übertragen. Man legt die passend zurechtgeschnittenen Halmstücke am besten zunächst auf der Papierskizze aus (ein kleines Stück Klebstreifen verhindert das Verrutschen), dann wird jedes einzelne Stück mit Leim bestrichen und — dem aufgezeichneten Muster folgend — auf das Kästchen geklebt. Einzelne Motive, wie zusammengesetzte Dreiecke, Quadrate oder »Treppchenmuster«, sollten vor dem Verkleben mit

Beim Flachbügeln von Plastikhalmen muß das Bügeleisen auf die niedrigste Temperaturstufe eingestellt werden. Verwenden Sie zum Schutz des Bügeleisens eine Zwischenlage aus Papier (bei Kunststoffhalmen).

Es empfiehlt sich, die Plastikhalme vor dem Schneiden flachzubügeln. Arbeiten Sie beim Schneiden auf einer festen Unterlage aus Pappe oder Sperrholz und fixieren Sie den Halm beim Spleißen durch festen Druck auf das Metallineal.

Ähnlich wie der Tischler die Holzleisten zum Rahmen fügt, werden die Halmstücke an den Ecken sauber »auf Gehrung« gearbeitet: Die überstehenden Enden werden so abgeschrägt, daß sie sich genau zum rechten Winkel zusammenfügen lassen.

Die zugeschnittenen Strohstreifen werden auf der Rückseite mit einem Tupfer Alleskleber bestrichen (einfacher und sauberer geht die Arbeit mit einem Klebestift) und nach kurzem Andrücken an der vorgezeichneten Stelle auf das Kästchen geklebt.

Bei komplizierteren Mustern ist es zweckmäßig, vor dem Verkleben die einzelnen Ornamente provisorisch mit Tesafilm auf dem Kästchen zu befestigen. So müssen die Strohstückchen während der Arbeit nicht immer wieder zurechtgerückt werden.

Am Kästchengrund werden die Strohstreifen im rechten Winkel umgebogen oder von einem parallel geführten Streifen eingefaßt, da sich an den Kanten des Kästchens die Verklebung der Strohstückchen gerne löst und die Enden dann unschön abstehen.

etwas Klebstreifen an der richtigen Stelle auf dem Kästchen fixiert werden. Achten Sie darauf, daß Sie während der Arbeit alle Spuren von überschüssigem Klebstoff sofort mit einem feuchten Läppchen oder mit Hilfe eines Zahnstochers entfernen.

Wo die einzelnen Strohspäne sich im Muster überkreuzen oder über Eck geklebt sind, werden sie »auf Gehrung gefügt«. Dazu läßt man die zusammenstoßenden Halmstücke zunächst überstehen und schneidet beide Enden gleichmäßig schräg ein, so daß sie zusammen einen sauberen rechten Winkel bilden. Runde Motive entstehen durch Zusammensetzen breiter Halmstücke, die mit einer Nagelschere leicht abgerundet wurden.

Technisch sind der Wahl von Mustern und Formen kaum Grenzen gesetzt; man sollte sich jedoch nicht dazu verleiten lassen, zu komplizierte Motive oder ganze Bilder herstellen zu wollen — einfache geometrische Formen, wie Sie sie auch unseren Bildvorschlägen entnehmen können, entsprechen dem Materialcharakter des Strohs am besten und gelingen meist auf Anhieb sauber und akkurat.

Hier schmücken leuchtende Stroh-»Intarsien« eine Zigarettendose, die wegen der besonders guten Kontrastwirkung schwarz lackiert wurde. Mit etwas Geduld und Fingerspitzengefühl können Sie dieses Stück in einem Nachmittag herstellen; wenn Sie die fertig beklebte Dose am Schluß noch farblos lackieren, haben Sie daran um so länger Freude.

Für kleine Lokomotivführer:
Nacht-Express im Kinderzimmer

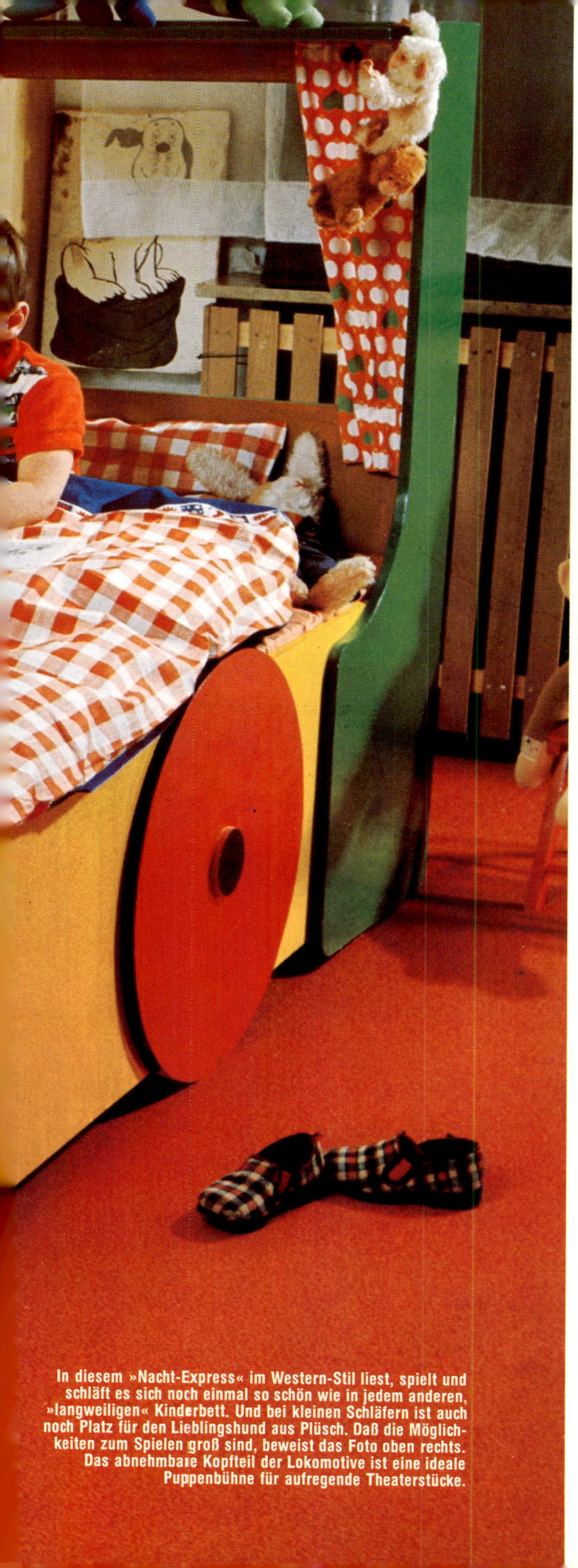

In diesem »Nacht-Express« im Western-Stil liest, spielt und schläft es sich noch einmal so schön wie in jedem anderen, »langweiligen« Kinderbett. Und bei kleinen Schläfern ist auch noch Platz für den Lieblingshund aus Plüsch. Daß die Möglichkeiten zum Spielen groß sind, beweist das Foto oben rechts. Das abnehmbare Kopfteil der Lokomotive ist eine ideale Puppenbühne für aufregende Theaterstücke.

Ein Bett, das jedem Kind Spaß macht; ein Spielzeug, das nicht nur im Kinder zimmer, sondern im Sommer auch im Garten zu gebrauchen ist: Das ist unsere Kinderzimmer-Bett-Lokomotive, die Sie auch um ein vorhandenes Bett herumbauen können. Ein Kasperle-Theater ist obendrein noch inbegriffen. Ein Möbel für Kinder von 3 bis 13 Jahren.

Wenn das Gitterbett im Kinderzimmer zu klein geworden ist, muß ein Jugendbett beschafft werden. Die Auswahl ist groß, aber so eine Lösung, wie wir Sie Ihnen vorschlagen, gab es bisher noch nicht. Denn unsere Bett-Lokomotive ist nicht nur einfach ein Bett, sondern auch Spielzeug und Kasperletheater in einem. Das ganze Bett wird aus 19 mm dicker Tischlerplatte, Gabun furniert, hergestellt. Mit Absicht geben wir keine Maße und Stückliste für die Arbeit. Denn das Bett kann in jedem Maß, zugeschnitten auf das Alter des Kindes oder die Größe des Kinderzimmers, gefertigt werden. Grundsätzlich sollten Sie aber daran denken, daß ein Kinderbett mindestens 140 cm lang und 70 cm breit sein sollte. Noch besser ist es natürlich, das Bett gleich 190 × 90 cm groß zu arbeiten. Aber auch alle anderen Maße sind möglich, denn Schaumgummi-Matratzen kann man sich in jeder gewünschten Größe zuschneiden lassen.

Alle Einzelteile des Bettes werden aus der Tischlerplatte mit der Stichsäge ausgesägt.

Die Räder und Scheinwerfer können einfach mit Leim am Bettrahmen und am Vorderteil befestigt werden. Das abnehmbare Kopfteil wird so gearbeitet, daß man es auch als Kasperletheater benutzen kann. Die Einzelteile verleimen und verdübeln.
Vorderfront und Seitenteile des Bettes werden mit Scharnieren verbunden. So kann die »Lok« schnell zusammengeklappt und zum Spielen in den Garten gebracht werden. Das Kasperletheater wird mit zwei Flügelschrauben auf jeder Seite an den Seitenteilen befestigt. Die Matratze kann verschieden eingelegt werden. Auf jeden Fall befestigt man an beiden Seitenteilen des Bettes in ganzer Länge zwei normale Dachlatten. Darauf kann man entweder einen Sprungrahmen legen oder eine Spanplatte.

1 Alle Einzelteile des Bettes, die Maße können Sie nach eigenem Wunsch bestimmen, aus 19 mm dicker Tischlerplatte, Gabun furniert, zurechtschneiden. Dazu eine Stichsäge benutzen. Denken Sie von Anfang an bei der Bemaßung daran, daß das Kasperletheater 140 cm hoch sein sollte, um genügend »Spielfreiheit« zu gewähren.

2 Die Lok ist zusammengesetzt. Die Räder werden einfach mit den Seitenteilen verleimt. Auch die Scheinwerfer und Puffer werden nur aufgeleimt. Das Kopfteil wird verleimt und verdübelt und an den Seitenteilen des Bettes mit je zwei Flügelschrauben befestigt.

3 Damit man das Bett im Sommer problemlos zum Spielen in den Garten tragen kann, haben wir Vorderteil und Seitenteile mit je zwei kräftigen Scharnieren zusammengeschraubt und für die Oberflächenbehandlung einen DD-Hartlack benutzt.

4 Deutlich erkennt man hier, daß das Vorderteil auf zwei schmalere Stücke geleimt ist. Diese Stücke werden mit den Seitenteilen des Bettes verbunden.

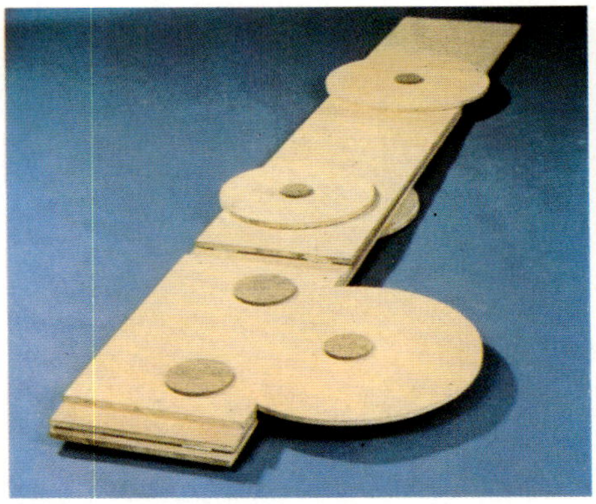

5 So einfach lassen sich Vorder- und Seitenteile zusammenklappen. Wenn das Kind einmal zu groß ist, läßt sich das Bett zusammengeklappt raumsparend verstauen.

6 Das Kasperletheater, sprich Kopfteil des Bettes, ist abnehmbar. So können Vater oder Mutter beim Kindergeburtstag schnell Theaterdirektor werden.

AUTO

Sicherer durch den Verkehr mit Signalfarben

Was früher ein paar Hunderter kostete, gibt es jetzt für wenig Geld: Rallyestreifen und Sicherheitslackierungen fürs Auto - direkt aus der Spraydose. Sie sind sogar wieder abwaschbar. Wir zeigen Ihnen, wie's gemacht wird.

Eine Sprühdose und ein paar Meter Klebeband genügten, um diesen Simca attraktiver zu machen. Rotlackierte Türinnenseiten signalisieren dem nachfolgenden Verkehr beim Aussteigen: Achtung, Seitenabstand halten!

Die zu lackierenden Teile müssen in weitem Umfeld abgedeckt werden. Lack nur dünn aufsprühen.

Schwarze Autos sind neuerdings wieder sehr gefragt. Dabei dürfte es sich herumgesprochen haben, daß dunkle Wagen ein erhöhtes Sicherheitsrisiko bergen. Sie werden – besonders in der Dämmerung – von anderen Verkehrsteilnehmern oft nicht rechtzeitig genug wahrgenommen. Es ist deshalb nicht bloß eine Spielerei, wenn man sein Auto mit auffälligen Rallyestreifen oder »pop-

Vermummt wie ein »Erlkönig«: Ein Alfa Romeo. Das Zeichen auf die Motorhaube zu bringen, erfordert eine ruhige Hand. Zunächst wird eine durchsichtige Folie (im Handel erhältlich) auf die Haube geklebt. Mit einem Filzschreiber überträgt man das gewünschte Motiv und schneidet es mit einem scharfen Messer (ganz vorsichtig, um den Lack nicht zu beschädigen) heraus. Lackieren, den Rest der Folie abziehen, fertig!

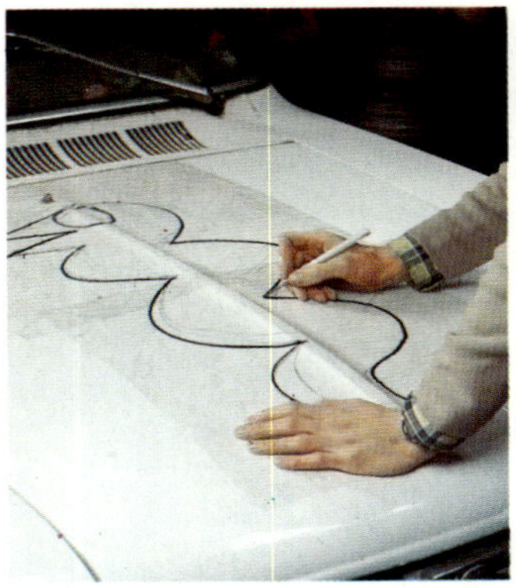

pigen« Farbpunkten versieht. Leider war das bislang ein recht teurer Spaß. Für sogenannte Teillackierungen verlangen Werkstätten einen stolzen Preis.
Wer sicherer durch den Verkehr kommen möchte oder sich seine alte Blechkutsche ganz einfach »übergesehen« hat, kann ihr jetzt für wenig Geld selber neue Kleider verpassen. Und zwar so oft er möchte. Denn die speziellen »Strip-Sprays«, die der Fachhandel dafür seit kurzem anbietet, lassen sich mit einem Lösungsmittel leicht wieder entfernen. Dennoch haften sie so fest, daß sie dem Regen trotzen und sogar mit »heiler Haut« durch Waschstraßen kommen.
Und so wird's gemacht: Die zu lackierenden Teile des Wagens (z. B. Türen, Koffer- und Motorhauben) gut reinigen. Die angrenzenden Flächen mit Zeitungspapier und Spezialklebeband sauber abkleben. Danach mit der Spraydose, die Zimmertemperatur haben soll, den Lack dünn und gleichmäßig im Kreuzgang aufsprühen; Sprühabstand etwa 30 bis 35 Zentimeter. Nach etwa zehn Minuten kann man die Klebebänder entfernen. Die lackierten Stellen müssen jedoch 24 Stunden austrocknen, bevor sie mit Wasser in Berührung kommen dürfen.
Sogenannte Leuchtfarben sind im allgemeinen übrigens für »amtliche« Fahrzeuge (Rettungswagen u.ä.) reserviert. Bei Privatautos dürfen sie nur an den Innenseiten der Hauben oder Türen angebracht werden und das sollte man beachten.

Schrägstreifen und Sicherheitssymbole kann man mit überbreitem Tesa-Band bequem und symmetrisch abkleben. Damit der Lack gut haftet, muß der Untergrund absolut staub-, fett- und silikonfrei sein. Roststellen sollten vor der Lackierung mit einem Rostumwandler behandelt werden. Mit einem Spezial-Ablöser kann man die Lackierung wieder entfernen.

Für jeden Wagentyp eine andere Lackierung

Ob seriös, poppig oder nur verspielt, Signallack macht Ihren Wagen im Straßenverkehr besser sichtbar . . .

. . . Für jeden Autotyp bieten sich Lackierungen nach der Form des Autos an. Natürlich spielt auch immer der Grundlack eine große Rolle, denn . . .

. . . je dunkler oder blasser die Grundlackierung wirkt, desto leuchtender sollte die Sicherheitslackierung sein.

1 Eine dekorative Deckelbemalung, zwei kräftige Lederschnallen und ein aufgeschraubter Koffergriff lassen Ihr Gästebett wie eine Seekiste erscheinen.

2 Die Seekiste hat es natürlich »in sich«! Alles, was Sie für plötzlichen Schlafbesuch brauchen. Ein Lattenrost und die 5 cm dicke Matratze werden darin aufgerollt.

3 Hier fehlt nur noch ein Laken und die Bettdecke. Die Seekiste wurde auseinander gefaltet, Lattenrost und Matratze eingelegt. (Wie der Faltmechanismus funktioniert, sehen Sie auf der nächsten Seite im Bild 8.) Der Deckel dient als Buchablage. Eine Leselampe, auf der Oberseite installiert, findet ebenfalls Platz.

MÖBELBAUEN

Der Reserve-Schlafplatz aus der Kiste

Raum ist in der kleinsten Hütte - besonders, wenn man das Reserve-Bett im »Ruhestand« so klein machen kann wie unser Modell. Keine Probleme mehr, wenn unerwartet Gäste kommen.

Mit diesem Gästebett werden Sie Ihre Besucher verblüffen. Denn wer ahnt schon, daß sich in dieser Kiste von 45 cm Höhe, 50 cm Tiefe und 94 cm Breite ein ganzes Bett mitsamt Matratze verbirgt?
Baumaterial ist 2 cm dickes Fichtenholz, das man in Brettern, nach der Stückliste fertig zugeschnitten, beim Holzhändler bestellen kann. Achten Sie darauf, daß die Zuschnitte unbedingt rechtwinklig sind, sonst gibt es später, beim Montieren und Zusammenklappen der Scharniere, Schwierigkeiten.
Man beginnt mit dem Anreißen der Schwalbenschwanz-Zinken, die bei den beiden festgefügten Winkelstücken des Bettrahmens notwendig sind. Nachdem die Verzinkung ausgestemmt ist, werden die Teile mit Leim zusammengefügt. Nun auch die 16 cm hohen Bretter einleimen, die als Auflage für den Lattenrost dienen.
Diese Bretter muß man ebenfalls an allen anderen Rahmen-Seitenteilen anleimen. Erst wenn das geschehen ist, kann man die Stellen kennzeichnen, an denen die soliden Scharniere eingelassen werden sollen.
Mit welchem kleinen Trick man erreicht, daß die Scharniere (und damit auch die ganzen Seitenbretter) in gleicher Höhe fluchten, ist in Bild 4 dargestellt.
Die Scharniere werden mit Rampa-Schrauben im Hirnholz befestigt. Das ist erforderlich, weil eine »normale« Holzschraube in den Hirnseiten der Bretter keinen ausreichenden Halt finden würde. Sie würde schon nach kurzer Zeit wieder ausreißen.
Sind sämtliche Teile des Bettrahmens verbunden, werden die Buchsen eingelassen, in denen die Möbelrollen mit Federringen gehalten werden. Danach kann man den Bettkastendeckel, im Bild 9 zu sehen, durch ein Klavierband mit dem Rahmenholz verschrauben. Dieser Deckel bietet immerhin soviel Raum, daß man darin Lattenrost und Matratze zusammengerollt unterbringen kann. Sogar die kleine Leselampe hat Platz.
Bett- und Bettkastenrahmen werden mit Schnellschliffgrund grundiert und mit Mattlack konserviert. Die Sperrholzplatte des Deckels wird grundiert und mit Buntlack gestrichen. Diese Fläche wird später mit farbiger Schrift oder Motiven verziert.

Damit die Scharnier-Verbindungen für den Klapp-Mechanismus auch schwere Gäste tragen, verwendet man an diesen Stellen Rampa-Schrauben. Der Schraubenteil mit dem starken Gewindeschnitt wird vorgebohrt und eingeschraubt. Die Scharniere werden mit Gewindeschrauben darin befestigt.

1 Wenn die Bretter maßgerecht zugeschnitten sind, beginnt man mit dem Verzinken der Winkelstücke des Bettkastens. Der Stabilität wegen verwendet man Schwalbenschwanz-Zinken, die mit Leim zusammengefügt werden.

2 Damit der Lattenrost eine durchgehende Auflage hat, wird auf der Innenseite der einzelnen Bretter des Bettrahmens ein 16 cm hohes Brett eingeleimt. Zusätzlich wird die Verbindung mit Schrauben verstärkt.

3 Die Winkelstücke (Kopf- und Fußende) und die vier Seitenteile des Bettrahmens sind fertig gezinkt und verleimt. Die nächste Arbeit ist das Ausstemmen der Kanten, in die die Scharniere eingelassen werden.

4 Um die Seitenteile des Bettes auch wirklich fluchten zu lassen, hilft uns ein kleiner Trick. Man spannt die beiden Bretter, die mit einem Scharnier verbunden werden, zusammen in den Schraubstock ein. Die Bretter werden gemeinsam angerissen und entsprechend der Materialdicke des Scharniers mit einem scharfen Stecheisen ausgestemmt. So können Sie sicher sein, daß zum Schluß auch alles genau zusammenpaßt.

5 Nun das Scharnier auflegen, die Schraubenlöcher anreißen und vorbohren. Der mit einem Innengewinde versehene Teil der Rampa-Schraube wird mit einem Schraubenzieher in das Hirnholz eingelassen.

6 Zur Befestigung des Scharniers dienen 4 mm dicke Gewindeschrauben, die in die Innengewinde der Rampa-Schrauben gedreht werden. Auf diese Weise wird die Gefahr gebannt, daß das Hirnholz ausbricht.

7 Das gilt sinngemäß auch für die Befestigung der Möbelrollen, auf denen das Bett aus der Kiste fährt. Eine Buchse wird an den gewünschten Stellen eingelassen und die Möbelrolle dort hineingeschraubt.

8 Auf diesem Bild ist deutlich zu erkennen, an welchen Stellen der Bettrahmen mit Hilfe von Scharnieren zusammengefaltet ist. Das Bettgestell wird im aufgeklappten Zustand von dem eingelegten Lattenrost auseinandergehalten und stabilisiert. Zusammengeklappt ergibt der Bettrahmen das Unterteil der »Kiste« (siehe dazu auch die Bilder auf S. 20).
An dem Kopfbrett des Unterteils wird das Klavierband des Kistendeckels (siehe Bild 9) mit kleinen Holzschrauben angeschlagen.

9 Der Deckel der Bettkiste ist genauso groß wie der zusammengeschobene Bettrahmen. Die Eckverbindungen sind gezinkt, eine Sperrholzplatte von 4 mm Dicke wird anschließend auf die Rahmenhölzer aufgeleimt.

10 Der Lattenrost wird aus 1 cm dicken, 4,5 cm breiten Hartholzleisten angefertigt. Die einzelnen Leisten im $5^1/_2$-cm-Abstand übereinander auslegen und mit der Heftmaschine ein 2 cm breites Leinenband aufheften.

MATERIALLISTE

alle Bretter Fichte, 2 cm dick
1 Brett 94×25 cm
1 Brett 94×20 cm
2 Bretter 90×16 cm
4 Bretter 76×20 cm
4 Bretter 76×16 cm
2 Bretter 38×20 cm
2 Bretter 36×16 cm

Deckel-Rahmenholz
2 Bretter 94×20 cm
2 Bretter 50×20 cm
1 Sperrholzplatte 4 mm dick, 94×50 cm
18 Hartholzleisten 1 cm dick, 4,5×89,5 cm

Kleinmaterial
12 Scharniere, 7 cm lang, 3,5 cm breit, dazu ca. 80 Rampaschrauben, 8 mm ø
6 Möbelrollen
2 Lederriemen mit Schnallen
1 Taschen- oder Koffergriff
1 Schaumgummimatratze, 90×190×5 cm
4 m Naht- oder Leinenband, 2 cm breit.

Wenn Sie Stückliste und Zeichnung vergleichen, werden Sie schnell wissen, welche Holzteile zusammen zu montieren sind. In den Bettkasten-Deckel läßt sich leicht eine kleine Opal-Röhrenlampe installieren, deren Kabel durch eine auf der gegenüberliegenden Seite angelegte Bohrung geführt wird.

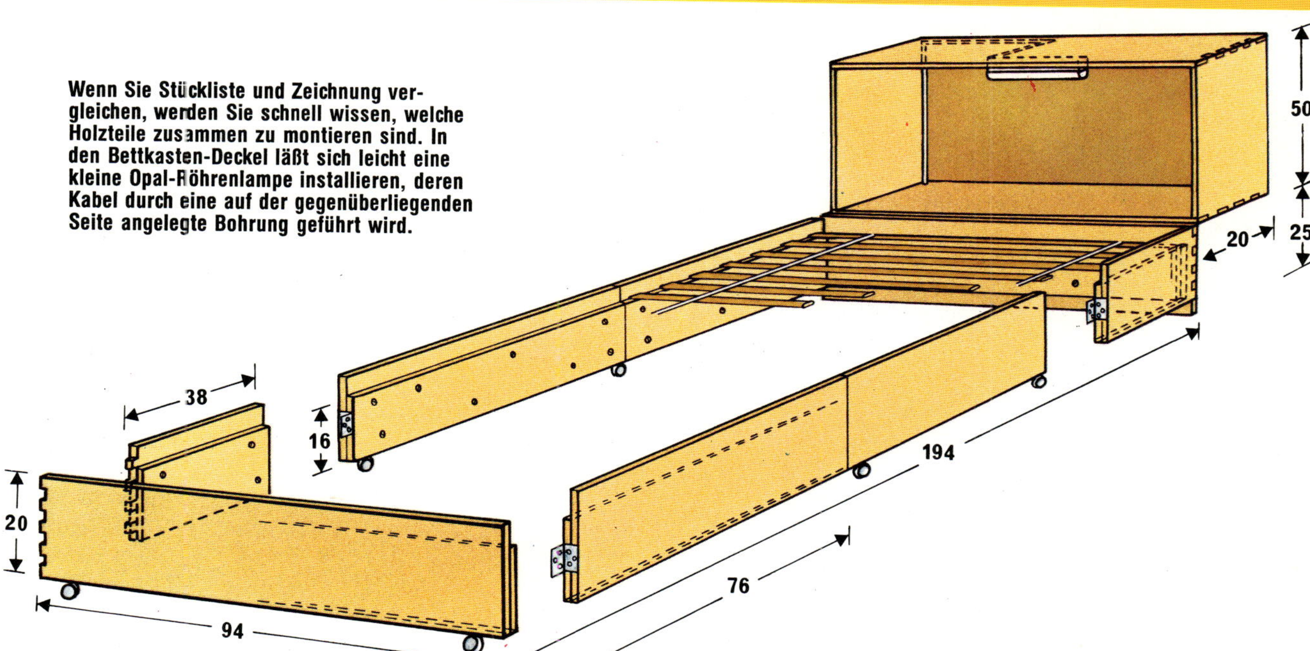

TECHNIK

Wie der Trafo Strom umwandelt

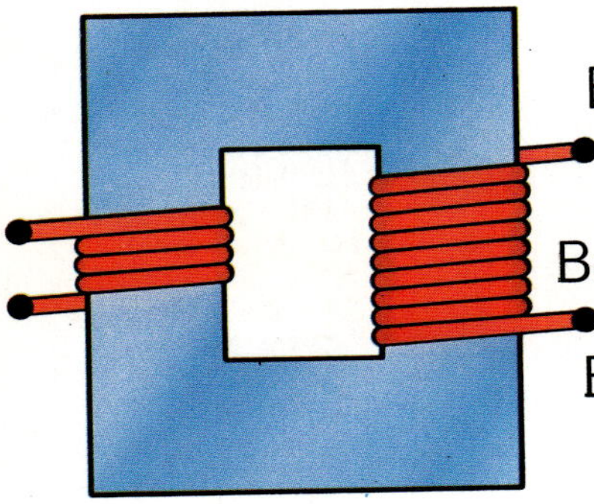

Der Transformator ist wichtiger Bestandteil des Wechselstromnetzes, das uns mit elektrischer Energie versorgt. Es ist in allen Bereichen der Elektrotechnik von ausschlaggebener Bedeutung: Bei der Fernleitung genauso wie bei der Modell-Eisenbahn.

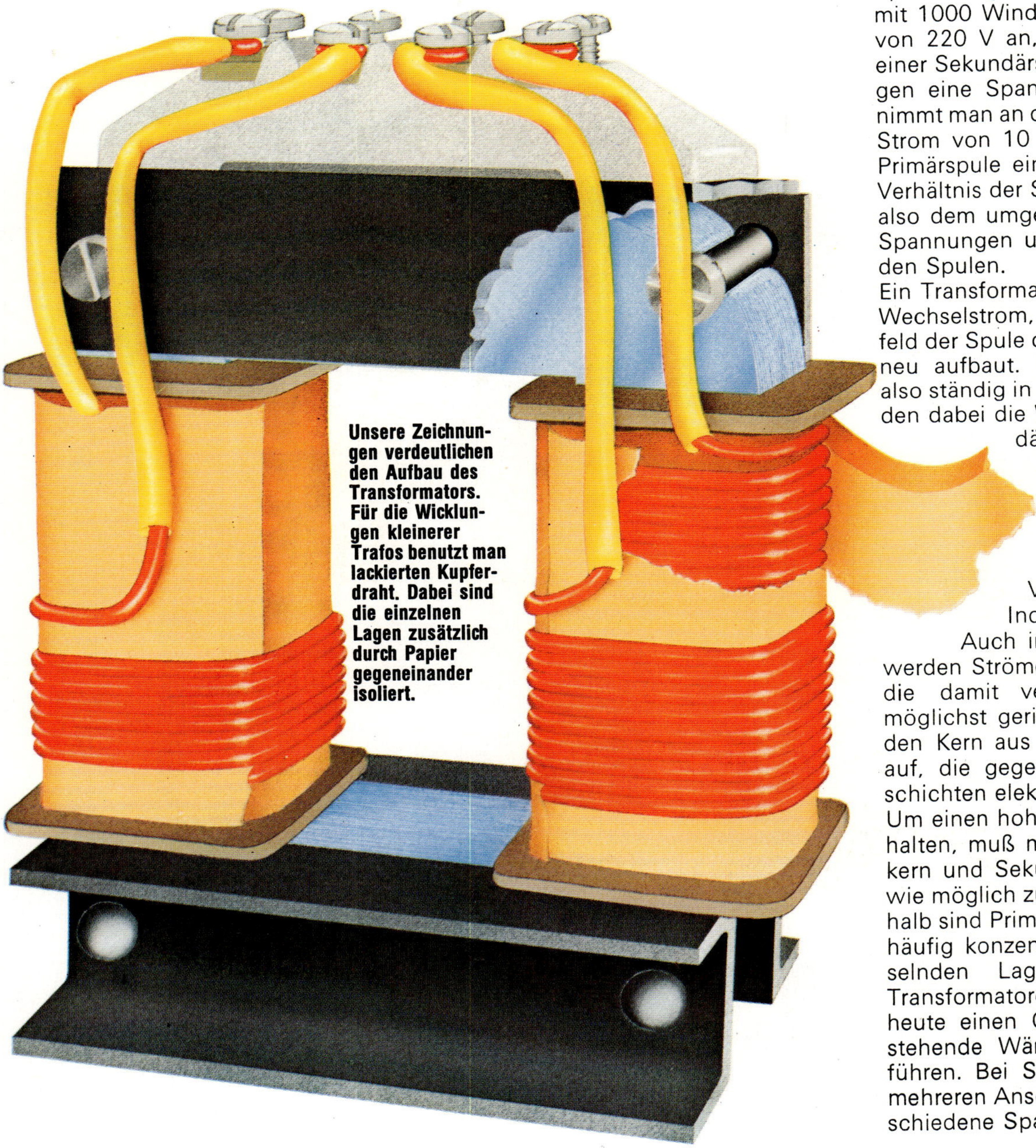

Unsere Zeichnungen verdeutlichen den Aufbau des Transformators. Für die Wicklungen kleinerer Trafos benutzt man lackierten Kupferdraht. Dabei sind die einzelnen Lagen zusätzlich durch Papier gegeneinander isoliert.

Der Transformator ist ein Gerät, mit dem man elektrische Ströme umwandeln, das heißt, ihre Spannung sowohl reduzieren als auch erhöhen kann. Das geht allerdings nur bei Wechselstrom. Genau wie Generator und Elektromotor arbeitet der Trafo nach dem elektromagnetischen Prinzip. Vom Aufbau her ist ein Transformator nichts anderes als die Koppelung zweier Elektromagnete über einen gemeinsamen Eisenkern.

Die Spule, an der man die Versorgungsspannung anlegt, nennt man Primärwicklung. In der Sekundärwicklung wird dann durch Induktion (Erregung der Ströme durch Magnetfelder) eine Spannung erzeugt. Primär- und Sekundärspannung stehen im gleichen Verhältnis zueinander wie die Windungszahlen der entsprechenden Spulen. Legt man an eine Primärspule mit 1000 Windungen eine Spannung von 220 V an, so bekommt man an einer Sekundärspule mit 100 Windungen eine Spannung von 22 V. Entnimmt man an der Sekundärseite einen Strom von 10 A, so fließt durch die Primärspule ein Strom von 1 A. Das Verhältnis der Stromstärken entspricht also dem umgekehrten Verhältnis der Spannungen und Windungszahlen in den Spulen.

Ein Transformator funktioniert nur bei Wechselstrom, weil sich das Magnetfeld der Spule dabei je Sekunde 50mal neu aufbaut. Die Magnetlinien sind also ständig in Bewegung. Sie schneiden dabei die Windungen der Sekundärspule, in der sie einen Strom induzieren.

Gleichstrom ergäbe dagegen ein konstant stabiles Magnetfeld. Die Bewegung, Voraussetzung für die Induktion, entfiele.

Auch im Eisenkern des Trafos werden Ströme induziert. Um das und die damit verbundene Erwärmung möglichst gering zu halten, baut man den Kern aus vielen dünnen Blättern auf, die gegeneinander durch Lackschichten elektrisch isoliert sind.

Um einen hohen Wirkungsgrad zu erhalten, muß man Primärspule, Eisenkern und Sekundärwicklung so dicht wie möglich zueinander bringen. Deshalb sind Primär- und Sekundärspulen häufig konzentrisch oder in abwechselnden Lagen gewickelt. Große Transformatoren in Kraftwerken haben heute einen Ölkreislauf, um die entstehende Wärme nach außen abzuführen. Bei Sekundärwicklungen mit mehreren Anschlüssen kann man verschiedene Spannungen abgreifen.

HOLZSCHUTZ
von A bis Z

Ohne Holz geht es nicht! Heimwerker brauchen es für Möbel und Inneneinrichtung, für Zäune und Fassadenverkleidungen. Die Anwendung reicht vom Haus- bis zum Schiffsbau. Holz kann was aushalten und dabei uralt werden, wenn man es gegen pflanzliche und tierische Zerstörer schützt. Der Fachmann unterscheidet zwischen konstruktivem und chemischem Holzschutz. Mehr darüber auf den nächsten Seiten.

Konstruktiver Holzschutz

Konstruktiver Holzschutz betrifft in erster Linie Hölzer oder Holzverkleidungen, die an den Außenseiten von Gebäuden angebracht und somit der Witterung ausgesetzt sind. Der Unterbau solcher Verkleidungen muß gewährleisten, daß Frischluft um das Holz herum zirkulieren kann. Denn Fäulnis findet bei gut belüfteten Hölzern keine Angriffsfläche. Außerdem muß Regenwasser schnell wieder ablaufen können. Auch das wird durch Hinterlüftung und durch die senkrechte Montage der Profilbretter erreicht. Die Unterkanten der Profilbretter werden zur Mauerseite etwa 45° schräg hinterschnitten, damit abtropfendes Wasser nicht eindringen kann. Bei senkrechten Verkleidungen, die über mehrere Stockwerke führen, überlappen bei den Längsstößen die oberen Bretter die unteren. Bei waagerechten Verkleidungen dagegen überlappt man die Längsstöße der Bretter.
Gegen Erdfeuchtigkeit und Spritzwasser muß man einen schützenden Sicherheits-Abstand von 30 cm zwischen dem Erdboden und der Holzunterkante vorsehen. Für eine ausreichende Hinterlüftung muß man natürlich ebenfalls sorgen, wenn es darum geht, Holzverkleidungen in Badezimmern und anderen Naßräumen anzubringen.

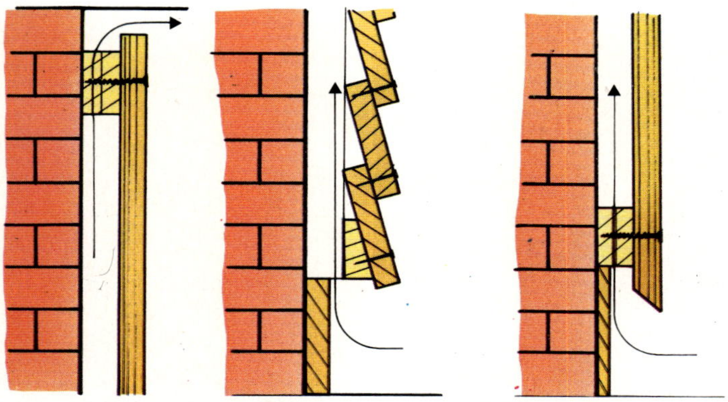

Diese Zeichnungen veranschaulichen konstruktiven Holzschutz bei Holzverkleidungen an Mauerwerk, das der Witterung ausgesetzt ist. Durch einen entsprechenden Unterbau muß dafür gesorgt werden, daß die Luft zirkulieren kann. Bei waagerechten Verkleidungen (ganz rechts) überlappen die oberen die darunter liegenden Bretter.

Chemischer Holzschutz

Im Gegensatz zum konstruktiven Holzschutz richtet sich der chemische Holzschutz in erster Linie gegen Holzzerstörung durch pflanzliche und tierische Schädlinge. Wird das Material Holz vorsorglich behandelt, spricht man von vorbeugendem Holzschutz. Muß jedoch ein bereits vorhandener Schädlingsbefall beseitigt werden, kommt der bekämpfende Holzschutz zur Anwendung. Beide Bereiche werden mit unterschiedlichen Schutzmitteln behandelt.
Auf den nächsten Seiten zeigen wir die hauptsächlichen Schädlinge und wie sie das Holz zurichten.

Diese Kiefernprofilbretter sind mit bekämpfender Imprägnierung zweimal satt gestrichen. Links mit Xylamon Combi hell, rechts mit Xylamon Combi braun. Beide Mittel bekämpfen tierische und pflanzliche Schädlinge, nicht den Bläuepilz.

Dieses Profilbrett aus Kiefer (20 mm dick) ist einmal satt mit einem Karbolineum-Holzschutzmittel gestrichen. Das Material wirkt vorbeugend gegen alle tierischen und pflanzlichen Holzzerstörer; es trocknet langsam.

Fichte, unbehandelt, einmal mit imprägnierenden Farblasuren gestrichen:
Fichte mit Lasurfarbe 9000
Fichte mit Lasurfarbe 700
Fichte mit Lasurfarbe 723
Fichte mit Lasurfarbe 712

Von links nach rechts:
Nordische Kiefer, unbehandelt
Kiefer mit Lasurfarbe 716
Kiefer mit Lasurfarbe 707
Kiefer mit Lasurfarbe 803
Kiefer mit Lasurfarbe 806

Von links nach rechts:
Red Pine, unbehandelt
Red Pine mit Lasurfarbe 802
Red Pine mit Lasurfarbe 721
Red Pine mit Lasurfarbe 815
Red Pine mit Lasurfarbe 803

Von links nach rechts:
Red Cedar, unbehandelt
Red Cedar mit Lasurfarbe 716
Red Cedar mit Lasurfarbe 908
Red Cedar mit Lasurfarbe 711
Red Cedar mit Lasurfarbe 806

Kiefernholz mit schnelltrocknender Acryl-Lasur (Bondex) in fünf unterschiedlichen Farbtönen, zweimal gestrichen. Diese Lacklasur schützt gegen Pilze, nicht gegen tierische Holzzerstörer.

Hier ist Red Pine mit Farbwachs 1107, Western Red Cedar mit Farbwachs 1160 behandelt worden. Farbwachse haben keine der DIN 68800 entsprechenden holzschützenden Eigenschaften.

Deckende Holzschutzanstriche, zweimal aufgetragen. Oben drei voll abdeckende Seidenglanz-Anstriche. Darunter sehen Sie Landhausfarben, die den Holzcharakter noch zur Wirkung kommen lassen.

Hausbock

Der Hausbock ist der am häufigsten anzutreffende Bauholzschädling. Er nistet in Nadelhölzern; dabei spielt es keine Rolle, ob das Holz bereits verbaut ist oder noch lagert. Im Juli und August legen die Weibchen jeweils ca. 200–400 Eier am Holz ab. Die nach 2 Wochen ausschlüpfenden Larven sind, wie bei anderen Käferarten auch, die eigentlichen Schädlinge. Sie fressen sich in das Holz ein und nisten in den oberen Schichten. Hier schlüpfen dann nach 3 bis 6 Jahren aus den inzwischen verpuppten Larven die Käfer aus. Diese durchstoßen die bisher unversehrte äußere Holzschicht und bilden ca. 6 mm große Fluglöcher, das einzige äußere Zeichen für Hausbockbefall.

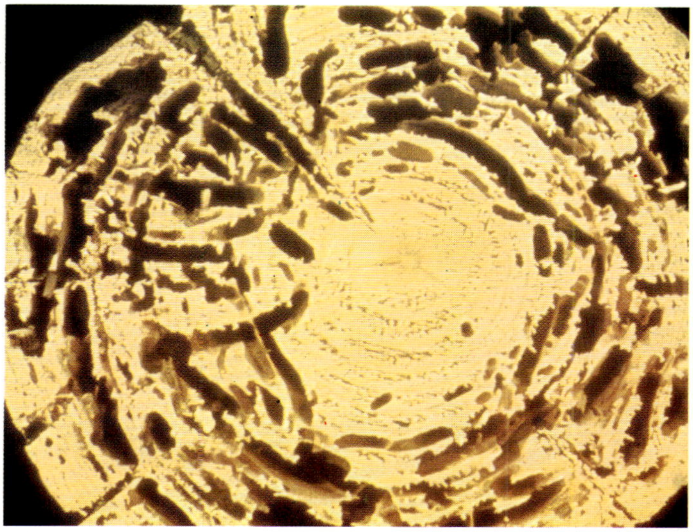

Nagekäfer

Der Nagekäfer ist der zweithäufigste Schädling, auch Pochnage- oder Klopfkäfer genannt. Er befällt alle Holzarten. Man findet ihn häufig in Möbeln, Treppengeländern und Holzverkleidungen, bevorzugt in kühlen Gebäudeteilen wie Erdgeschoß oder Keller. Die Larven nennt der Volksmund »Holzwürmer«, den Befall erkennt man an den 1–2,5 mm großen Fluglöchern.

Splintholz-Käfer

Der Splintholzkäfer ist ein Laubholzschädling, der in der ganzen Welt verbreitet ist. Er befällt in unseren Breiten Eichen-, Edelkastanien-, Eschen-, Ulmen-, Ahorn-, Pappel- und Weidenholz; beim tropischen Holz vorzugsweise Limba. Auch hier ist, wie bei den vorher genannten Holzzerstörern, die Larve der eigentliche Übeltäter. Sie frißt sich, meist im Verlauf der Holzfaserrichtung, durch das Holz und hinterläßt feine Gänge, die mit feinem, fest zusammengedrückten Bohrmehl gefüllt sind. Die runden Fluglöcher sind allerdings nur 1–2 mm groß und daher von Ungeübten sehr schwer zu erkennen.

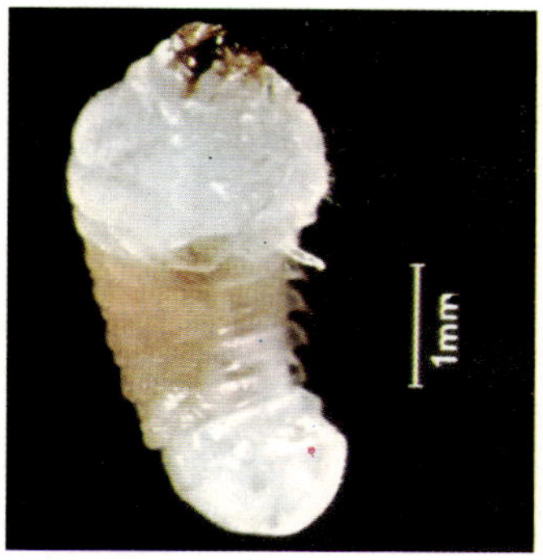

Echter Hausschwamm

Der echte Hausschwamm ist der am meisten gefürchtete Holzzerstörer in Gebäuden, also im Bauholz. Er schafft sich durch Atemwasserbildung die notwendige Wachstumsfeuchtigkeit selbst, greift daher auch auf benachbartes trockenes Holz über. Er kann selbst Mauerwerk durchwachsen, daher der falsche Name Mauerschwamm. Seine Fruchtkörper sind fladenförmige Gebilde (Bildleiste), die fest auf dem Holz sitzen. Das zerstörte Holz zerfällt.

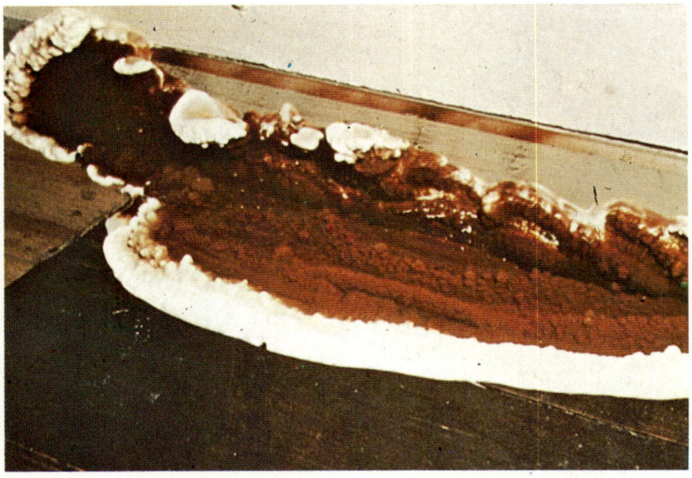

Poren-Hausschwamm

oder Weißer Porenschwamm

Der Porenhausschwamm ist neben dem Echten Hausschwamm der wichtigste Erreger von Naßfäule. Er hat große Zerstörungskraft, benötigt aber viel Feuchtigkeit. Er vermehrt sich, selbst nach Trockenzeiten, bei Feuchtigkeit weiter. Man erkennt ihn an seinen weißen und filzig-flockigen Myzelsträngen. Die hautartigen Fruchtkörper findet man selten. Der Porenhausschwamm befällt Nadel-, vereinzelt auch Laubholz. Er kommt auch im Freien vor.

Bläuepilze

Diese Schädlinge findet man vornehmlich in Kiefernholz, aber auch in anderen Nadel- und Laubhölzern. Ihre Myzelfäden (der lebende Zellkörper der Pilze) sehen zuerst glasig, dann dunkelbraun aus. Durch die Lichtbrechung erscheinen befallene Holzteile jedoch in blauer Farbe. Wenn der Bläuepilz günstige Lebensbedingungen vorfindet, kann in nur wenigen Tagen ein Verblauen des Splintholzes eintreten. Die Holzfestigkeit wird durch den Pilz nicht gemindert, es ist nur ein Schönheitsfehler. Chemischer Schutz ist notwendig, weil die Fruchtkörper Anstriche zerstören.

Holzschutzmaßnahmen gegen Pilz- und Insektenbefall

Die DIN-Norm 68 800 (Holzschutz im Hochbau) schreibt die Behandlung von Holz mit chemischen Mitteln vor. Diese Mittel gelangen erst nach Prüfung und Zulassung in den Handel. Anwendungsbereich und Wirksamkeit dieser Mittel werden durch Buchstaben gekennzeichnet, die dem Verbraucher die Möglichkeit geben, festzustellen, ob das Mittel geprüft und für welchen Zweck es geeignet ist.

Die Bedeutung der Buchstaben:

P = Wirksam gegen Pilze (Fäulnisschutz).

Iv = vorbeugend wirksam gegen Insekten (Tiefschutz beachten!).

Ib = bekämpfend wirksam gegen Insekten.

S = geeignet zum Streichen, Sprühen, Kurztauchen, Tauchen.

W = geeignet auch für Holz, das der Witterung ausgesetzt ist (Feuchtigkeit).

Weiter schreibt DIN 68 800 vor, welche Holzteile behandelt werden müssen: Gegen Insektenbefall alle tragenden Hölzer sowie Hölzer über 40 mm Stärke bei nicht überdachten Bauten. Dazu zählt alles Holz im Garten. Bei geschlossenen Bauwerken sind alle Holzteile des Daches und im nicht ausgebauten Dachraum zu behandeln. Behandlung gegen Pilzbefall ist bei allen Holzteilen nicht überdachter Bauwerke vorgeschrieben. Bei geschlossenen Bauwerken geht's umgekehrt: Alle Holzteile in Geschoßdecken; Hölzer, die auf Mauerwerk, Beton oder Steinen aufliegen; Hölzer an Stellen, an denen mit Tauwasserbildung zu rechnen ist; Lagerhölzer und Unterseiten von Fußbodenbrettern bei nicht unterkellerten Räumen; Holzkonstruktionen von Fertighäusern sowie Kellertreppen, -verschläge und -wände aus Holz.

Was tut man, wenn der Wurm schon drin ist?

Hausbock, Nage- und Splintholzkäfer bekämpft man auf gleiche Weise. Zuerst müssen alle zerfressenen und nicht mehr tragfähigen Holzteile entfernt und umgehend verbrannt werden. Die vom Hausbock befallenen Teile kann man abschlagen. Die entfernten Holzteile werden durch neues, bereits imprägniertes Material ersetzt. Wenn Nage- oder Splintholzkäfer am Werk waren, nützt das »Ausbeilen« wenig. In diesem Fall muß man meistens viel Holz erneuern, weil die Schädlinge den gesamten Querschnitt der befallenen Hölzer durchbohrt haben können. Das Holz hat dadurch seine Tragfähigkeit verloren. Hier wird das noch nicht zerstörte Holz mit einer Drahtbürste gesäubert und das Bohrmehl mit einem Staubsauger entfernt. Entfernt werden müssen auch alte Kalk- oder Feuerschutzanstriche, damit die Saugfähigkeit des Holzes erhöht wird. Nach Abschluß dieser Vorbereitungsarbeiten müssen sämtliche Holzteile wenigstens zweimal mit bekämpfender Imprägnierung gestrichen oder gespritzt werden. Wenn man die Schutzmittel spritzt, sollte man auf möglichst niedrigen Druck achten. Denn: Es soll nicht genebelt, sondern tatsächlich gespritzt werden! Von Schädlingen befallene Balken und Holzteile, die nicht an allen Seiten freiliegen, werden in Abständen von ca. 25 cm mit Bohrlöchern versehen (12 mm ⌀, zu etwa ¾ der jeweiligen Balkenstärke). Diese »selbstgemachten« Löcher füllt man zusätzlich mit dem bekämpfenden Imprägnierungsmittel und verschließt sie dann mit imprägnierten Holzdübeln.

Sitzen die tierischen Holzzerstörer im Fußboden, muß man zuerst die befallenen Dielen aufheben und prüfen, ob Lagerhölzer und Balken auch behandelt werden müssen. Bei gestrichenem Fußboden: Auch hier zuerst alle Farbe entfernen, damit die Imprägnierung auch richtig eindringen kann. Den Imprägniervorgang einmal wiederholen, dann den Boden völlig durchtrocknen lassen. Erst danach ist es wieder möglich, neue Farbe aufzutragen. Ist das Holz von Pilzen, also von pflanzlichen Schädlingen, befallen, müssen die nicht mehr tragfähigen Teile ebenfalls entfernt und vernichtet werden. Entfernte Teile werden durch neue, imprägnierte ersetzt. Alle Feuchtigkeitsquellen, die oft schon in der Konstruktion zu suchen sind, müssen beseitigt werden. Das gesamte Holz wird mit bekämpfender Imprägnierung tiefwirkend behandelt. Nach der Behandlung, am besten aber generell, dafür sorgen, daß die Luft nicht »steht«, sondern gute Durchlüftung vorhanden ist.

Stellt man in alten Möbelstücken oder gar Antiquitäten den »Holzwurm« fest (man erkennt es meistens an den kleinen Fluglöchern und den Bohrmehlhäufchen), sollte auch hier zur Sicherheit das ganze Stück behandelt werden. Man streicht dabei die Innenseiten des Möbelstückes mit bekämpfender Imprägnierung ein. Dann umhüllt man das Ganze so mit einer Plastik-Folie, daß der Innenraum luftdicht verschlossen bleibt. Nach einer Woche etwa – diese Behandlung sollte man am besten im Keller, auf dem Boden oder im Freien vornehmen – sind die Schädlinge vernichtet.

▲ **Bei Nage- oder Splintholzkäferbefall: Das noch nicht zerstörte Holz mit einer Drahtbürste sorgfältig säubern, danach mindestens zweimal imprägnieren.**

▲ **Wo der Hausbock Quartier bezogen hat: Die befallenen Teile mit einem scharfen Beil entfernen. Ganze Stücke durch Einsetzen von imprägnierten Neuteilen ersetzen.**

Auf möglichst niedrigen Spritzdruck achten, wenn man Schutzmittel im Spritzverfahren aufträgt. Zur Sicherheit unbedingt eine Atemschutzmaske anlegen! ▼

Wenn erst wenige Fluglöcher zu sehen sind, der Befall sich also in Flächengrenzen hält, kann man auch so vorgehen: Man verschließt den Großteil der Löcher mit Wachs, läßt jedoch einige offen. In diese verbliebenen Öffnungen spritzt man mit einer kleinen Spritztülle die Imprägnierflüssigkeit ein. Dann werden auch diese Löcher mit ein wenig Wachs abgedichtet. Die eingespritzte bekämpfende Schutzflüssigkeit kann nun durch Außeneinflüsse nicht mehr verdunsten, sie bildet in den geschlossenen Gängen Gase, die die Schädlinge abtöten. Man kann allerdings, selbst nach intensiver Behandlung, nicht mit Sicherheit feststellen, ob alle Schädlinge vernichtet wurden. Aus diesem Grunde müssen die Möbel, wie andere Holzarten auch, nach einiger Zeit erneut auf Schädlingsbefall kontrolliert werden. Gegebenenfalls die Holzschutzbehandlung wiederholen.

Holzschutzmittel und ihre Verarbeitung

Holzschutzmittel unterteilt man in zwei Gruppen:

1. Flüssige, sofort verwendungsfähige Mittel auf Ölbasis.
2. Wasserlösliche Mittel, in fester Form geliefert, dann in Wasser aufzulösen.

Sämtliche Mittel kann man verstreichen, versprühen oder als Tauchbad benutzen. Für den Heimwerker steht das wirklich »flüssig« von der Hand gehende Streichen an erster Stelle. Alle Hölzer müssen wenigstens zweimal behandelt werden. Hölzer im Freien benötigen besonders intensiven, tiefwirkenden Schutz: Mehrmaligen Anstrich mit öligen Mitteln oder Verwendung wasserlöslicher Mittel auf Salzbasis, die bei feuchten Hölzern tief eindringen.

Nach der vorbeugenden Erstbehandlung: Bauholz in Neubauten alle zwei Jahre nachbehandeln, in den dazwischenliegenden Jahren auf Befall überprüfen.

Dachstühle von Althäusern besonders aufmerksam inspizieren, da hier oftmals überhaupt noch nicht chemisch geschützt wurde. Alle Holzteile bleiben gesund und in Schuß, wenn man sie alle zwei Jahre erneut vorbeugend behandelt.

Bekämpfende Imprägnierungsmittel

Die bekämpfenden Mittel setzt man bei bereits befallenem Holz ein. Es gibt ebenfalls ölhaltige und wasserlösliche Mittel auf Salzbasis. Salzhaltige Mittel dürfen nicht im Freiland eingesetzt werden. Man muß sie zwar selber ansetzen, sie sind jedoch preiswerter.

Alle bekämpfenden Mittel sind giftig, die auf Ölbasis, auch noch feuergefährlich. Beim Verarbeiten: Gummihandschuhe tragen, Gesicht und Arme schützen, in geschlossenen Räumen Schutzmaske tragen! Offenes Licht und Feuer sind verboten, elektrische Leitungen und Schalter muß man abdecken. Pflanzen und Tiere erleiden Schaden, wenn sie mit bekämpfenden Mitteln in Berührung kommen; vor Kindern müssen sie unter allen Umständen gut verwahrt werden.

Vorbeugende Imprägnierungsmittel

Vorbeugende Imprägnierungsmittel auf Ölbasis sind besonders für Heimwerker zu empfehlen. Sind Kunstharze beigemischt, trocknet das Holz schneller. Dieser Imprägniergrund ist ebenfalls giftig, jedoch nicht so stark wie bekämpfende Mittel.

Vorbeugende (wie auch bekämpfende) Imprägnierungen sind farblos oder in verschiedenen Brauntönen zu haben. Beim Verstreichen darauf achten, daß die Flüssigkeit wirklich tief eindringt! Man verstreicht diese Grundierungen immer auf das rohe Holz; und zwar dort, wo chemischer Holzschutz vorgeschrieben, die Farbschönheit jedoch nicht notwendig ist. Der lästige Geruch, der bei der Verarbeitung auftritt, verschwindet nach dem Ablüften. Besonders intensiv riecht Großvaters Carbolineum, beliebt für Außenanstriche. Es ist allerdings auch das preiswerteste aller Mittel.

Vorbeugende Imprägnier-Lasuren

Diese dekorativen Lasuren schlagen zwei Fliegen mit einer Klappe: Sie schützen nach DIN 68800 und verstärken durch Farbpigmente Holzstruktur und Maserung. Man kann damit z. B. preiswertes Fichtenholz in jedem gewünschten Farbton streichen, sogar auf Teak trimmen. Es gibt diese Lasuren in jedem gewünschten Holzton und in vielen Buntfarben. Bei Außenanwendung streicht man die Lasuren zweimal auf, für Innenanstriche genügt ein Auftrag. Die Güte einer Farblasur hängt von den Pigmenten ab. Wenn diese klein und von guter Qualität sind, dringen sie völlig in die Holzporen ein. Jedoch: Selber probieren geht über Prospekt studieren!

Auch diese dekorativen Lasuren sind während der Verarbeitung feuergefährlich. Gut vor Kindern verwahren!

Farbige Imprägnierlasuren sind teurer als transparente und beide wiederum teurer als reiner Imprägniergrund.

Der Bläuepilz, von den meisten als Holzschädling angesehen, jahrelang mit Bleichmitteln behandelt, ist in Skandinavien »Mode« geworden. Die Kopenhagener Möbelmesse bot viele Beispiele.

Lacklasuren

Diese in vielen Farbtönen angebotenen Produkte sind häufig keine vollwertigen Schutzmittel nach DIN 68800, darum beim Kauf auf dem Etikett nach dem Kennzeichen (s. S. 28) suchen. Ist kein Hinweis zu finden, muß man vorher mit farblosem Imprägniergrund vorstreichen. Der hohe Bindemittelanteil der Lacklasuren bildet eine wasserabweisende Schicht auf dem Holz, so daß kein Materialschwund auftritt.

Deckende Holzschutzfarben

Die deckenden Holzschutzfarben sind in unterschiedlichen Tönen zu bekommen, sowohl auf Öl- als auch auf Acryl-Basis. Sie enthalten Konservierungsmittel; beim Verarbeiten sind die üblichen Vorsichtsmaßnahmen angebracht.

Farb- und Klarwachse

Diese klaren oder farbigen Wachse sind keine Schutzmittel nach DIN 68800. Darum ist auch hier, soll gegen Pilze und Insekten geschützt werden, eine farblose Imprägniergrundierung erforderlich. Wachse lassen das Holz veredelt wirken. Es erhält nach der Behandlung eine fein schimmernde Oberfläche, von der Wasser sichtbar abperlt.

Gleichgültig, für welche Zwecke Sie Holz verarbeiten – fachmännisch gegen Schädlinge geschützt, werden Sie länger Freude an Ihrem Werk haben. Die damit verbundene Mehrarbeit lohnt sich in jedem Falle und die Kosten sind im Vergleich zum Nutzen ausgesprochen gering. Achten Sie aber darauf, nur hochwertige Markenholzschutzmittel zu verwenden und lassen Sie sich vom Fachmann beraten.

WERKEN

Dieses Allzweckregal ist im Nu gebaut

Für alle, die gegen glatte Möbelkonfektion sind, haben wir dieses einfache Allzweckregal entworfen. Gleichgültig, ob Sie es sich aus fein furnierter Tischlerplatte fürs Wohnzimmer bauen oder rustikal aus Fichtenholz für die Küche. Hier sind die schönen Töpfe und Tiegel nicht mehr hinter Türen verborgen; alles ist auf einen Blick zu finden. An Schraubhaken im unteren Brett hängen Geräte, die man schnell zur Hand haben will. Eine Leuchtstofflampe mit Blendleiste unter dem Regal sorgt für das richtige Licht am Arbeitsplatz.

1 Die langen Regalbretter werden mit Schraubzwingen bündig zusammengehalten. Rundungen anreißen und mit der Stichsäge in einem Arbeitsgang aussägen.

2 Auch nur ein Arbeitsgang: Eine Bohrschablone wird mit Stiften dort auf die Bretter geheftet, wo die Zwischenbretter sitzen sollen; dann wird gebohrt.

6 Die Zwischenbretter, ebenfalls vorgebohrt, werden an den Hirnseiten mit Leim bestrichen. 8 mm Holzdübel verbinden die Elemente, die während der Abbindezeit mit »Knechten« zusammengepreßt werden.

3 Die Aufhänge- und Stützkonsolen sind gleich. Eine Kurvenschablone aus Pappe erleichtert gleichmäßiges Anreißen; ausgesägt wird mit der Stichsäge.

4 Die Bohrschablone kommt sowohl bei den Konsolen- wie bei den Zwischenbrettern zur Anwendung. Damit die Dübel passen: Genau winklig bohren!

5 Konsolen- und Zwischenbretter werden mit einem Bohrmaschinen-Schleifteller (mit Schmirgel belegt) sanft abgerundet.

Gehobelte Kiefernbretter, 2 cm dick, 23 cm breit, sind das Grundmaterial für dieses Regal, das wir als Küchenbord gebaut haben. Es ist 253 cm lang, in drei große Fächer von je 72 cm und zwei Endstücke von je 14,5 cm Breite unterteilt. Dafür sind vier Zwischenbretter, 28 cm hoch, 20,5 cm breit, erforderlich. 20,5 cm breit sind auch die sechs Konsolenbretter, 22 cm hoch. Die Rundungen sämtlicher Konsolenbretter werden nach

9 **Damit die Last gleichmäßig verteilt wird, versieht man jede der vier oberen Konsolen mit einem soliden Hängeschrank-Beschlag. Diese eisernen Beschläge werden von hinten mit drei 3,5 cm langen Holzschrauben (Senkkopf) befestigt.**

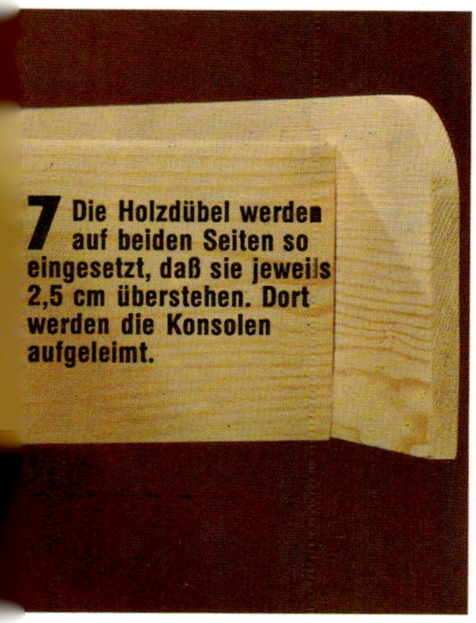

7 **Die Holzdübel werden auf beiden Seiten so eingesetzt, daß sie jeweils 2,5 cm überstehen. Dort werden die Konsolen aufgeleimt.**

8 **Ein Stück Holz, das beim Rundungssägen abfiel, dient als Hilfe beim Aufsetzen der Konsolen.**

einer Schablone ausgesägt. Eine Schablone spielt auch bei der Montage eine wesentliche Rolle: Die Bohrschablone, die für das Einsetzen der Holzdübel erforderlich ist. Sie wird aus einer Hartholzleiste gefertigt; Distanz der drei 8-mm-Bohrlöcher untereinander: 7 cm. Abstand zur Hinterkante von Regalbrettern, Zwischenstücken und Konsolenbrettern: 4,5 cm. Die Bohrungen bei den langen Regalbrettern sind durchgehend, bei Konsolen- und Zwischenbrettern als Sacklöcher von 2,7 cm angelegt. Die 8-mm-Holzdübel, die alle Teile verbinden, müssen also 7 cm lang sein.
Wie die Einzelteile vorbereitet werden, sehen Sie auf den Fotos 1 bis 5. Die Montage und das Verleimen geschehen am besten auf einer langen Arbeitsplatte. Zuerst die Zwischenbretter mit den Regalbrettern zusammendübeln. Die Dübel stehen danach oben und unten ca. 25 mm über. Darauf befestigt man mit Leim die Konsolenbretter. Sollten diese nicht leicht auf die Dübel passen, helfen ein Abfallholz (Bild 8) und ein Hammerschlag. Leimstellen mit »Knechten« anpressen.

Paßt immer: Fertigfenster nach Maß

Fertigfenster werden in allen Größen hergestellt, die im Wohnungsbau vorkommen: In Breiten von etwa 60 cm bis 300 cm, in Höhen von etwa 60 cm bis 165 cm. Meistens richten sich die Maße nach dem im Bau gebräuchlichen Oktagonraster (12,5 cm), das einen Meter in acht gleiche Teile teilt.

Die Abmessungen der Fertigfenster beziehen sich immer auf die Rahmenaußenmaße.

Öffnungsarten: Es sind Fenster auf dem Markt, die sich nach außen oder nach innen öffnen lassen. Wird das Fenster nach außen geöffnet, ist es dichter. Der Wind drückt den Fensterflügel gegen den Rahmen. Wird der Flügel nach innen geöffnet, drückt der Wind ihn vom Rahmen weg. Allerdings lassen sich diese Flügel leichter und gefahrloser putzen. Die Bezeichnung des Fensters richtet sich danach, wie sich der Flügel öffnen läßt (Zeichnungen und Symbole auf der übernächsten Seite).

Drehflügelfenster: Dieser Flügel wird an einer Seite mit Bändern gehalten. Er läßt sich entweder nach innen oder außen öffnen.

Kippflügelfenster: Die Bänder sitzen am unteren Rahmenstück. Der Flügel kippt nach innen.

Drehkippflügelfenster: Der Flügel läßt sich durch einen Handgriff seitlich öffnen (wie der Drehflügel) oder schrägstellen (wie der Kippflügel). Die Bänder sitzen seitlich und unten.

Fertigfenster aus Kunststoff. Vorteile: Wartungsfrei, pflegeleicht und witterungsbeständig. Sie sind auch für Altbauten gut geeignet.

Schwingflügelfenster: Hier ist der Flügel achsial an beiden Seiten befestigt. Er schwingt unten nach außen aus und oben nach innen.

Klappflügelfenster: Die Bänder sind am oberen Rahmen befestigt. Der Flügel wird unten nach außen ausgestellt. Dieses Fenster wird hauptsächlich als liegendes Dachfenster genommen.

Wendeflügelfenster: Der Flügel dreht sich um eine senkrechte Achse, die im oberen und unteren Rahmen sitzt. Beim Öffnen dreht sich eine Flügelhälfte nach innen, eine nach außen.

Schiebefenster: Der Flügel läßt sich zur Seite und nach oben oder unten schieben.

Anschlagsarten:
Fertigfenster gibt es in allen Anschlagsarten. Nach DIN 18050 unterscheidet man drei Einbauarten: Innenanschlag, Außenanschlag und glatte Laibung (s. Zeichnungen S. 36). Üblich ist der Außenanschlag. Er eignet sich für alle Fenster.

Verglasung:
Wichtig für die Qualität eines Fensters ist auch die Verglasung. Hier unterscheidet man zwischen einer Isolier- und einer Einfachverglasung. Die Isolierverglasung besteht aus zwei ca. 3 bis 5 mm dicken Glasscheiben die auf Abstand mit einem umlaufenden Profil verbunden oder ohne Profil zusammengeschweißt sind.
Die Einfachverglasung: Eine ungefähr 5 bis 6 mm dicke Glasscheibe wird in einem Kittbett in dem Flügel gehalten.
Isolierverglasung spart nicht nur Heizungskosten, sondern ist auch gleichzeitig schalldämmend!
Wichtig: Dies sollte man in sehr lauten Straßen bedenken.
Wer auf besonders gute Schalldämmung Wert legt, sollte etwas tiefer in die Tasche greifen: Wenn eine Scheibe der Isolierverglasung doppelt so dick wie die andere ist, ist der Schalldämmwert wesentlich höher! Dies ist jedoch nicht bei allen Fertigfenstern möglich.

Falzdichtung und Entwässerung:
Durch Dichtungs- und Abflußsysteme sind Fenster gegen Zugluft und eindringendes Wasser geschützt. Die Falzdichtung (Lippen- oder Schlauchdichtung) muß um das ganze Fenster herumlaufen und in allen Ecken verschweißt sein.
Wasserabfluß-Schlitze in der Regenschutzschiene sorgen auch bei Schlagregen (Regen, der durch den Wind extrem schräg gegen die Fenster gedrückt wird) dafür, daß das Regenwasser schnell und auf direktem Weg abgeleitet wird. Wie das genau geschieht, sehen Sie auf den nächsten Seiten.

Beschläge:
Die Qualität eines Beschlages bestimmt die einwandfreie Funktion eines Fensters. Achten Sie beim Kauf auf folgende Punkte: Der Griff muß sich in den einzelnen Funktionsstellungen (etwa beim Drehkippflügelfenster) ohne Kraftaufwand betätigen lassen und fühlbar einrasten. Die Schließzapfen sollten Sie einfach nachregulieren können, so daß immer ein guter Anpreßdruck des Flügels an den Rahmen erreicht wird. Einige Hersteller bauen auch Einstiegssicherungen ein, die dann Bestandteil der Kippverriegelung sind. Sie verhindern, daß gekippte Fensterflügel von außen zu öffnen sind.

Selbstverständlich sollten die sichtbaren Beschläge auch gut aussehen, die Griffe angenehm in der Hand liegen. Achten Sie darauf, daß Sie sich beim Herumklappen des Griffes nicht die Finger klemmen können!

Öffnung

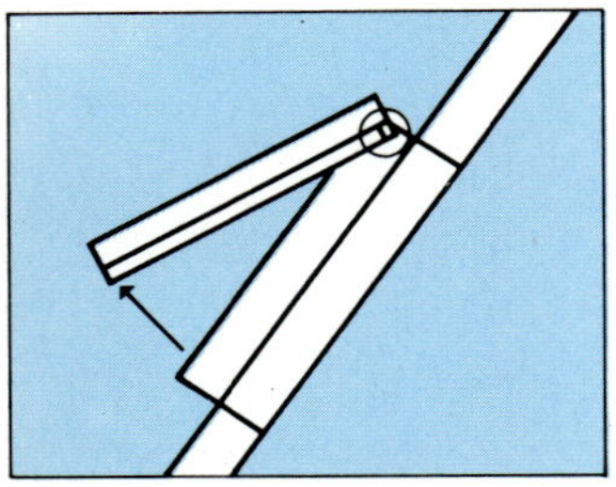

Das Klappflügelfenster wird vorwiegend als liegendes Dachfenster eingebaut. Der große Nachteil dieses Fensters: Es ist ohne besonderes Zusatzgerät nur schlecht und sehr unbequem zu reinigen.

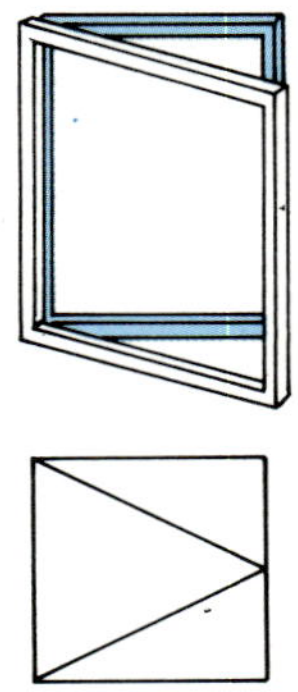

Drehflügelfenster: Reinigung gut, wenn das Fenster nach innen geöffnet wird.

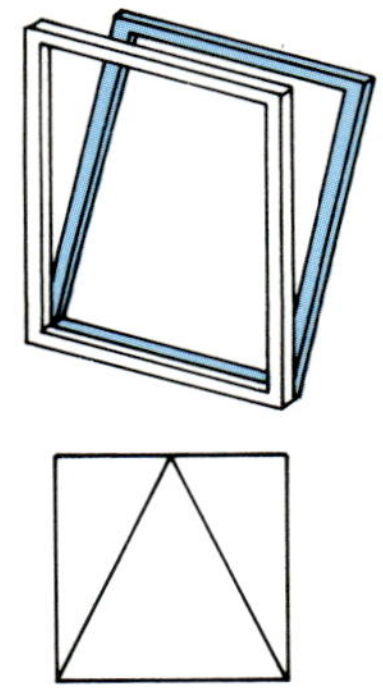

Kippflügelfenster: Nur zu empfehlen, wenn man das Fenster von außen leicht erreicht.

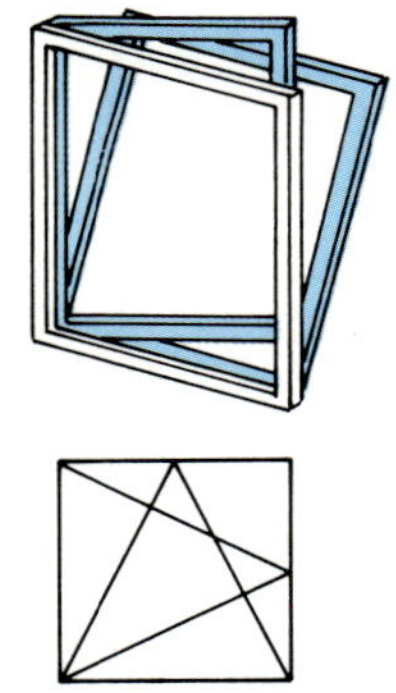

Drehkippflügelfenster: Sehr zu empfehlen, da zwei Öffnungsarten vorhanden sind.

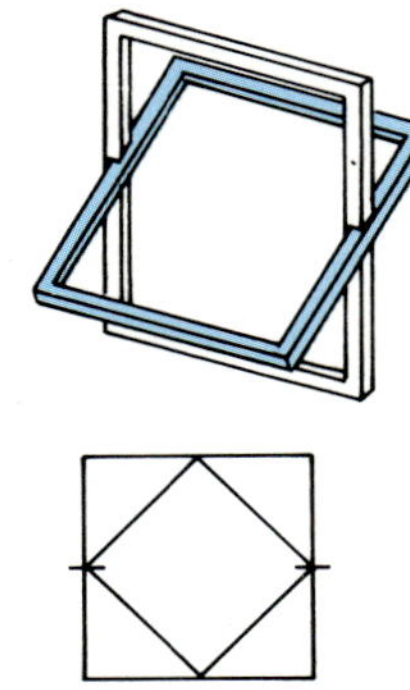

Schwingflügelfenster: Es sorgt für eine schnelle und gute Durchlüftung.

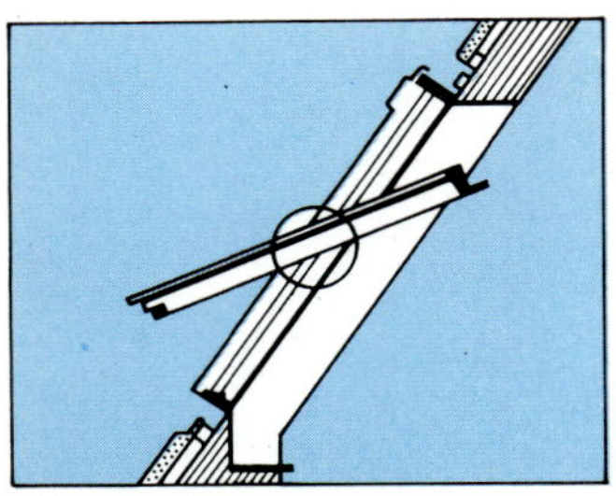

Das Schwingflügelfenster wird häufig auch als Dachfenster genommen. Die Reinigung ist hier sehr einfach, weil man den Flügel nach innen umschlagen kann. Die Durchlüftung des Raumes ist gut.

Klappflügelfenster: Auch hier ist das Putzen der Außenfläche beschwerlich.

Wendeflügelfenster: Es wird als Fertigfenster kaum angeboten.

Schiebefenster: In der senkrechten Schiebeart wird es kaum angeboten.

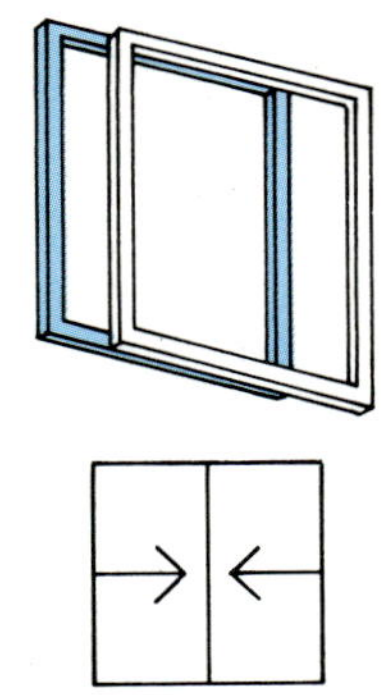

Schiebefenster: Praktisch, weil durch Zugluft kein Flügel zuschlagen kann.

Anschlag

Wichtig: Wenn Sie ein Fertigfenster kaufen oder bestellen, sollten Sie den Maueranschlag angeben! Bei einem inneren Anschlag sitzt die »Mauernase« innen, bei einem äußeren Anschlag außen. Bei dem inneren Anschlag muß der obere Rahmen so breit sein, daß das Fenster geöffnet werden kann. Alle Fertigfenster sind so konstruiert, daß sie in den hauptsächlich gemauerten Außenanschlag passen. Seltener wird die glatte Laibung verwendet.

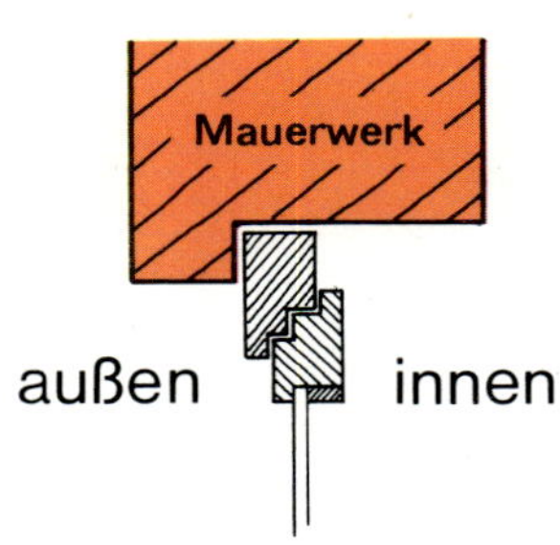

Dieser Anschlag wird meistens verwendet. Die Fuge zwischen Mauerwerk und Rahmen sorgfältig mit Dichtungsmasse ausspritzen.

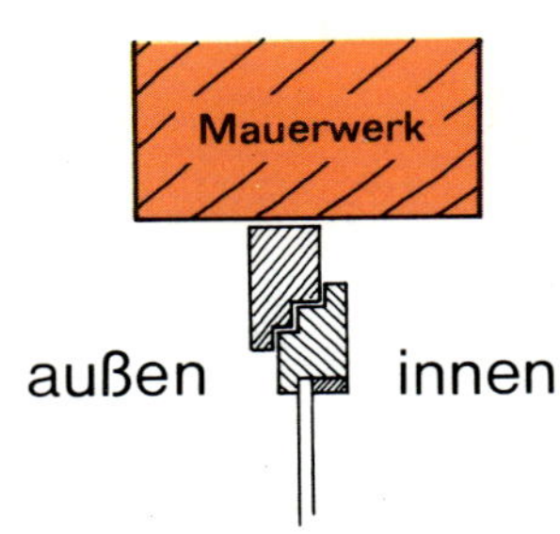

Die glatte Laibung ist seltener. Damit keine Fuge zu sehen ist, wird bei diesem Fenster rundum eine Abdeckleiste angebracht.

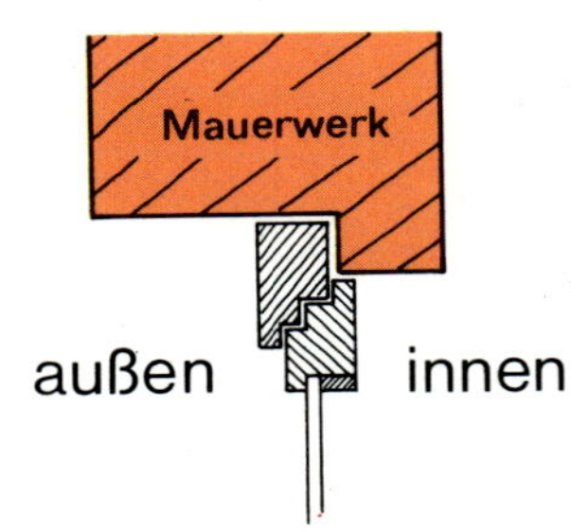

Der innere Anschlag ist ebenfalls seltener. Achten Sie darauf, daß sich das Fenster öffnen läßt und nicht gegen die Laibung stößt!

Verglasung

Grundsätzlich hängt es vom Flügel ab, welche Glasstärke eingesetzt werden kann. Isolierverglasung ist besser als eine Einfachverglasung, weil sie wärme- und schalldämmend ist. Wenn im Augenblick kein Geld für eine Isolierverglasung vorhanden ist: Wählen Sie ein Fenster, das den breiten Falz für diese Verglasung hat. Das dünnere Glas, das jetzt eingesetzt wird, läßt sich dann austauschen!

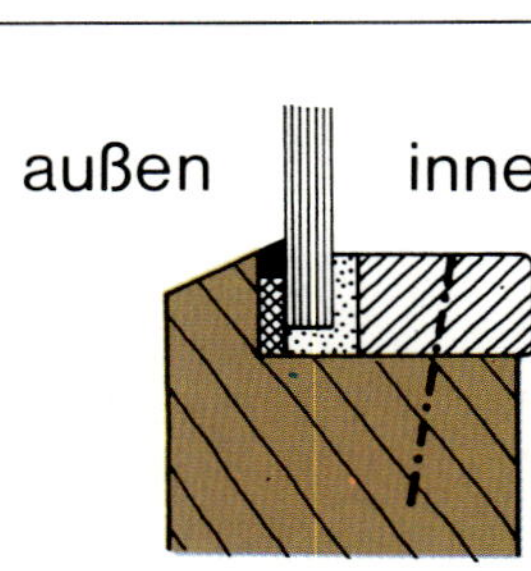

Diese Einfachverglasung (Schnitt) wurde fachgerecht ausgeführt. Das Kittbett (kariert) wurde extra noch versiegelt (schwarz).

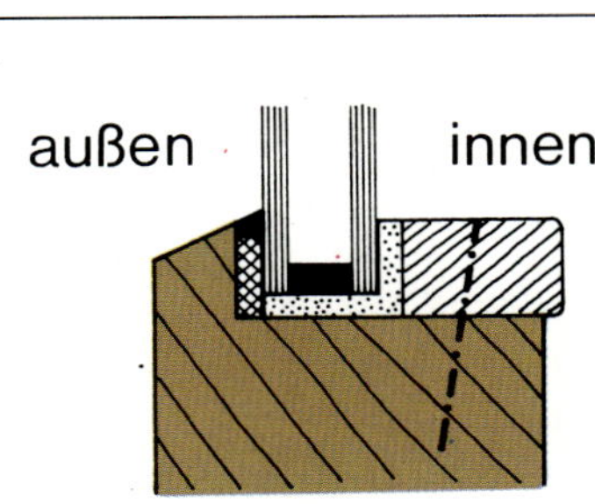

Die Isolierverglasung braucht einen wesentlich breiteren Falz. Deshalb sind die Flügelrahmen bei diesem Fenster viel dicker.

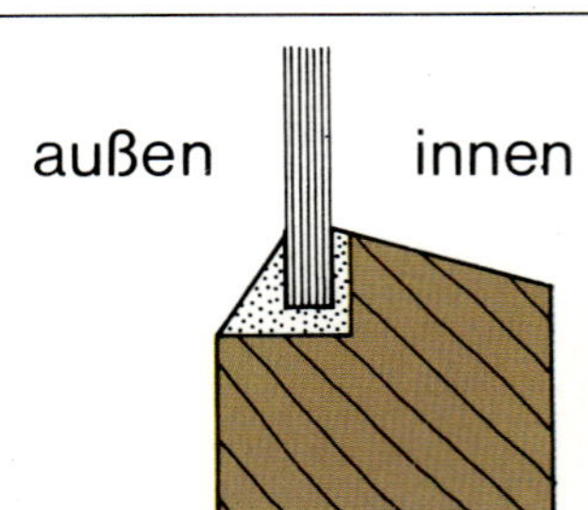

Im Gegensatz zu den beiden anderen Fenstern sitzt der Glasfalz außen. Das einfache Kittbett hält nicht lange, das Holz verrottet.

Holz

Die Holzfenster sind unter den Fertigfenstern der Verkaufsschlager, weil sie wesentlich billiger als Aluminium- oder Kunststoffenster und auch vom Material her »wohnlicher« sind.
Außerdem sind die Erfahrungen mit Holz im Fensterbau größer als die mit Aluminium oder Kunststoff, was die Konstruktion oder das Materialverhalten betrifft.
Es gibt ein RAL Gütezeichen Holzfenster, auf das Sie beim Kauf achten sollten, denn es verspricht achtfache Garantie: Für gute Holzqualität, genaue Holztrocknung, Paßgenauigkeit der Eckverbindungen, Oberfläche, Gängigkeit, Falzüberschlag, Auflage der Flügel sowie Fugendichte und Schlagregensicherheit. Fertigfenster aus Holz werden hauptsächlich aus Kiefer, Sipo (Mahagoniart), Fichte, Dark Red Meranti und Oregon Pine, aber auch aus Teak oder anderen exotischen Hölzern angeboten, die dann sehr viel teurer sind.
Holz-Fertigfenster bekommt man ungestrichen oder in allen gängigen Farben lakkiert. Die Fenster mit Gütesiegel sind ausnahmslos mit einem chemischen Holzschutzmittel behandelt, das das Holz gegen Pilz- und Insektenbefall schützt.
Trotzdem sollte ein Holzfenster gut gepflegt werden. Dadurch wird nämlich seine Lebensdauer um einige Jahre verlängert.
Fragen Sie Ihren Farbenfachmann nach dem besten Lackaufbau, wenn Sie ein unbehandeltes Holzfenster kaufen. Er sagt Ihnen auch, wie oft Sie ein Fenster streichen müssen, wenn Sie es schon lackiert kaufen. Geben Sie aber unbedingt an, aus welchem Holz das Fenster angefertigt wurde! Nicht alle Tropenhölzer wie Teak, Afzelia oder Afrormosia vertragen sich mit allen Lacken! Eine große Rolle bei der Oberflächenbehandlung spielt auch der Sitz des Fensters: Die Fenster an der Wetterseite müssen wesentlich häufiger als alle anderen behandelt werden.
Hier ein Tip: Wer Sprossenfenster (die Sprosse teilt die Scheibe in kleinere Felder) liebt, kann auch Fenster mit einem Sprossenrahmen bekommen, den man zum Putzen mühelos herausnehmen kann.
Auch beim Kauf eines Fertigfensters empfehlen wir Ihnen, die Preise von verschiedenen Firmen zu vergleichen! Achten Sie dabei unbedingt auf alle Qualitätspunkte, die wir Ihnen hier genannt haben!
Sollten Sie sich nicht sicher sein, welches Fenster für Ihre Zwecke das beste ist, fragen Sie vorsichtshalber einen Fachmann um Rat.

1. Der Glasfalz richtet sich nach der Art der Verglasung. Bei einer Isolierverglasung ist er breiter als bei einer Einfachverglasung. Die Glasleiste (2) hält die Scheibe fest. Sie sollte aufgeschraubt werden, damit man die Scheibe auswechseln kann, ohne die Leiste zu beschädigen. In den Ecken wird sie auf Gehrung geschnitten. 3. Der untere Rahmenteil des Fensterflügels, hier ein nach innen schlagender Drehflügel. 4. Diese umlaufende Dichtung ist sehr wichtig! Die Lippe (daher auch der Name Lippendichtung) drückt sich dicht an den Rahmen, wenn der Flügel geschlossen wird. Das Material der Dichtung muß gegen Alterung, Verwitterung, Hitze und Kälte beständig sein. 5. Die Regenschutzschiene läßt eingedrungenes Regenwasser ablaufen, ohne daß es nach innen eindringen kann. 6. Unterer Blendrahmen.

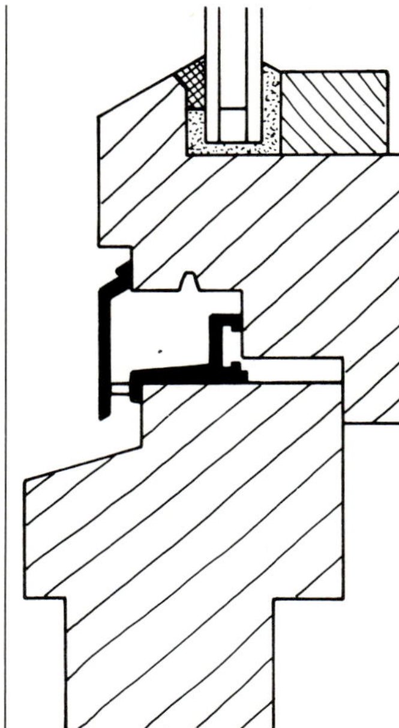

▲ In diesem Schnitt sehen Sie deutlich die Regenschutzschiene, die bei dem Holzfenster sehr wichtig ist. Das Regenwasser kann zwar durch die Fuge eindringen, läuft aber durch die kleinen Löcher (in der Zeichnung weiß) wieder ab. In das T-förmige Profil (rechts) wird eine Lippendichtung geschoben. So ist das Fenster absolut dicht gegen Feuchtigkeit und Wind.

Hier sehen Sie das Fenster von außen. Durch die abgeschrägte Kante des Blendrahmens kann das Regenwasser gut ablaufen. Achten Sie beim Kauf eines Fensters darauf, daß alle Kanten gut gerundet sind! Auf runden Kanten hält der Lack nämlich wesentlich besser als auf scharfkantigen! ▼

Kunststoff

Gemessen am Holzfenster sind Kunststoffenster noch sehr junge Produkte. Zum Einsatz kommen die Kunststoffe Polyvinylchlorid oder Polyurethan. Profile aus Polyvinylchlorid, kurz PVC genannt, werden in laufenden Metern hergestellt und dann zum Fenster verschweißt. PVC-Profile sind innen hohl und in einzelne Kammern unterteilt (siehe Zeichnung). Diese Kammern bilden gleichzeitig die Isolierung. Außerdem sind die Profile in sich verschachtelt, damit sie die notwendige Festigkeit erreichen. Um größere Fenster stabiler zu machen, werden zusätzliche feuerverzinkte Stahl- oder Metallprofile eingezogen. Der Grund: Sie verhindern, daß die Rahmen und Flügel sich verziehen können.

Die Außenwandstärken dürfen nicht dünner als 2,5 mm sein. Flügel und Blendrahmen müssen zur Wetterseite hin flächenbündig sein.

Sehr wichtig: Nach innen sollte der Flügel mindestens 15 mm über stehen.

Ein Wasserablauf muß beim Flügel und Blendrahmen über die äußere Kammer möglich sein, ohne daß der mittlere Kernhohlraum dafür durchbrochen werden muß. Wer Fertigfenster aus PVC-Profilen mit einer Dreifach- oder Spezial-Lärmschutzverglasung haben möchte, braucht Fenster, die aus besonders starken Profilen hergestellt wurden.

Im Gegensatz zu den Fertigfenstern aus PVC-Profilen werden Polyurethanfenster in einem Stück geschäumt. Blend- und Flügelrahmen sind mit einem verzinkten Stahlrohrrahmen armiert, dessen Hohlraum voll ausgeschäumt ist. Von der äußeren Form her ähneln sie sehr den Holzfenstern.

Bei beiden Kunststoffenstern wird die Verglasung von innen mit einer Glasleiste gehalten.

Die Vorteile eines Fensters aus Kunststoff: Es ist witterungsbeständig und pflegeleicht. Es braucht nicht gestrichen, lasiert oder imprägniert zu werden.

Die Farbgebung ist allerdings beschränkt. Es werden hauptsächlich weiße, graue und braune Fenster angeboten, die sich aber durch eine hohe Lichtechtheit auszeichnen.

Achten Sie beim Kauf eines Kunststoffensters unbedingt auf eine Lippen- oder Schlauchdichtung (siehe Zeichnung), die im Blendrahmen umlaufend eingebaut sein sollte. Wichtig ist, daß die Dichtung an den Ecken verschweißt ist, so daß sie sich nicht zusammenziehen kann. Es würden sonst Lücken entstehen.

Kunststofffenster liegen im Preis weit höher als Fenster mit Holzrahmen.

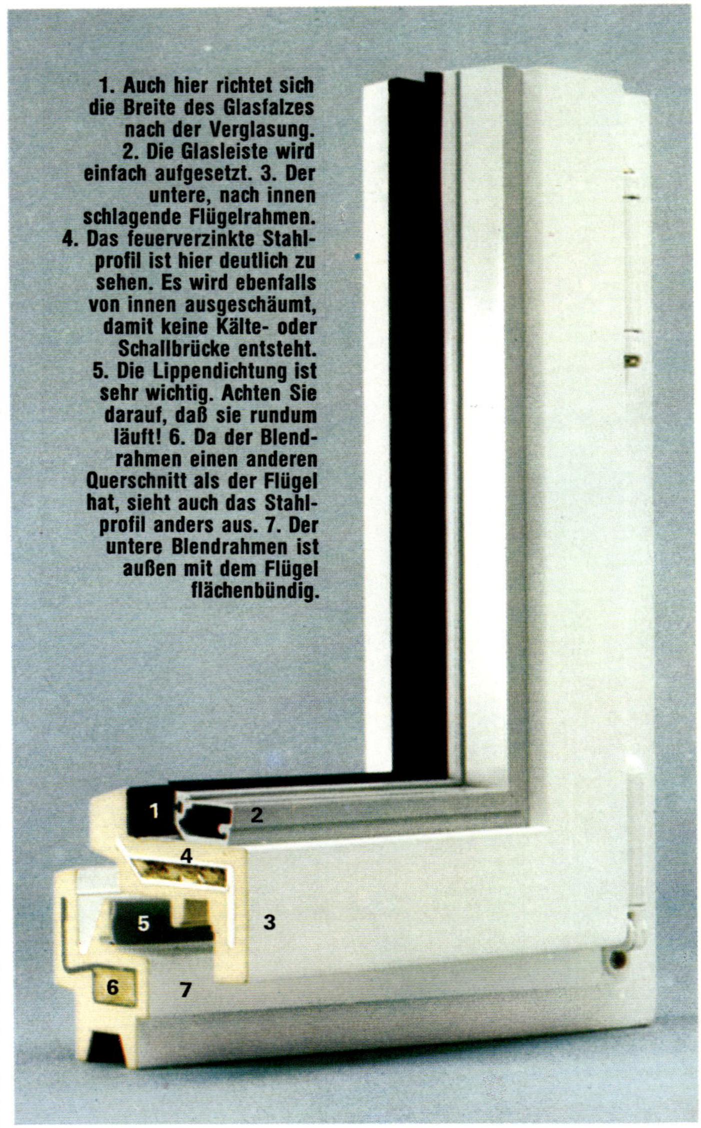

1. Auch hier richtet sich die Breite des Glasfalzes nach der Verglasung. 2. Die Glasleiste wird einfach aufgesetzt. 3. Der untere, nach innen schlagende Flügelrahmen. 4. Das feuerverzinkte Stahlprofil ist hier deutlich zu sehen. Es wird ebenfalls von innen ausgeschäumt, damit keine Kälte- oder Schallbrücke entsteht. 5. Die Lippendichtung ist sehr wichtig. Achten Sie darauf, daß sie rundum läuft! 6. Da der Blendrahmen einen anderen Querschnitt als der Flügel hat, sieht auch das Stahlprofil anders aus. 7. Der untere Blendrahmen ist außen mit dem Flügel flächenbündig.

Das äußere »Gesicht« eines Fertigfensters aus Kunststoff (Polyurethan). Dieser Kunststoff ist innen porös und hat eine glatte Oberfläche, die witterungsbeständig ist. Innere Stahlrahmen sorgen für Festigkeit.

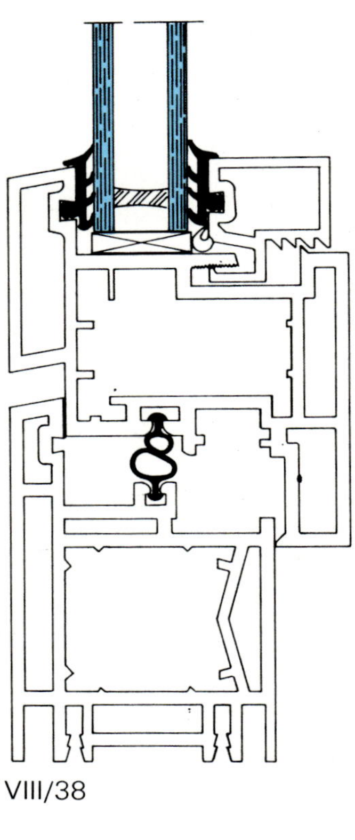

Diese Schnittzeichnung zeigt ein Fenster aus PVC. Die einzelnen Kammern sorgen für eine gute Isolierung. Bei größeren Fenstern wird hier ebenfalls ein Stahlprofil eingezogen. Wichtig: Die umlaufende Lippendichtung!

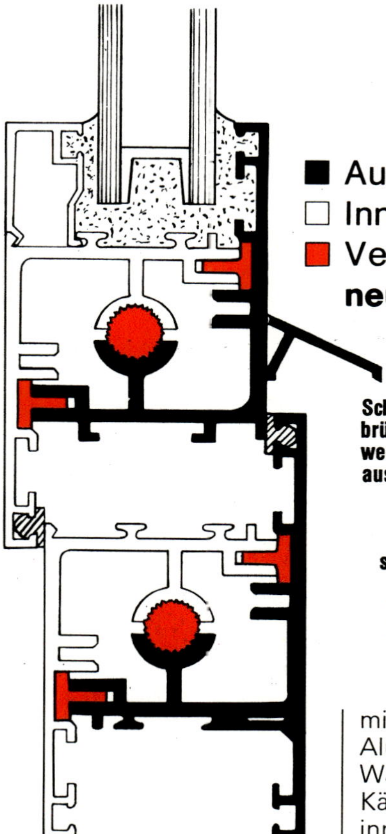

■ Außenseite: **kalt**
□ Innenseite: **warm**
■ Verbindungselemente: **neutral**

Bei dem Aluminiumfenster sind schmale waagerechte Flächen wichtig, damit nur wenig Schmutz liegen bleibt. Die Kältebrücke muß unbedingt unterbrochen werden, z. B. durch eine Dichtung aus Kunststoff!

Aluminiumfenster wirken immer sehr elegant. Sie werden gerne in modernen Gebäuden verwendet, wo die Fassaden nur aus Glas zu bestehen scheinen. Diese Fenster sind pflegeleicht, witterungsbeständig und wartungsfrei! ▶

Aluminium

Aluminium ist ein Leichtmetall, das ein geringes spezifisches Gewicht und eine hohe Festigkeit hat. Die bemerkenswerte »Langlebigkeit« entsteht durch die dichte Schicht von Aluminiumoxid oder -hydroxid, die dieses Metall korrosionsbeständig macht. Für Fertigfenster nimmt man eine bestimmte Legierung, auf der sich die Schutzschicht leicht herstellen läßt.
Aluminiumfenster werden in Silber- und Bronzetönen angeboten. Dabei unterscheidet man beim Silberfarbton gebürstet und natur eloxiert, beim Bronzefarbton gebeizt und farbanodisiert.
Rahmen und Flügel werden aus stranggepreßten Profilen hergestellt. Diese Profile sind sehr maßgenau, sie schließen dicht und verziehen sich auch nicht.
Die schmalen, glatten Rahmen lassen sich leicht pflegen und sauberhalten, da die Oberfläche eloxiert ist.
Und dies sollte man bei Aluminiumfenstern beachten: Aluminium hat eine hohe Wärmeleitfähigkeit, die eine Kältebrücke von außen nach innen bildet. Hier ist es wichtig, daß bei der Fensterkonstruktion diese Brücke durch ein neutrales Verbindungselement (etwa aus Kunststoff) unterbrochen wird.
An den Außenseiten des Fensters dürfen keine waagerechten Flächen sein. Hier würden sich nämlich Schmutz- und Schwebestoffe, die mit Schwefelsäure angereichert sind, festsetzen und schwefelige Säuren bilden, die mit der Zeit Löcher in die Oberfläche fressen. Auf schrägen und senkrechten Flächen werden diese Stoffe durch Regen fortgespült.
Es gibt Profile, die man über alte Blendrahmen setzen kann. Diese tragen dann den bereits verglasten Flügel. So erspart man sich bei der Altbausanierung sehr viel Arbeit und vor allem sehr viel Schmutz!
Tip: Aluminiumfenster lassen sich auch isolieren. Geschickte Selbermacher können dies selbst ausführen, indem sie Schüttelschaum in die Profile spritzen.
Preislich gesehen stellen Aluminiumfenster jedoch die Spitzenreiter.

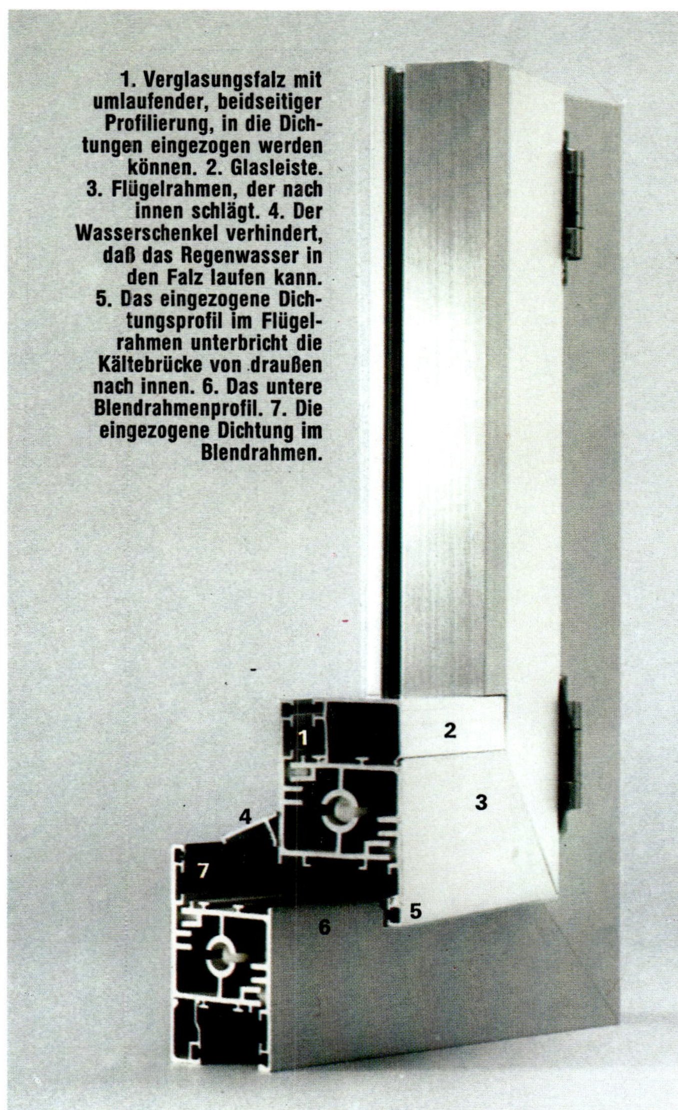

1. Verglasungsfalz mit umlaufender, beidseitiger Profilierung, in die Dichtungen eingezogen werden können. 2. Glasleiste. 3. Flügelrahmen, der nach innen schlägt. 4. Der Wasserschenkel verhindert, daß das Regenwasser in den Falz laufen kann. 5. Das eingezogene Dichtungsprofil im Flügelrahmen unterbricht die Kältebrücke von draußen nach innen. 6. Das untere Blendrahmenprofil. 7. Die eingezogene Dichtung im Blendrahmen.

EINRICHTEN

Das richtige Licht für Ihre Heimwerkstatt

Zum Arbeitsplatz Heimwerkstatt gehört auch gutes Licht. Es schützt vor Übermüdung und hilft Unfälle verhüten. Wir zeigen einige originelle und preiswerte Lösungen.

Je kniffliger und anspruchsvoller eine Arbeit ist, desto besser muß das Licht sein. Die Grundforderungen, die man an eine Beleuchtung stellt, sind folgende: Sie muß gleichmäßig, ausreichend hell und blendfrei sein. Das Hauptlicht muß auf das eigentliche Arbeitsfeld konzentriert sein. Daneben sollte der Raum auch eine ausreichende Gesamthelligkeit haben, damit kein zu starker Hell-Dunkel-Gegensatz am Rand des Arbeitsfeldes entsteht, der die Augen schneller ermüden läßt. Auch beim Fernsehen sollte ja der Raum die gleiche Helligkeit wie das Bild haben.

Bei der Installation müssen Sie eine Reihe von Vorschriften beachten. Zuallererst: Die Anschlüsse ans Netz dürfen nur vom Fachmann ausgeführt werden. Für die Installation im Keller oder der Garage ist Material vorgeschrieben, das für Feuchträume geeignet ist.

Wer in seiner Hobbywerkstatt viel lackiert oder sonst mit flüchtigen und brennbaren Lösungsmitteln arbeitet, sollte aus Sicherheitsgründen gekapselte, explosionsgeschützte Armaturen und Schalter wählen.

Bei Konzeption und Ausführung einer Beleuchtung

In der Höhe verstellbare Leuchte über dem Arbeitsplatz. Bei dieser Drechsel- und Drehbank ist das Kabel über Rolle und Block geführt, die Lampenfassung besitzt einen Schalter. Diese Konstruktion kann man leicht mit einem Blend- oder Schutzschirm versehen. Das Ganze tariert man mit Sand in der Kunststoffflasche aus.

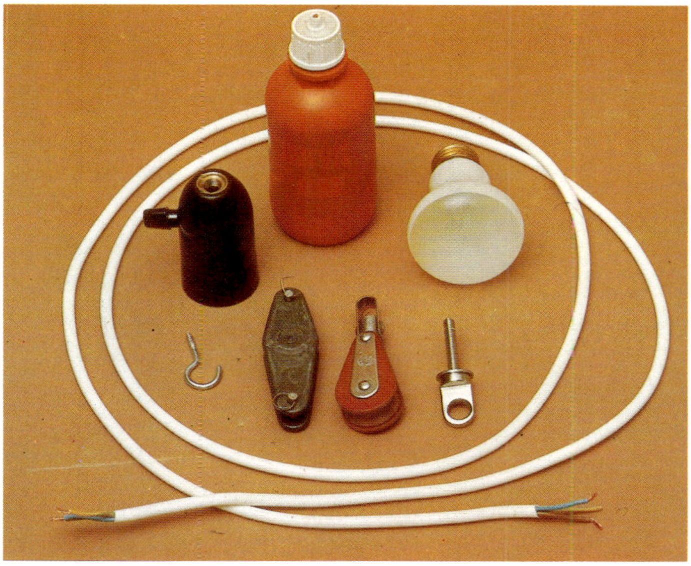

Das brauchen Sie an Material: Fassung mit Schalter, Kabel, Lampe, zwei einschalige Blöcke, eine Plastikflasche mit Sand, dazu ein Schraubhaken, der in den Verschluß eingedreht wird sowie eine Öse, mit der man den Block an der Decke befestigt. Blöcke gibt's beim Bootsausrüster.

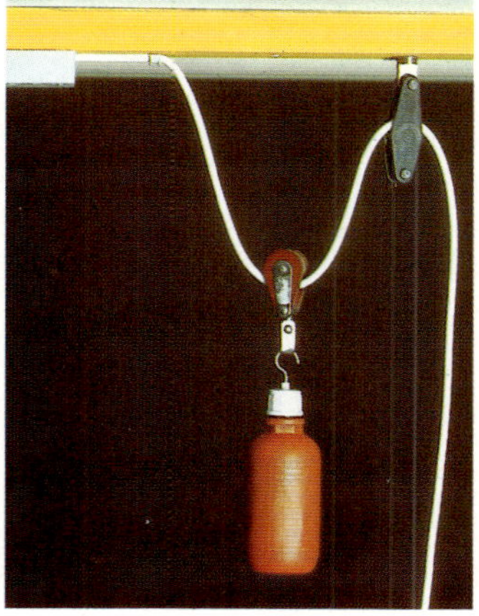

Hier noch einmal die Aufhänge- und Verstellvorrichtung der Arbeitsplatzleuchte im Detail. Die Leuchte ist an der Abzweigdose links im Bild angeschlossen. Im Keller darf man nur Feuchtraum-Installationsmaterial verwenden. Die Leuchte balanciert man aus, indem man die Sandfüllung in der Flasche vermindert oder vergrößert.

Dieses Spezialkabel hält auch starke Zugbelastung aus: Es besitzt zu diesem Zweck eine Einlage aus Stahldraht, der lediglich die Zugkräfte aufnimmt, aber keine elektrische Funktion hat.

Eine Waagbalkenkonstruktion aus PVC-Wasserinstallationsmaterial. Die Höhenverstellung erfolgt durch Verschieben des Gewichts auf dem Arm, der der Lampenfassung gegenüberliegt. Das Kunststoffrohr ist einfach und problemlos zu verarbeiten.

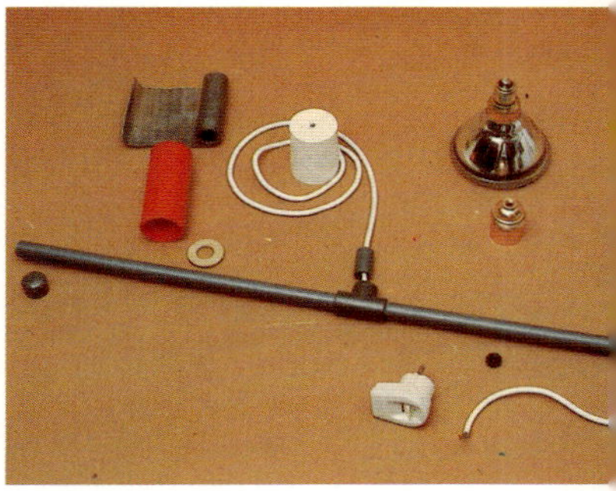

Das Material vor der endgültigen Montage. Am Angelpunkt ist das Kabel durch eine Gummischeibe geführt, die es vor Durchscheuern schützt und außerdem eine Drehung der Leuchte ermöglicht. Diese Scheibe ist eine Wasserhahndichtung, die wir auf den Durchmesser des Kabels aufgebohrt haben.

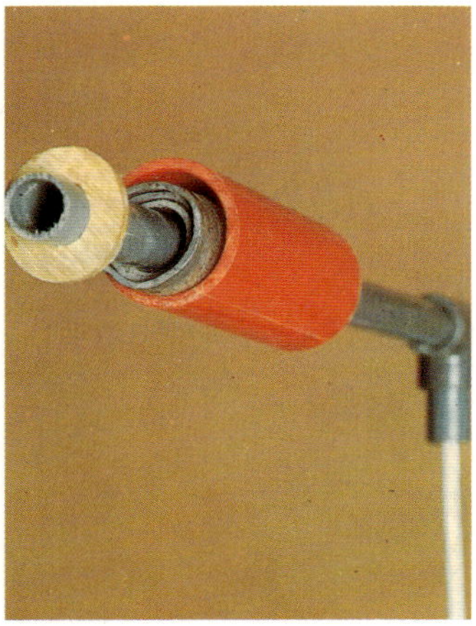

Das Gegengewicht besteht aus einem Bleiband, das man um das Rohr wickelt. Es findet in einem zweiten, dickeren Rohr Platz, dessen Enden mit Sperrholzscheiben verschlossen sind.

In einer Gleitschiene mit Rollen läuft diese Leuchte über der Werkbank. Sie ist zugleich eine bewegliche elektrische Schaltzentrale, die außer dem Schalter für das Licht noch eine Steckdose für Geräte sowie eine Abzweigdose als Reserve für zukünftige Erweiterungen trägt.

muß man auch die mechanische Empfindlichkeit der Lampen selbst in Betracht ziehen. Eine innenverspiegelte Lampe mit Preßglaskolben, wie wir sie bei der Waagbalkenleuchte verwendet haben, ist gegen fliegende Holzsplitter einigermaßen unempfindlich.
Für hängende Leuchten gibt es ein besonderes Kabel mit einer Stahlader, die die Zugkräfte aufnimmt. Dadurch kann man sich eine zusätzliche Kette oder Schnur zur Aufhängung des Leuchtenkörpers sparen. Die Stahlader muß sowohl an der Fassung wie auch andererseits an der Aufhängung befestigt werden.

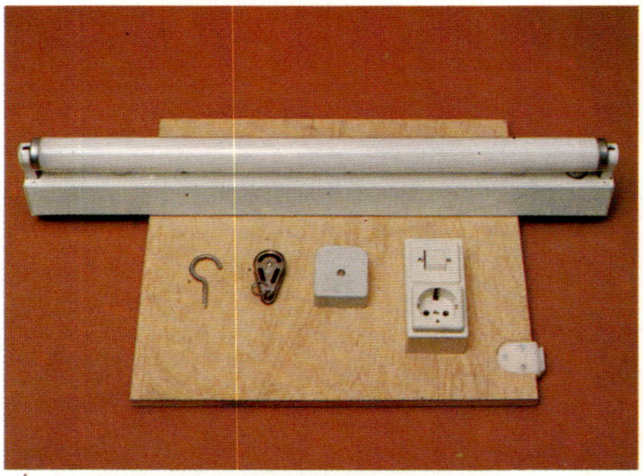

Dies ist das Baumaterial für die Schiebeleuchte, allerdings ohne Kabel. Die Rückseite der Leuchte deckt man mit einer Asbestplatte ab. Alle Anschlüsse müssen vom Fachmann ausgeführt werden.

Das Zuleitungskabel ist auch hier über einen einschaligen Block geführt. Es empfiehlt sich, das lose Ende des Kabels leicht zu beschweren, damit es sich stets von selbst spannt und sich nicht verheddert. ▶

Die Polyolefine

Polyolefine finden im Haushalt unter anderem auch in Form von Folien und Klebstreifen zum Aufbügeln Verwendung.

Die Entwicklung der Kunststoffe ist in den vergangenen 25 Jahren durch den einmaligen Aufstieg der Polyolefine gekennzeichnet. Sie zählen zur Gruppe der Thermoplaste und eignen sich vorzüglich für die Herstellung von Haushaltsartikeln aller Art.

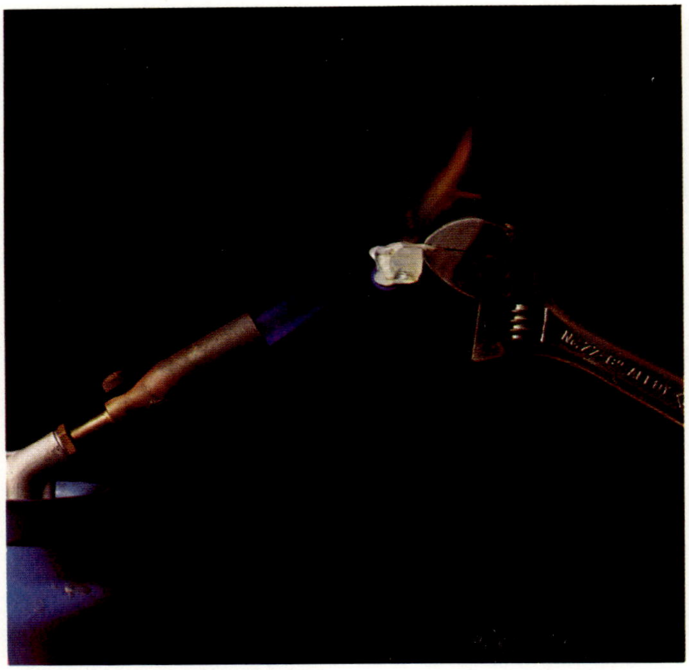

Hier können Sie das Brennverhalten von Polyäthylenprodukten im Versuchsaufbau verfolgen. Bringt man die Flamme an den Werkstoff, so entzündet er sich rasch, beginnt zu schmelzen und wird, soweit es sich um opakes Hartpolyäthylen handelt, allmählich durchsichtig.

Es gibt heute kaum einen Bereich in unserem persönlichen Leben oder in der gewerblichen Wirtschaft, in dem keine industriell gefertigten Produkte aus Polyolefinen zu finden sind. Die äußerst große Anwendungsbreite dieser Kunststoffsorte gründet sich auf deren günstige mechanische Eigenschaften (leicht, fest, unzerbrechlich) sowie auf ihre hohe Chemikalienbeständigkeit und die Unbedenklichkeit ihrer Verwendung im Nahrungsmittelsektor.
Grundsätzlich lassen sich bei den Polyolefinen drei Kunststoffarten unterscheiden, die bei der Fertigung von Gegenständen für den täglichen Gebrauch eine besonders große Rolle spielen: die Polyäthylene hoher Dichte (PE-HD), die als Massenkunststoffe für Folien, Platten und technische Formteile verwendet werden; die Polyäthylene niedriger Dichte (PE-LD), die zur Herstellung von Massenartikeln und Verpackungsprodukten aller Art dienen; und schließlich die Polypropylene (PP), die aufgrund ihrer Festigkeit und Wärmebeständigkeit vorwiegend für technische Zubehörteile, z.B. die Gehäuse elektrischer Haushaltsgeräte, verwendet werden.

Es ist durchaus von Vorteil, wenn auch der Bastler mit den wichtigsten Arbeiten und speziellen Eigenschaften jener Kunststoffe vertraut ist, die ihm heutzutage auf Schritt und Tritt im Haushalt und in der Werkstatt begegnen. Nur dann kann er die Konsumartikel, Geräteteile, Verpackungsprodukte und Folien aus diesen Werkstoffen vorschriftsmäßig behandeln; nur dann kennt er z. B. die Temperaturresistenz von Kunststoffrohren oder weiß, ob Plastikspielzeug oder Kunststoffgeschirr für die Gesundheit unbedenklich ist.
Zahllose Gegenstände für den Haushalt, für Reise, Sport und Camping ebenso wie nahezu alle Lebensmittelverpackungen aus Kunststoff bestehen aus Polyäthylenverbindungen. Industrieprodukte aus Hochdruck- oder Weichpolyäthylen (kurz: PE weich) sind an ihrer Transparenz, Elastizität und Reißfestigkeit zu erkennen und werden meist im Spritzgußverfahren hergestellt. Niederdruck- oder Hartpolyäthylene (PE hart) dagegen sind von höherer Kristallinität und Dichte und sind, zu Fertigprodukten verarbeitet, weniger transparent, härter und weniger elastisch als jene aus PE weich. Polypropylen hat die niedrigste Dichte und ist als Werkstoff, ähnlich dem PE hart, sehr fest und formbeständig; zudem ist es besonders wärme- und chemikalienbeständig und zeigt eine höhere Transparenz als PE hart.
PE weich wird in erster Linie zur Herstellung von Folien verwendet, die als Verpackungen, als Kaschierungen, als Grundwasserschutz und als Schutzfolien für den Winterbau zum Einsatz gelangen.

Aus PE weich werden auch Hohlkörper für Chemikalien, Kosmetika und Getränke sowie Schläuche und isolierende, korrosionsbeständige Kabelummantelungen hergestellt. Ungleich größer ist das Anwendungsgebiet des Hartpolyäthylens: es wird zu Lager- und Transportbehältern, Rohren und Kraftstofftanks ebenso verarbeitet wie zu unzerbrechlichem Küchengeschirr, Eimern, Sportkoffern, Spielzeug und Behäl-

Plastikbehälter nach der Aufbewahrung in der Tiefkühltruhe: der Deckel aus Polypropylen wurde in der Kälte spröde und ist beim Öffnen gebrochen.

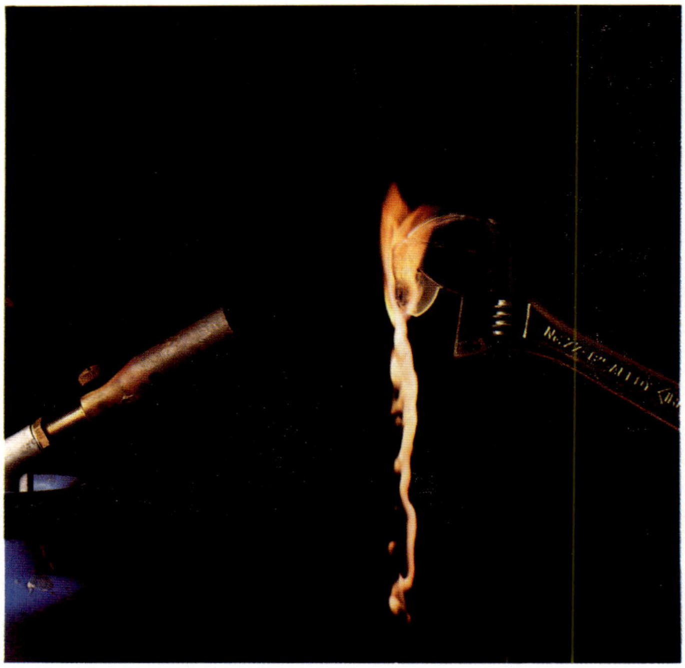

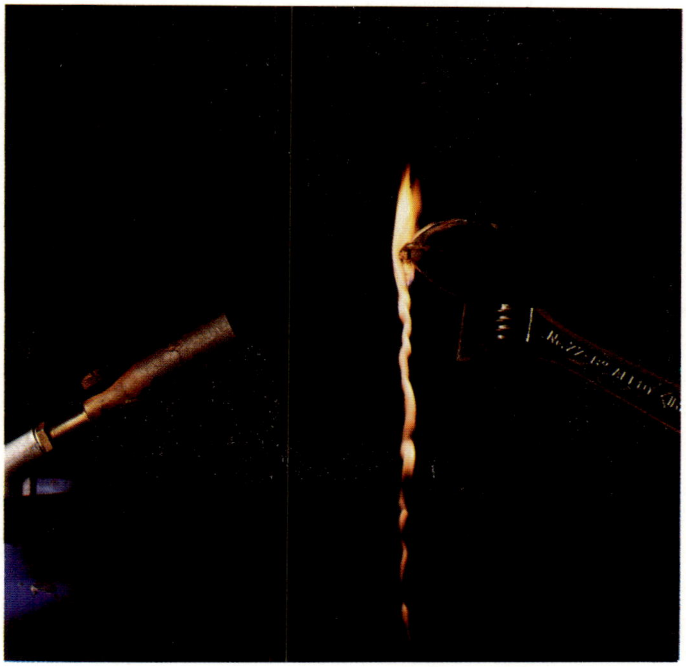

Entfernt man die Flamme von dem Polyäthylenstück, so brennt dieses weiter und löst sich in Form von herabfallenden, gleichfalls brennenden Tropfen auf.

tern aller Art. Da PE hart gegen mechanische und chemische Einflüsse höchst beständig ist, wird es bevorzugt im Maschinen- und Apparatebau, aber auch in der Medizin häufig verwendet.
Beide Polyäthylenarten sind leicht entflammbar. Die maximale Gebrauchstemperatur ohne Belastung beträgt für PE weich zwischen 65 und 75°C, für PE hart 70 bis 80°C. Aufgrund dieses relativ niedrigen Schmelzpunktes lassen sich die Polyäthylene wie alle Thermoplaste schon bei geringer Hitze erweichen; das wird vor allem für Beschichtungen von Metallblechen, Regen- und Sportbekleidung sowie für Dichtungen und Behälterauskleidungen genutzt. Charakteristisch für alle Polyolefine ist, daß sie nach Entfernen der Zündquelle weiterbrennen; auch die herabfallenden Tropfen brennen mit leicht bläulicher, hell rauchender Flamme. Die Brennbarkeit kann durch spezielle Zusätze verringert werden.
Die Polyolefine widerstehen Alkohol, organischen Säuren, Salz- und Alkalilösungen und eignen sich somit als Behälter für Wasch- und Putzmittel und viele Chemikalien und pharmazeutische Produkte. Unbeständig sind sie nur gegen rauchende Schwefelsäure und konzentrierte Salpetersäure.
Wie bereits erwähnt, lassen sich Produkte aus Polyäthylen nach der Fertigstellung nur mehr wenig bearbeiten: PE weich läßt sich durch Hitzeeinwirkung schweißen (z. B. werden Polyäthylenbeutel mit dem Lötstab versiegelt), in vielen Fällen auch schneiden. Mit einiger Vorsicht lassen sich Gegenstände aus Polyäthylen zu Reparaturzwecken biegen und verformen, doch gerade bei den billigen Fertigprodukten aus diesem Massenkunststoff ist der fällige Arbeitsaufwand für Änderungen oder Reparaturen selten gerechtfertigt.
Produkte aus Polypropylen sind wesentlich beständiger gegen hohe Temperaturen und gegen mechanische Verschleißerscheinungen. Sie werden in der Medizin für Injektionsspritzen, Nähmaterial und Behälter, im Haushalt vorwiegend für die Zubehörteile von Wasch- und Spülmaschinen, für Gehäuse, Rohre, Dichtungen, Verschlüsse und Auskleidungen verwendet, die auch höheren Temperaturen standhalten müssen. Eine wichtige Rolle spielen Polypropylene auch im Kraftfahrzeugbau, z. B. für Stoßstangeneinlagen, Instrumentenrahmen, Kühlergrills usw. Weniger beständig erweist sich PP gegen tiefe Temperaturen; es wird durch Abkühlung spröde und verliert an Bruchfestigkeit.
Für die Nachbearbeitung von Polypropylenprodukten in der Werkstatt des Bastlers gilt Ähnliches wie für die Gegenstände aus Polyäthylen; der niedrige Preis dieser Produkte macht den Arbeitsaufwand wenig lohnend. Lediglich der Ersatz schadhafter Zubehörteile, die im Handel nicht zu bekommen sind, erscheint angebracht; hierfür gibt es die im Extrusionsverfahren hergestellten Rohformen von Polypropylen auf dem Markt, aus denen der Heimwerker die gewünschten Ersatzteile, ebenso aber auch kleine Basteleien (wie Schachfiguren usw.) fertigen kann. Sie können aufgrund der neutralen Farbe von Polypropylen mit Kunstharzlacken bemalt werden.

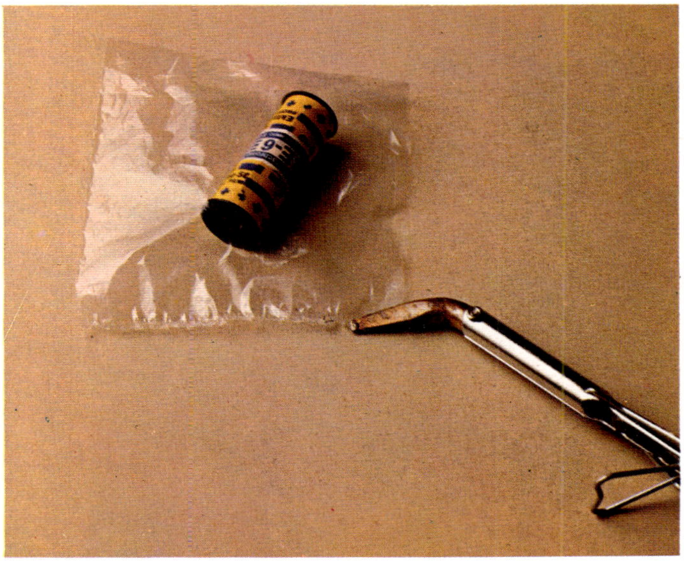

Für die Verpackung von Tiefkühlkost wie für eine staubsichere Aufbewahrung unentbehrlich: Folien aus Polyäthylen lassen sich hermetisch versiegeln.

Auf der großen Leuchtfläche haben alle Dias von einer Urlaubsreise Platz. So kann man vergleichen und von jedem Motiv das beste Bild heraussuchen. Die Lichtqualität entspricht dem Tageslicht. Nur so lassen sich die Farben exakt beurteilen.

WERKEN

Einen Lichtkasten sollte jeder Hobby-Fotograf haben

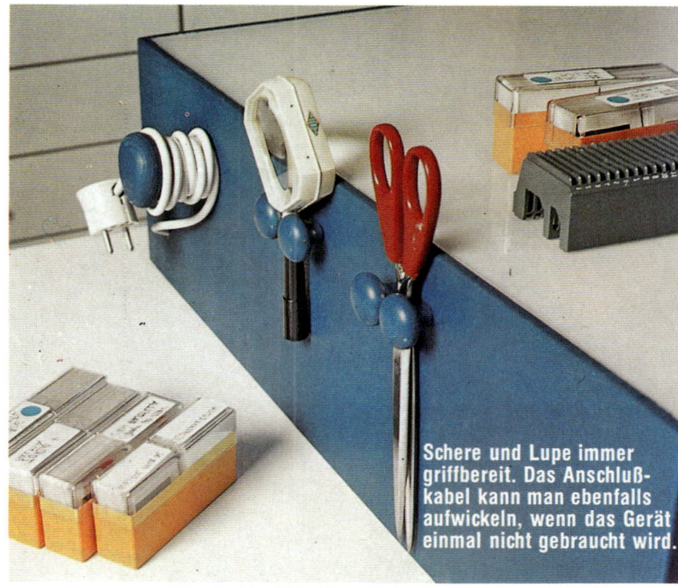

Schere und Lupe immer griffbereit. Das Anschlußkabel kann man ebenfalls aufwickeln, wenn das Gerät einmal nicht gebraucht wird.

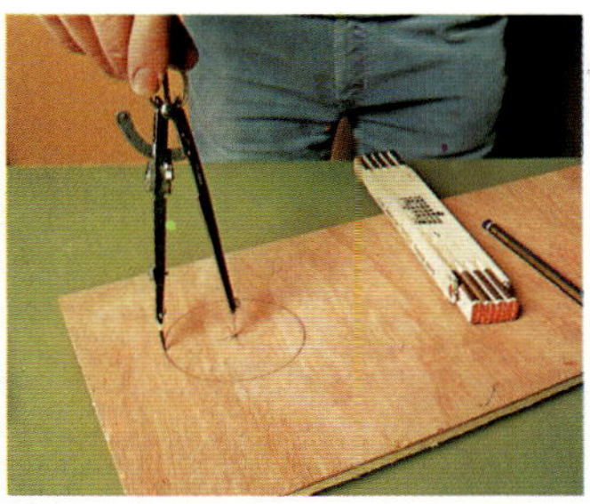

1 Den Ausschnitt für die Schalterdose kann man auch ohne Lochsäge herstellen: Zuerst den Umfang der erforderlichen Öffnung mit dem Zirkel anreißen ...

2 ... und anschließend einen Kreis von Löchern bohren. Die Zwischenstege mit dem Stecheisen entfernen, die Kante mit Raspel und Schleifpapier glätten.

3 Die Verbindung der Seiten erfolgt mit Leim und Nägeln. Die Längsseiten erhalten einen 16 mm breiten und 8 mm tiefen Falz für die Querstücke.

Wenn noch kein Lichtkasten im Haus ist, liegt es meist am Kaufpreis oder an dem Bammel vor dem Selbstbau. Wir zeigen, wie man ihn für wenig Geld selbst baut.

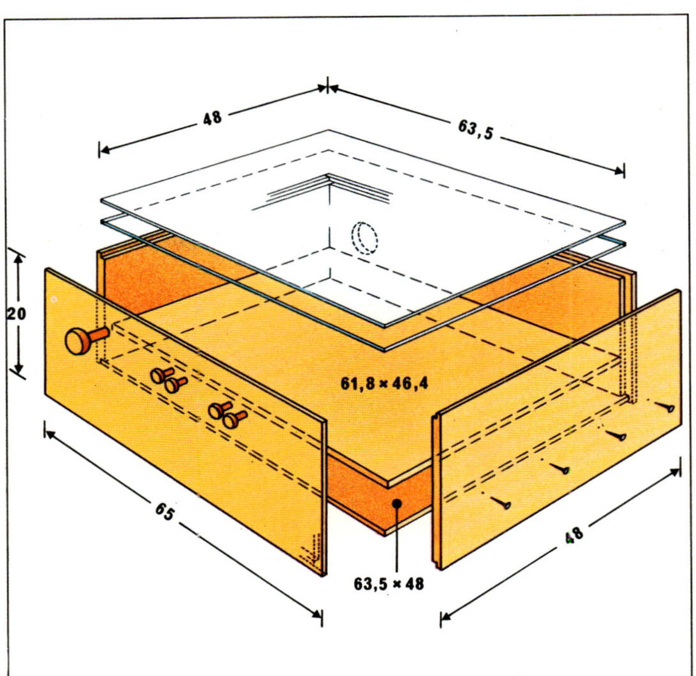

Die Explosionszeichnung zeigt den einfachen Aufbau des Lichtkastens. Die Maße sind auf die Abmessungen der verwendeten Leuchtröhren und Fassungen abgestimmt. Der Zwischenboden wird mit seiner Unterkante in einem Abstand von 5,5 cm zur Unterkante des Kastens eingesetzt. Für die Lampen verbleibt eine Tiefe von 12 Zentimetern.

4 Die Leimverbindung wird durch Nägel mit gestauchten Köpfen fixiert, die man versenkt. Die Festigkeit ist für diesen Zweck völlig ausreichend.

5 Um den Zwischenboden waagerecht einsetzen zu können, nagelt man provisorisch Leisten an die Innenseiten. Den Boden festnageln.

Für den Profi-Fotografen ist er genauso unentbehrlich wie für den ernsthaften Amateur, der viel in Farbe fotografiert: Ein Lichtkasten, auf dem man Dias in Ruhe auslegen und sortieren kann.

Einen solchen Leuchttisch kann man sich ohne großen Aufwand für einen Bruchteil des Preises selbst bauen, den ein fertiges Gerät vergleichbarer Größe und Qualität kosten würde.

Der Kasten selbst besteht aus Tischlerplatte, die Eckverbindungen sind einfach verleimt und genagelt. Die Längsseiten erhalten dabei an den Enden einen Falz, der die stumpf belassenen Querstücke aufnimmt. An der Ober- und Unterseite erhalten die Kastenbretter einen durchlaufenden Falz (Querschnitt 8×8 mm), der die Bodenplatte (aus 8 mm dickem Sperrholz) bzw. die

6 Die fertige Holzkonstruktion wird grundiert, gespachtelt und geschliffen. Die Sorgfalt, die man hier aufwendet, ist entscheidend für das Aussehen der Oberfläche.

7 Das Innere des oberen Fachs wird mit geknitterter Aluminiumfolie ausgelegt (Küchenrolle). Man kann sie mit Doppelklebeband befestigen.

8 Die Oberseite des Lichtkastens nimmt lediglich die Leuchtstoffröhren mit den Halterungen auf. Die Drosseln und Kondensatoren werden unten montiert.

9 Die fertig installierte Unterseite erhält eine Abdeckplatte aus Sperrholz. Sie muß für Wartung und Reparatur abnehmbar sein, man befestigt sie mit Schrauben.

Glasplatten (2 Schichten à 4 mm) aufnimmt. Die Verstärkung der Milchglasplatte durch eine zweite, klare Scheibe gewährleistet die ausreichende Tragfähigkeit der Oberfläche.
Das Licht stammt aus fünf Leuchtstoffröhren à 20 W (Länge 60 cm). Die verwendete Sorte »Tageslicht De-luxe« mit einer Farbtemperatur von 5000 K sorgt für eine möglichst naturgetreue Farbwiedergabe. Fassungen mit Startern baut man in das Lichtfach oberhalb des Zwischenbodens, die zugehörigen Drosseln und Blindstromkondensatoren montiert man unterhalb. Den Anschluß der Leuchtstofflampen sollte man sich unbedingt vom Fachmann machen lassen.
Leuchtstofflampen entwikkeln keine große Wärme. Dennoch sollte man an den Seiten Entlüftungsbohrungen vorsehen, wenn man das Gerät über längere Zeit ohne Unterbrechung betreiben will.

MATERIALLISTE
16 mm Tischlerplatte:
2 Längsseiten 65×20 cm
2 Querseiten 48×20 cm
1 Zwischenboden 61,8×46,4 cm
8 mm Sperrholz:
1 Boden 93,5×48 cm
Je 1 Glasplatte milchig und klar 48×63,5 cm (4mm dick)
5 Leuchtröhren 60 cm mit Zucehör, 1 Schalter mit Einbaudose (Metall)
4 kleine, 1 großer Holzknopf
Alufolie, Leim, Nägel, Schrauben, Spachtel, Farbe.

10 So sieht der fertige Leuchtkasten ohne Glasscheiben aus. Fünf Leuchtstoffröhren geben mit der Reflexfolie ein gleichmäßig intensives, aber blendfreies Licht.

AUTO

Mehr Licht durch eine Wisch-Wasch-Anlage

So sieht der fertig eingebaute Lichtwischer (hier bei einem Mercedes) aus: Im Betrieb bestreichen die Wischblätter einen Winkel von ca. 78 Grad der Streuscheibe. In die Bohrung für die Wischerachse (links oben) wird eine Gummitülle eingesetzt, die das Bohrloch weitgehend abdichtet.

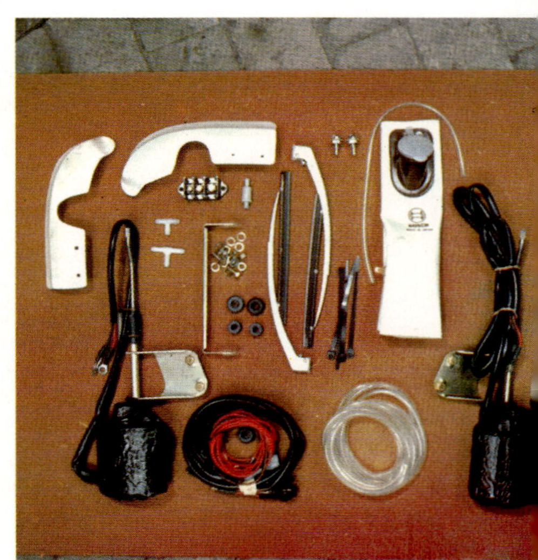

1 Zum Lichtwischer-Set gehören: Pendelmotoren, Wischerachsen, Wischerarme, Spritzdüsen und -motor, Wasserbeutel sowie alle nötigen Kleinteile (Kabel, Schrauben, Tüllen, Schläuche und Zwischenstücke). Achtung: Die Wischermotoren stehen je nach Wagentyp in Einbaustellung; an der gekröpften Achse darf nichts verändert werden!

Mit Scheinwerferwischern können Sie Ihre verschmutzten Autoscheinwerfer klar kriegen. Wir zeigen Ihnen den Einbau.

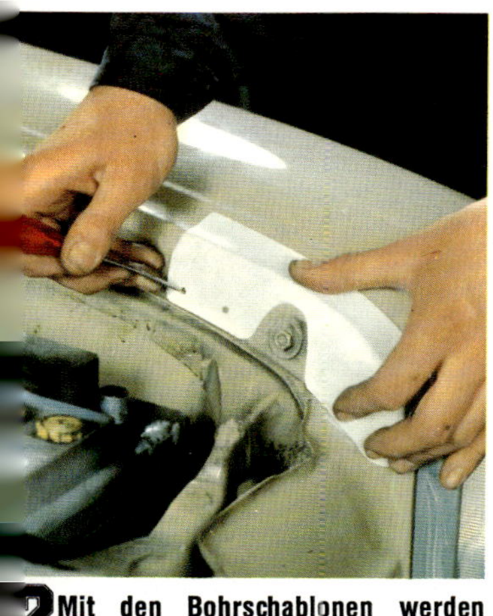

2 Mit den Bohrschablonen werden Bohrlöcher markiert und gekörnt. …orsichtig bohren, damit die Schein…erfergehäuse nicht beschädigt werden.

Schon ein leichter Schmutzfilm auf dem Lampenglas schluckt 30 bis 40 Prozent der Lichtmenge, die Ihre Autoscheinwerfer abgeben. Eine gefährliche Sache: Bei Dunkelheit und feuchtem Wetter fährt man »halbblind«.

Wer nicht alle paar Kilometer anhalten will, um seine Scheinwerfer sauber zu putzen, kann sich jetzt sog. Lichtwischer einbauen, mit denen einige Autotypen bereits serienmäßig ausgerüstet sind. Sie funktionieren ganz genau so wie die Wisch-Wasch-Anlage für die Frontscheibe.

Zwei Pendelmotoren mit Endabschaltung, die in den Radkästen neben den Scheinwerfergehäusen angeschraubt werden, betätigen über Achsen die Wischerarme auf dem Lampenglas. Die Achsen werden durch Bohrlöcher in der Karosserie nach außen geführt. In der Stoßstange, unterhalb der Scheinwerfer, bringt man Spritzdüsen an, die mit Plastikschläuchen an einen Wasserbehälter im Motorraum angeschlossen werden. Ein Elektromotor sorgt für den notwendigen Spritzdruck. In den Stoßfängern einiger neuerer Wagen sind übrigens die Bohrungen für die Düsen schon vorhanden.

Ein Druckknopfschalter im Wageninneren setzt die Wischermotoren und die Spritzanlage in Gang.

Für den Einbau des (nicht ganz billigen) Lichtwischer-Sets brauchen Sie ein wenig handwerkliches Geschick und eine gute Bohrmaschine. Vor allem bei der Montage der Wischerarme ist Vorsicht geboten, damit die Wischblätter bei Nässe nicht über den Rand der Streuscheibe abrutschen können. Je nach Wagentyp und -modell bieten die Zubehörfirmen verschiedene Lichtwischer-Sets an. Für ältere Autos besteht oft keine Einbaumöglichkeit. Vor dem Kauf sollten Sie sich daher im Kfz-Zubehörgeschäft genau beraten lassen!

3 Alle Bohrungen werden mit einer kleinen Rundfeile entgratet und mit einem handelsüblichen Rostschutzmittel behandelt.

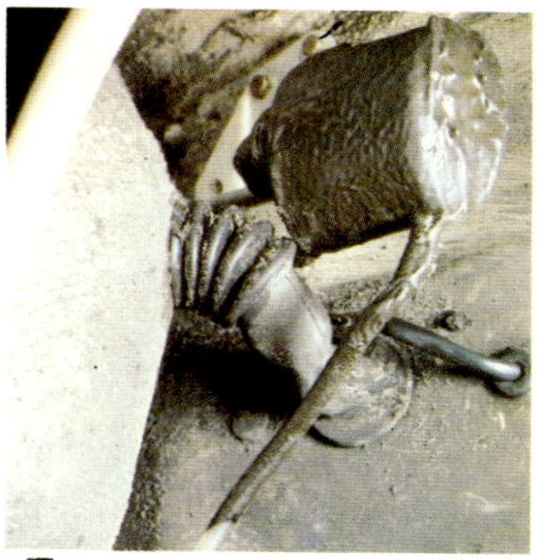

4 Vor der Montage der Wischermotoren befreit man die Anbauflächen in den Radkästen von Schmutz und Unterbodenschutz.

5 Das Plastik-Verbindungsstück (»T-Stück«) verteilt die vom Spritzmotor gelieferte Wassermenge auf die beiden Schläuche.

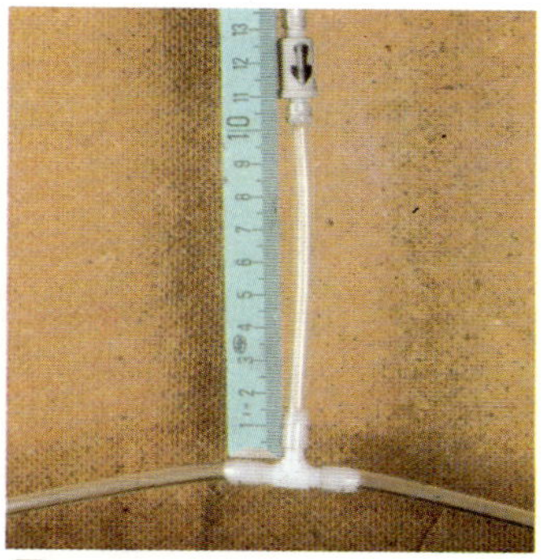

6 Genau 10 Zentimeter oberhalb des T-Stücks wird das Rückschlagventil angebracht. Es verhindert Luftblasen im Sprühsystem.

7 Der dreipolige Druckknopfschalter wird in die Mittelkonsole des Wagens eingesetzt, wo er vom Fahrer bequem zu erreichen ist.

8 Die Anschlußleiste montiert man im Motorraum auf ebener Fläche. Der Kabelstrang wird in den Motorraum geführt.

9 Am Pluspol der Zündspule des Wagens bekommt die Wisch-Wasch-Anlage »Saft«. Die Verdrahtung zeigt die Anleitung.

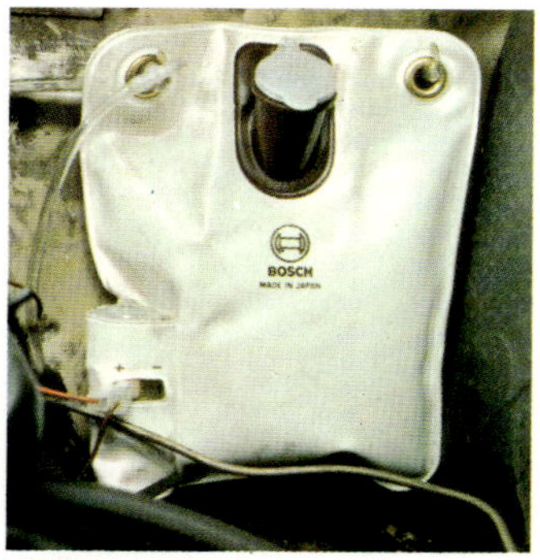

10 Im Motorraum wird der Wasserbehälter aufgehängt. Sein Entlüftungsventil (links oben) steckt man durch die Aufhängeöse.

Originelle Untersetzer

Wäscheklammern – so wird jeder sagen – sind banale Haushaltsgegenstände, die überdies in der Vorstellung vieler mit lästigen Arbeiten verbunden sind. Wie man ihnen eine neue, reizvolle Seite abgewinnen und aus diesen Gegenständen des Alltags wunderhübsche Untersetzer fertigen kann, zeigen wir Ihnen auf den folgenden Seiten.

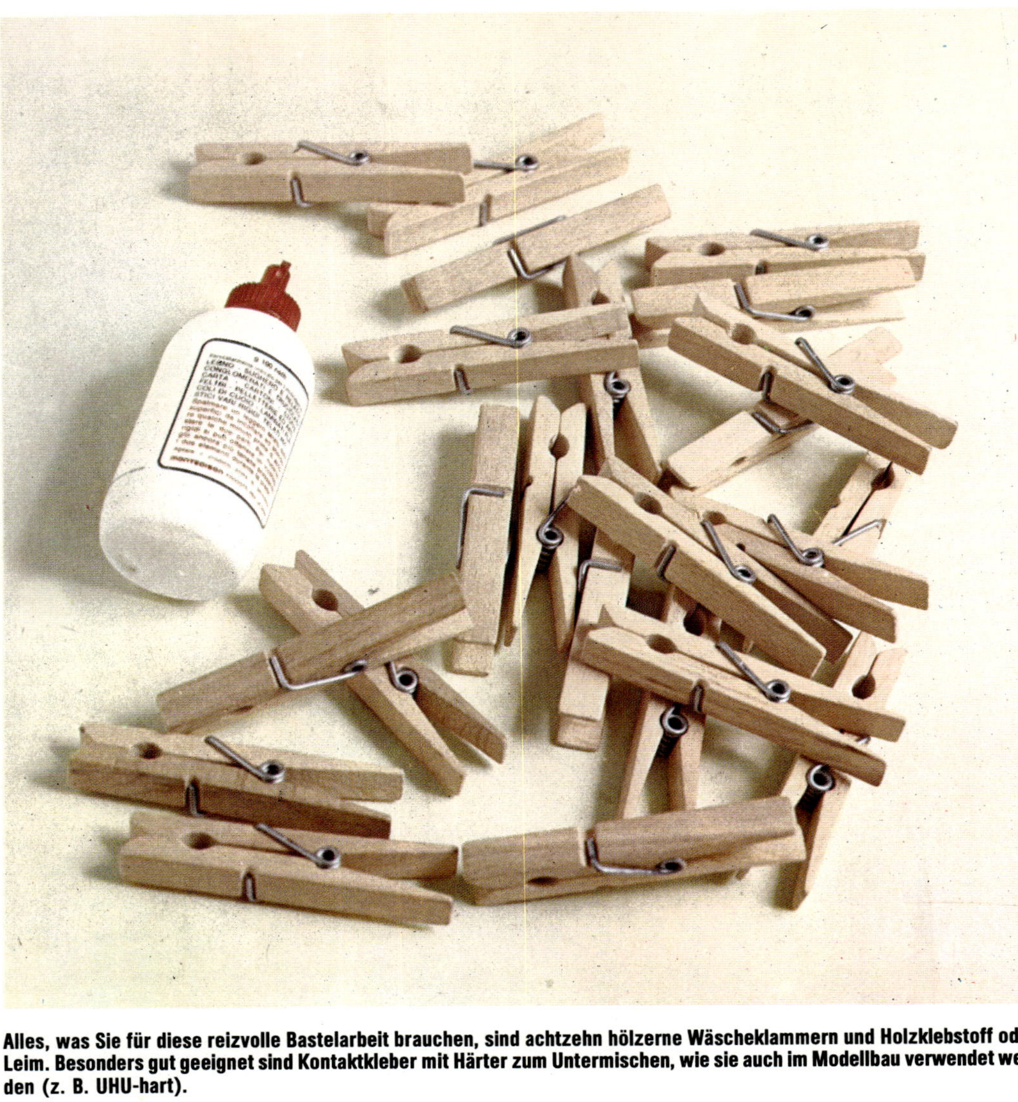

Alles, was Sie für diese reizvolle Bastelarbeit brauchen, sind achtzehn hölzerne Wäscheklammern und Holzklebstoff oder Leim. Besonders gut geeignet sind Kontaktkleber mit Härter zum Untermischen, wie sie auch im Modellbau verwendet werden (z. B. UHU-hart).

Wäscheklammern aus Holz sind fast in jedem Haushalt verfügbar oder ohne viel Aufwand und Kosten zu beschaffen. Wir wollen Ihnen hier zeigen, wie aus Großmutters guter alter Wäscheklammer — genauer gesagt, aus eineinhalb Dutzend Klammern — im Handumdrehen ein sternförmiger Holzuntersetzer wird, der sich auf den modernsten Holzmöbeln sehen lassen kann. Dies streng geometrische »Wunderwerk« ist nicht nur billig und ohne große Mühe anzufertigen, sondern als Bastelarbeit auch für kleine Kinder (mit etwas Unterstützung) denkbar gut geeignet. Nach dem Trocknen des Klebstoffes kann der Untersetzer noch mit farblosem Holzlack oder einem leuchtend bunten Anstrich, nach Geschmack auch mehrfarbig, zusätzlich verschönert werden.

Neben den bereits genannten achtzehn Wäscheklammern pro Untersetzer benötigt man für dieses Projekt nur gut klebenden Holzleim und — falls der Untersetzer noch lackiert werden soll — durchsichtigen oder deckenden hitzebeständigen Holzlack.

Die Bastelarbeit besteht im Grunde lediglich aus dem Entfernen der Metallklammern und paarweisen Zusammenkleben der einzelnen Klammerhälften an ihrer *Flach*seite. Dann werden diese Paare zum Kreis zusammengelegt (mit den Spitzen nach innen). Sollte eine der Klammern nicht ganz die genormte Größe aufweisen oder unregelmäßig geformt sein, so tauscht man sie gegen eine andere aus. Folglich dürfen die einzelnen verleimten Klammerpaare erst dann untereinander verklebt werden, wenn der Stern erfolgreich geschlossen werden konnte.

Hier der Reihe nach die einzelnen Arbeitsschritte im Bild. Die Metallfedern werden entfernt, die Klammerhälften an ihren Flachseiten verklebt, zum Stern zusammengelegt und dann in der Mitte verleimt.

TIP

Treten beim Zusammenlegen der paarweise verleimten Klammern kleine Zwischenräume auf, so kann der Spalt auch durch Dazwischenkleben eines dünnen Kartonstreifens behoben werden — gesetzt den Fall, die Lücke ist nicht allzu breit, da sonst diese kleine Mogelei unschön auffällt. Es ist vor allem darauf zu achten, daß der »Füller« aus Papier oder Pappe nicht über den Rand der Klammern hinaussteht.

Das Andrücken beim paarweisen Verkleben der Klammerhälften erleichtert man sich dadurch, indem man die Klebestellen mit Hilfe einer weiteren Wäscheklammer »in die Zange nimmt«, bis der Klebstoff trocken ist.

Wer bei dieser einfachen Arbeit auf den Geschmack gekommen ist, findet sicher eigene neue Ideen für kleine Bastelarbeiten aus Wäscheklammern. Vielleicht erinnern Sie sich aber auch des einfachen Tricks mit der Wäscheklammer, wenn Sie das nächstemal kleinere Gegenstände kleben wollen — eine Wäscheklammer ist zum Andrücken frischer Klebestellen ideal geeignet.

WERKEN **Für das Kinderzimmer:**

Ein originelles Fensterbild hilft Ordnung halten

Dieses Wandbild mit Haken zum Aufhängen von Kleidern, Taschen und Spielzeug stellt zugleich einen hübschen Zimmerschmuck dar. Ein paar Holzlatten, ein altes Kegelspiel und bunte Farben ist alles, was Sie dazu brauchen. An Werkzeug und Zutaten benötigen Sie: eine Feinsäge, einen Schraubenzieher, einige Eisenplättchen für die Eckversteifungen und die entsprechenden Holzschrauben.

Hier das erforderliche Material: 1 Plakat, 3 längere und 2 kurze Holzlatten, Holzkegel, Eisenplättchen, Holzschrauben in 2 Größen, Feinsäge, Schraubenzieher.

Der Zuschnitt der Latten sollte sorgfältig vorgenommen werden, damit die Eckverbindungen sauber aufeinanderpassen.

Ein altes, schon etwas angeschlagenes Kinderkegelspiel aus Holz ist in einer Familie mit Kindern fast immer auf dem Grund der Spielzeugkiste oder in einer Speicherecke zu finden. Wer kein altes Kegelspiel auftreiben kann, aber dennoch unsere praktische Bastelidee verwirklichen will, kann entweder für wenig Geld ein neues erstehen oder in einem Spezialgeschäft für gedrechselte Holzwaren kegelähnliche Zubehörteile kaufen, die sich als hübsche, robuste Kleiderhaken verwenden lassen.

Für die Holzlatten, die den Rahmen des »Bildes« ergeben, will unsere Anleitung bewußt keine genauen Maße vorschreiben, da der Bastler auf Reste in seinen Vorräten oder auf Schreinereiabfälle zurückgreifen wird.

Allein entscheidend bei der Sache ist der originelle optische Eindruck; der Rahmen erfüllt lediglich Schmuckfunktion. Deshalb darf man bei der Schreinerarbeit ruhig ein wenig improvisieren: Wir haben die Leisten für den Rahmen an den Ecken einfach zusammenstoßen lassen und sie mit Metallplättchen und Holzschrauben verbunden.

Auch die Holzkegel, die als Kleiderhaken dienen sollen, werden mit Holzschrauben auf dem Rahmen befestigt und als zusätzliche Sicherheit verleimt; sie müssen nicht eigens verstiftet werden.

Natürlich bleibt es dem Geschick und der Sorgfalt jedes einzelnen überlassen, mit wieviel Kunstfertigkeit er zu Werke geht: Man kann die Eckverbindungen für den Rahmen auch durch Überplatten oder mittels stumpfer Gehrung herstellen; als Hilfsgerät für den Zuschnitt ist dann jedoch zusätzlich eine Gehrungslade erforderlich.

Von entscheidender Bedeutung für die Wahl der Maße und des Bildmotivs für den Rahmen ist der Wandraum, den man für das »falsche Fenster« zur Verfügung hat. Es

Der beim Zusammenfügen der Latten evtl. verbleibende Spalt wird mit etwas Kitt geschlossen, dann wird der Rahmen farbig lackiert.

Nachdem der Anstrich getrocknet ist, können die Holzkegel mit Holzschrauben auf dem Rahmen (vor dem Lackieren paßgerecht anbohren) befestigt werden.

Die Latten werden einfach aneinandergefügt und mit Metallverbindungen und Holzschrauben über Eck verschraubt.

Es ist ratsam, die Holzkegel vor der Verwendung zu kürzen, damit die Befestigung den auf den Haken wirkenden Zugkräften standhält.

empfiehlt sich, das Wandbild an einer Stelle im Zimmer aufzuhängen, auf die das Licht der echten Fenster trifft; der Raum bekommt so einen Eindruck von Weite und Helligkeit. Die Wahl des Motivs wird natürlich von den besonderen Wünschen und Vorlieben der Bewohner des Kinderzimmers abhängen. Wir haben eine wilde Berglandschaft ausgesucht, deren leuchtende Schneeflächen viel Licht an den Raum abgeben. Genausogut lassen sich jedoch z. B. Pferde auf der Weide, Rennautos auf der Piste, Fregatten im Hafen usw. als Hintergrund verwenden. Die Holzschrauben für die Eckversteifungen des Rahmens sollten in ihrer Stärke den verwendeten Metallplättchen entsprechen; die Länge bemißt sich nach der Dicke der Holzleisten und beträgt etwa zwei Drittel davon. Längere Holzschrauben sind zum Verschrauben der Kegel mit dem Holzrahmen notwendig; sie müssen mindestens 3—4 cm länger sein als die Dicke der Leisten (diese beträgt in der Regel 6—7 cm). Die Holzlatten für den Rahmen werden bereits vor dem Zusammensetzen fertig behobelt und geglättet und können unmittelbar nach dem Zusammenbau farbig lackiert werden. (Wir empfehlen cafür einen schnelltrocknenden Kunstharzlack auf Polyurethanbasis.)

Für die Befestigung des Plakats hinter dem Bilderrahmen gibt es zwei einfache Möglichkeiten: man kann das Plakat wie üblich an der Wand anbringen und den Rahmen darüberhängen; oder man klebt das Plakat unmittelbar auf die Rahmenleisten, wobei ein zweiseitig haftendes Klebeband gute Dienste leistet. Von der Verwendung eines mit Wasser angerührten Leims oder Tapetenkleisters ist abzuraten, da die Ränder des Plakats durch die Feuchtigkeit leicht Wellen schlagen und das Papier sich verziehen könnte.

Auch ohne ein hinterklebtes Bild stellt solch ein farbenfroher »Fensterrahmen« einen originellen, nützlichen Schmuck fürs Kinderzimmer dar.

Je außergewöhnlicher das Motiv des gewählten Bildes, desto spektakulärer der »Ausblick« durch unser Scheinfenster.

Rasch gebaut: Praktische Regalwand aus Fertig-Elementen

Auch der Ungeübte schafft es, diese Regalwand an einem Wochenende zusammenzubauen. Das Material: Formverleimte Fertigelemente, die sich vielfach kombinieren lassen.

Formverleimte Elemente, aus denen diese Möbel aufgebaut sind, gibt es in drei Größen (vgl. Zeichnung unten).
Die Montage der Elemente mit den Stützen (19 mm Spanplatte) erfolgt durch Hülsenschrauben (bekannt von Küchenschränken).
Um die erforderlichen Löcher paßgenau bohren zu können, fertigt man sich eine Schablone mit den Abmessungen 30,8 × 35 cm aus Sperrholz oder Hartfaserplatte an. Die Schmalseite erhält eine Anschlagleiste, die man aufleimt und zusätzlich mit Nägeln oder Schrauben befestigt. Von der Innenkante dieses Anschlags zieht man im Abstand von 4,2 cm eine Parallele, eine zweite im Abstand von 34 cm vom Anschlag. An den Längsseiten zieht man Parallelen im Abstand von 5 cm von den Kanten. Die vier Kreuzungspunkte markieren die Mitten der Bohrlöcher; sie liegen an den Ecken eines Quadrats von 28,0 cm Seitenlänge.

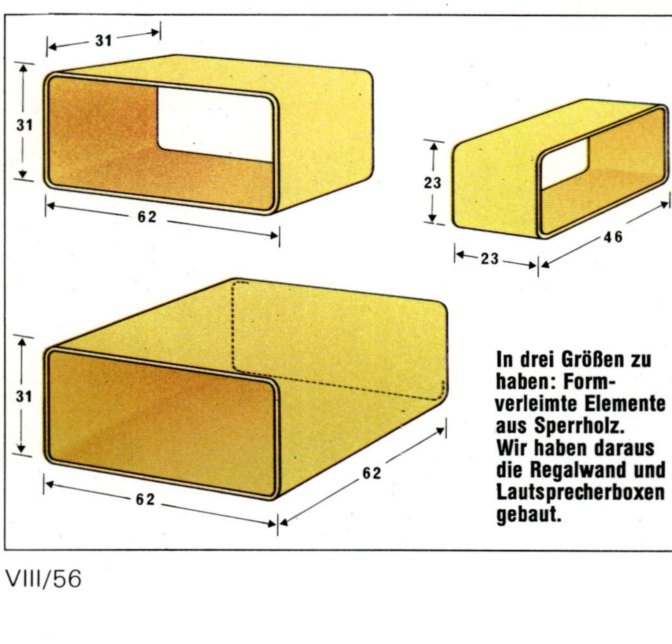

In drei Größen zu haben: Formverleimte Elemente aus Sperrholz. Wir haben daraus die Regalwand und Lautsprecherboxen gebaut.

Einfach und schnell zu bauen, elegant, mobil und wandelbar: Die Wohnzimmereinrichtung aus Fertigelementen läßt sich leicht an alle Bedürfnisse anpassen.

MATERIALLISTE

Lautsprecherboxen:
2 Mini-Elemente 46×23×23 cm
Spanplatte, 12 mm dick:
4 St. 17×19,3 cm; 4 St. 19,3×40 cm
Tischlerplatte, 16 mm, Limba: 2 St. 21×44 cm
2 Lautsprecherwände (Isophon S 7004)
2 Packungen Akustik-Dämmaterial (oder Steinwolleplatten)
Ca. 0,5 m² grober Stoff zum Abdecken der Lautsprecher-Rückseiten, Holzkitt; Schaumstoffklebstreifen.

Regalwand:
16 Normal-Elemente 62×31×31 cm
Seitenstützen, Spanplatte, 19 mm:
5 Stück 193,5×29,5 cm
10 mm Sperrholz für Türen und Zwischenböden
4 Stück 59×28 cm; 1 St. 59×29 cm; 2 St. 59×31 cm
Zubehör: 20 Hülsenschrauben extra lang (50 mm),
50 Hülsenschrauben normal lang (35 mm); 16 Bodenträger;
8 Paar Scharniere für die Türen.

Barwagen:
2 Doppel-Elemente 62×31×62 cm
1 Mini-Element 23×46×23 cm
4 Möbelrollen.

Tonmöbelwagen:
2 Doppel-Elemente 62×31×62 cm
12 mm Sperrholz: 3 St. 58×28 cm; 1 St. 59×37,5 cm;
2 St. 28×20,3 cm, 1 St. 58,5×28 cm
1 Leiste 50,5×1×1 cm.
4 Möbelrollen.

Pflanzencontainer:
1 Doppel-Element 62×31×62 cm
12 mm Sperrholz (Boden): 1 St. 28×59 cm
4 Möbelrollen.

Die Explosionszeichnung vermittelt einen Überblick über die Konstruktion des Barwagens. Um den Verzug auszugleichen, der beim Aufsägen der formverleimten Elemente entsteht, verwendet man eine Abstandsleiste mit leicht trapezförmigem Profil.

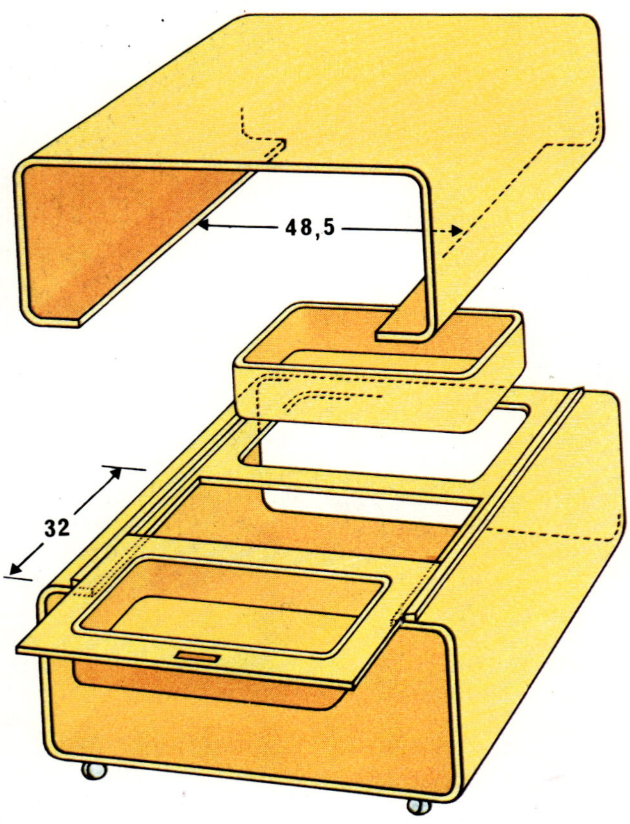

1 Die senkrechten Stützen aus Spanplatte spannt man bündig zusammen, um so schnell und einfach die Kanten zu spachteln, schleifen und grundieren.

2 Mit Hilfe einer Bohrschablone, die man aus Sperrholz oder Hartfaserplatte anfertigt, bohrt man die Löcher für die Befestigungsschrauben in die Elemente.

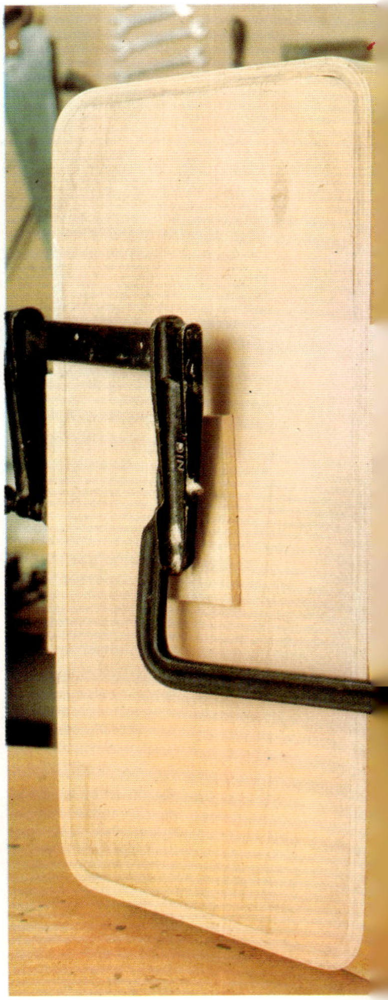

3 Die gleiche Schablone verwendet man anschlie-end auch zum Bohren der öcher in die senkrechten tützen. So werden die ohrungen paßgenau.

4 Der Pflanzenbehälter bekommt einen eingeleimten Boden. Hierzu ist etwas Paßarbeit nötig, da die Seiten der Elemente nicht immer genau gerade sind.

5 Das Unterteil des Barwagens erhält eine Wanne aus einem halben Mini-Element. Genau anzeichnen, dann innerhalb des Striches ausschneiden.

6 Zwischen Ober- und Unterteil des Barwagens kommt eine Abstandsleiste. So entsteht die Nut, in der nachher der mit einer Wanne versehene Einschub läuft.

7 Beim Zusammenleimen richtet man die Teile des Barwagens vor dem Anziehen der Zwingen vorsichtig aus. Die andere Seite nach dem Abbinden der ersten verleimen.

Für die Hülsenschrauben braucht man Bohrungen von 8 mm ⌀.

Man bohrt zuerst die erforderlichen Löcher in den Stützen. Dazu spannt man diese mit Schraubzwingen kantenbündig zusammen. Die Ebenen für die Bohrungen zeichnet man mit dem Winkel an. Die unterste im Abstand von 12,5 cm von der Unterkante, die folgende 20,8 cm davon entfernt, dann folgt die nächste im Abstand von 10,4 cm. Weiter im Wechsel 20,8 und 10,4 cm.

Die 29,5 cm breiten Stützen schließen hinten mit den Elementen bündig ab, vorne stehen die Kanten um 1,5 cm zurück. Zum Bohren legt man die Schablone so an, daß die angerissenen Linien durch die Mitte der Bohrlöcher laufen.

Benutzen Sie einen Bohrständer, so werden die Löcher exakt senkrecht, und die Teile passen genau.

Man läßt die Stützen zusammengespannt und kann nun die Stirnkanten gemeinsam als eine Fläche spachteln, schleifen und grundieren.

Um die Löcher in den Schmalseiten der Elemente bohren zu können, erhält die Schablone zusätzlich einen seitlichen Anschlag. Wenn alle Löcher gebohrt sind, behandelt man die Flächen der Elemente mit Einlaßgrund. Nachschleifen, dann mit farblosem Lack überziehen. Die an die Sichtkanten grenzenden Flächen nach dem Trocknen des Lacks mit Klebeband abdecken, dann die Stirnkanten mit schwarzem Schultafellack streichen. Diesen Lack verwendet man auch für die Stützen. Zur Montage legt man die Teile des Regals am

8 **Das Unterteil des HiFi-Wagens erhält eine senkrechte sowie eine waagerechte Fächerteilung. Vor dem Verleimen wird sie mit Winkel und Zollstock ausgerichtet.**

9 **Beim Zusammenmontieren der einzelnen Elemente zur Regalwand richtet man sie mit Hilfe einer Wasserwaage exakt aus, damit alles lot- und waagerecht wird.**

10 **Der auf seinen Rollen bewegliche Barwagen kann aus seinem Parkplatz in der Regalwand jederzeit an den Ort des Geschehens bewegt werden.**

besten zunächst auf den Boden; die Montage geht so leichter. Dort, wo Elemente direkt ohne Stütze aneinander geschraubt werden, muß man die Gewinde der Hülsenschrauben etwas kürzen.

Barwagen

Hierzu schneidet man das eine Doppelelement in ganzer Tiefe in einer Breite von 48,5 cm auf. Von der herausgetrennten Platte schneidet man zwei Leisten von 62 cm Länge und 1,5 cm Breite ab, die man leicht trapezförmig hobelt und schleift. Das untere Doppelelement wird an seiner Oberseite ebenfalls in 48,5 cm Breite, aber nur 32 cm Tiefe ausgeschnitten. Das Minielement der Länge nach halbieren. Die eine Hälfte legt man mittig auf die stehengelassene Oberseite, zeichnet den Umfang auf und sägt mit der Stichsäge innerhalb des Strichs aus, damit der Einsatz stramm eingepaßt werden kann. Das herausgesägte Stück wird entsprechend zugeschnitten und als Boden in das Mini-Element eingesetzt.

Die Restplatte des oberen Elements schneidet man auf

Für die Lautsprecher: Mini-Elemente

das Maß 51 × 32 cm zu. In diese Platte setzt man nach gleichem Muster die andere Hälfte des Mini-Elementes ein. Vorne bekommt sie noch eine Aussparung in Handbreite als Griffloch. Die beiden trapezförmigen Leisten leimt man im Abstand von 51,5 cm auf das untere Element. Zusätzlich von unten mit kleinen Schrauben befestigen. Die dickere Seite der Leiste muß nach außen zeigen. Wenn der Leim abgebunden ist, setzt man das Oberteil des Barwagens auf. Dabei erst den Leim an einer Seite abbinden lassen, dann die andere zusammenspannen und verleimen.
Damit der Schubkasten leichter läuft, schleift man die Platte an den Seiten etwas dünner.
Der Stereo-Wagen wird ebenfalls aus zwei Doppelelementen aufgebaut; Maße und Konstruktion richten sich nach Ihren Geräten.
Für die Lautsprecherboxen verwendeten wir handelsübliche Schallwände (Normmaße). In die Box eingebaut sind sie bis 50 Watt (sinus) belastbar. An der Breite der Träger muß man links und rechts ca. 2–3 mm abnehmen, um sie in die Zarge einzupassen. Die Frontplatten von Hoch- und Mitteltöner stehen dann seitlich etwas über. Man spart die Zarge entsprechend aus. Die Zargen bekommen eine eingepaßte Rückwand und Wandverstärkungen aus Spanplatte. Die Ecken mit Holzkitt ausfüllen. Die Box kleidet man innen mit Steinwolle aus. Die Frontplatte mit den Lautsprechern muß luftdicht abschließen. Dazu verwendet man die mitgelieferten selbstklebenden Schaumstoffstreifen.

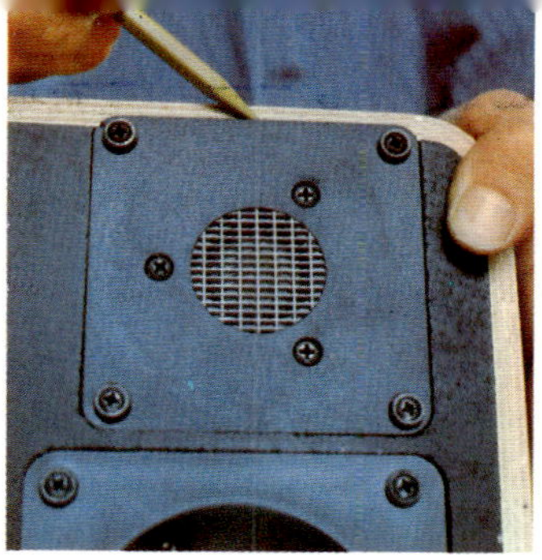

1 Die Lautsprecherchassis der Isophon-Schallwand stehen etwas über. Daher muß man die Zarge entsprechend ausstemmen.

2 Die Wände des Mini-Elementes verstärkt man mit aufgeleimten Spanplatten. So vermeidet man unerwünschte Resonanzen der Box.

3 Die Rückwand der Box muß man genau einpassen. Hierzu ist Geduld erforderlich. Ritzen füllt man mit Holzkitt aus.

4 Die Innenseite der Boxen kleidet man mit Dämmaterial (Glasfaser- oder Steinwolle) aus. Sie wird einfach mit Weißleim befestigt.

5 Die Stellen, die an den abgerundeten Ecken zwischen den Verstärkungen frei bleiben, füllt man einfach mit Holzkitt aus. ▶

6 Vor dem Einsetzen der Schallwand in die Box muß man alle Staubteilchen vorsichtig, am besten mit dem Staubsauger, entfernen.

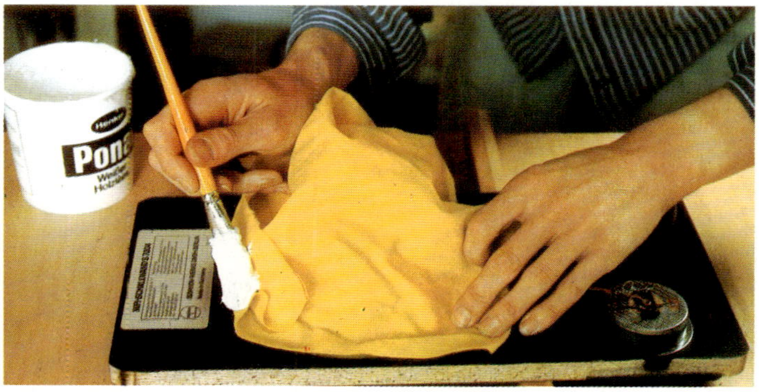

▲ **7** Der Baßlautsprecher erhält auf der Rückseite eine angeleimte Abdeckung aus Stoff, die das Eindringen von Dämmaterial verhindert.

Das machen Sie, ohne viel zu knobeln: Ein Knobelspiel

Sie kennen sicherlich die Regeln dieses Knobelspiels: Alle Stöpsel werden in das Spielbrett gesteckt, nur in der Mitte bleibt ein Loch frei. Dann geht's los: Ein Stöpsel überspringt den anderen; der übersprungene wird aus dem Spiel entfernt. Das geht so lange, bis auf dem Spielfeld zum Schluß nur noch ein Stöpsel übrig ist.

Einfach? Probieren Sie's erst einmal! Denn es darf ja kein Stöpsel entnommen werden, der nicht vorher schon von einem anderen übersprungen wurde.

Damit Ihr Knobelspiel zu einem dekorativen Blickfang wird, müssen Sie besonderes Augenmerk auf die richtige Holzauswahl legen. Wir empfehlen massives Edelholz, aus dem Sie ein Stück mit ungewöhnlicher oder ausgeprägter Maserung heraussuchen können. Das Vollholz muß natürlich gut abgelagert sein.

Die Beschaffung von Ebenholz z. B. (großes Bild rechts) verlangt allerdings einen detektivischen Spürsinn. Man kann statt dessen aber auch helles Holz schwarz beizen. Spielfelder aus Sperrholz müssen von beiden Seiten mit demselben Holz furniert werden, damit sie sich nicht verziehen. Mit Hilfe von Zirkel und Zeichenwinkel wird das Muster aufgerissen. Daß man dabei ganz besonders sorgfältig arbeiten muß, versteht sich von selbst.

Nächster Arbeitsgang ist das Bohren der Stöpsel-Löcher. Dafür verwendet man einen Zentrierbohrer, der die

Dieses Einmannspiel wurde aus einem 2 cm dicken Stück Ebenholz, Seitenlänge 23,5 x 11,0 cm, angefertigt. Die 22 Spielstöpsel schneidet man aus einem 10-mm-Aluminium-Rundstab. Länge der einzelnen Figur: 3 cm. Die Bohrungen werden, wie beim Spiel rechts auch, mit Hilfe einer Bohrschablone angefertigt.

Diese quadratische Grundplatte aus massivem, 2,5 cm dickem Teakholz hat eine Seitenlänge von 22,0 cm. Das Mittelloch der Spielfläche vor Arbeitsbeginn aufreißen.

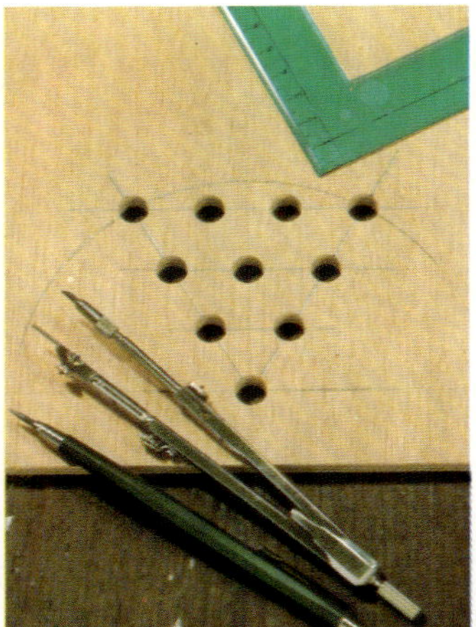

1 Auf einem Stück Sperrholz wird die Bohrschablone konstruiert: Ein gleichseitiges Dreieck. Zwischen den einzelnen 10-mm-Bohrungen 2,5 cm Abstand.

2 Das mittlere Loch bohren. Bohrschablone mit Schraubzwinge an der Grundplatte befestigen. Einen Stöpsel einsetzen, dann weiter bohren.

Ein wenig Muße: Mehr brauchen Sie nicht, wenn Sie an der Lösung dieses Spiels knobeln wollen. Selbst auf Mitspieler können Sie verzichten. Wir haben verschiedene Material- und Gestaltungsvorschläge anzubieten. Die einzige Voraussetzung zum Selbermachen: Eine Bohrmaschine mit Bohrständer sollte Ihnen zur Verfügung stehen.

3 Damit die Stöpsel nicht zu stramm sitzen, aus einem 10-mm-Messingrohr durch Einfeilen von Rillen einen Aufreiber machen. Löcher aufreiben.

4 Spielstöpsel aus einer Gardinenschleuder. Bei 26 mm langen Stöpseln reicht eine 1 Meter lange Schleuder für das oben abgebildete Spiel.

5 Einen Hilfsklotz mit 25 mm tiefen Sacklöchern versehen. Die eingesetzten Stöpsel auf Sandpapier glattschleifen. Dann die andere Seite schleifen.

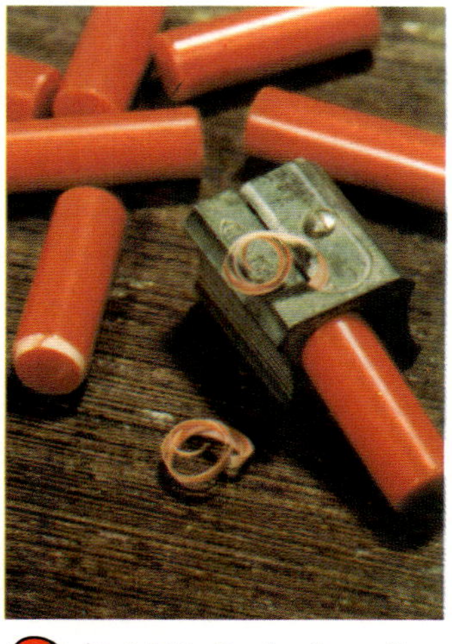

6 Die leichte Rundumfase, die das Einführen der Stöpsel erleichtert, kann man ganz einfach mit zwei Umdrehungen eines Bleistiftanspitzers anfertigen.

Dieses schöne Gesellschaftsspiel, dessen Regeln Sie selbst bestimmen können, besteht aus einer Sperrholz-Grundplatte (37 x 37 cm), die beidseitig mit Riegelahorn furniert wurde. Die Spielparteien sind durch eingelassene Holzpflöckchen unterschiedlicher Farbe gekennzeichnet: Ebenholz, Padouk, Rosenholz und Teak.

besten Ergebnisse bringt, wenn man ihn in der Ständerbohrmaschine eingespannt hat. Je genauer die Bohrung, je einfacher ist das Spielen. Die Stöpsel sollten zu Anfang stramm in die Löcher hineinpassen; wenn Sie häufiger spielen, wird's sowieso gängiger.

Stöpsel kann man aus verschiedenen Materialien anfertigen: Holz, Buntmetall, Plexiglas, Kunststoff. Man muß nur darauf achten, daß die »Figuren« in einem reizvollen Kontrast zur Fläche des Spielfeldes stehen. Wie man bei der Fertigung am sinnvollsten vorgeht, sehen Sie auf den Bildern 4 bis 6.

1 Die Schablone, so groß wie die Grundplatte, wird mit einer überstehenden Leiste verstiftet. Bohrungen: 15 mm ϕ, 4 mm tief. Schablone im Uhrzeigersinn drehen.

2 Mit einem Fräsbohrer, der 15 mm Innendurchmesser hat, werden die Pflöcke aus 2,5 cm hohen Vollholzstückchen herausgefräst.

3 Pflöcke einleimen. Nach zwei Stunden das überstehende Stück absägen. Zum Schutz das Sägeblatt vorn und hinten mit drei Lagen Isolierband bekleben.

4 Sind alle Pflöcke eingeleimt, werden sie mit dem fein eingestellten Putzhobel auf Grundplattenhöhe abgehobelt. Mit dem Schwingschleifer geht es auch!

5 Die Kanthölzer für die Spielfiguren werden mit dem Hobel grob achteckig geformt, auf 2,5 cm Länge geschnitten und auf 13 mm ⌀ gedrechselt.

6 Drechseln geht mit eingespannter Bohrmaschine: Pflöcke mittig vorbohren, Holzschraube halb eindrehen, Kopf absägen, ins Bohrfutter einspannen.

Spiel-Schablonen

Nach diesen Mustern können Sie leicht die Bohrlöcher auf den Spielbrettern von Seite 62/63 anreißen. Der Durchmesser und der Abstand zwischen den Löchern richten sich nach dem Stöpsel-Durchmesser.

33 Steine

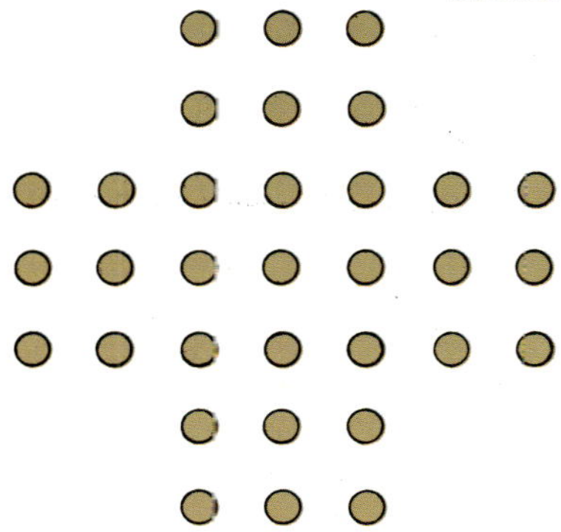

36 Steine

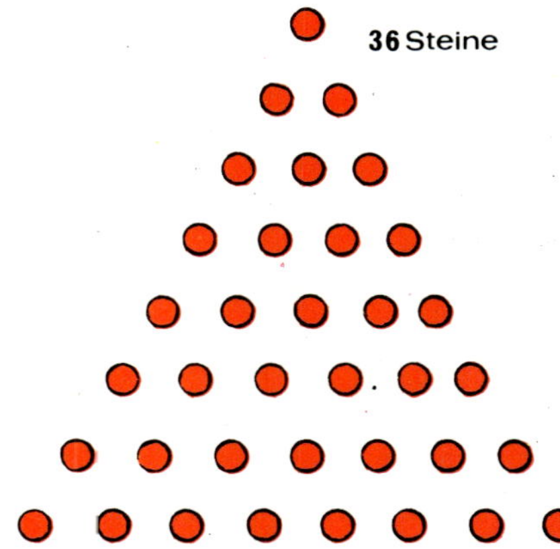

37 Steine

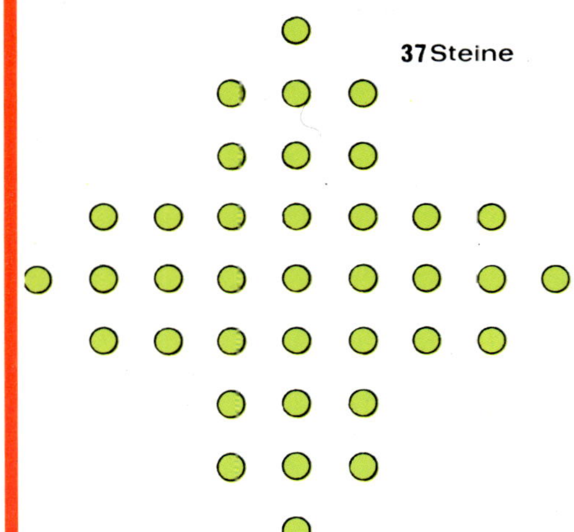

36 Steine

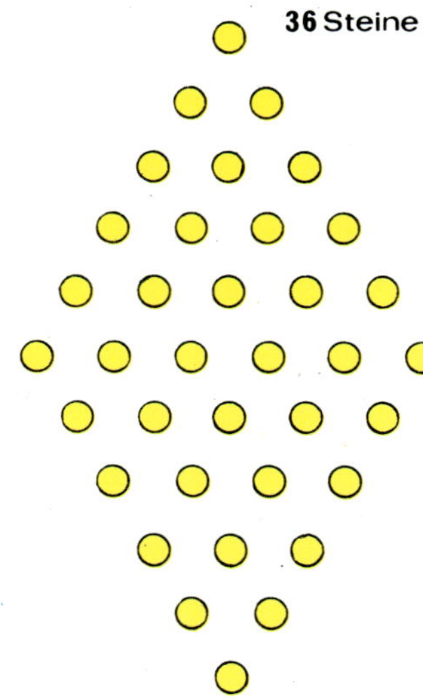

37 Steine

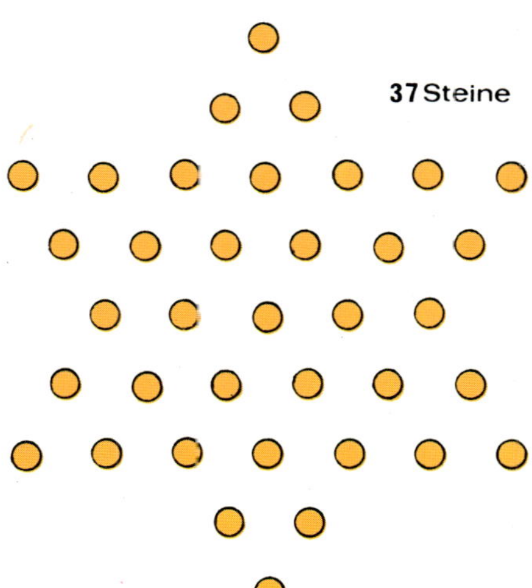

37 Steine

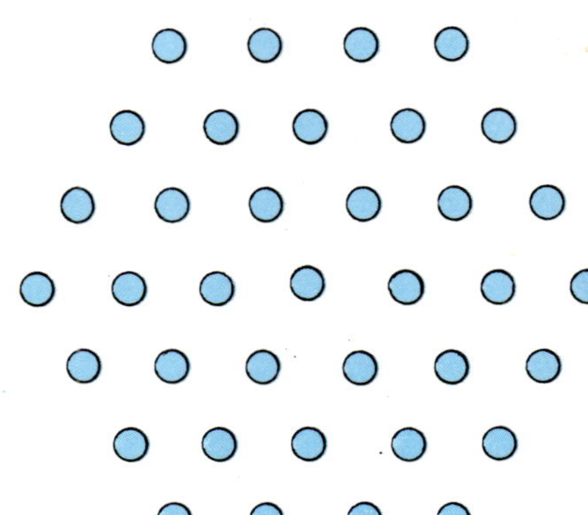

BASTELN

Hübsch bemalte Gläser

Neue oder alte Gegenstände aus farblosem Glas werden mit einfachsten Mitteln und viel Phantasie zu wunderhübschen Zierstücken für die Wohnung oder zu persönlichen kleinen Geschenken. Heiter und locker sollte die Bemalung sein; besonders dekorativ wirken pflanzliche Motive, wie bunte Blumenborten, kleine Sträußchen, eine einzelne Blume, grüne Blätterranken, oder eine mit wenigen Strichen angedeutete Landschaft.

Schön geformte Glasgegenstände sind eine reizvolle Zimmerdekoration und als Sammelobjekte sehr beliebt. Wer Lust und ein wenig Zeit hat, kann farblose oder zart getönte Flaschen, Schalen, Trinkgläser, Dosen, Krüge und viele andere Gegenstände aus Glas nach eigenem Geschmack bunt bemalen. So können selbst einfachste, billige Glaswaren, wie sie heute als Massenartikel in jedem Warenhaus zu haben sind, zu persönlichen kleinen Kunstwerken und Schmuckstücken für die Wohnung werden. Schlichte Flaschen können mit einigen hübschen Blumenborten zu Zierkaraffen für Likör oder Kölnisch Wasser oder auch zu einem dekorativen Essig-und-Öl-Set für den Tisch werden; ein Betthupferlglas wird als solches mit bunter, vergnüglicher Aufschrift gekennzeichnet; eine Reihe gleich großer, sauber beschrifteter, vielleicht noch mit einigen Blattranken geschmückter Vorratsgläser bekommt einen Ehrenplatz im Küchenregal; feine Pralinen, in einem zart mit Maiglöckchen bepinselten Deckelglas überreicht, erfreuen den Beschenkten aufgrund ihres »symbolischen Werts« oft mehr als ein teures Geschenk.
Für die Glasmalerei brauchen wir einige gewöhnliche Haarpinsel in verschiedenen Stärken; am be-

sten eignen sich die runden Wasserfarbenpinsel. Mit den dickeren Pinseln werden zuerst Grundierung und größere Farbflächen aufgetragen, die feinen Haarpinsel dienen zum Aufmalen der Blattadern, der dünnen Stengel oder Blütenstände, wenn die gröbere Bemalung getrocknet ist.
Zum Bemalen von Glas eignen sich alle wasserfesten Produkte: Transparentfarben ebenso wie Plakatfarben. Bei der Verwendung nichttransparenter Farben sollten diese sehr flüssig und mit zarter Linienführung aufgetragen werden. Die Motive dürfen nicht zu großflächig sein, damit bei Schalen und Flaschen aus Klarglas der Eindruck von zarter Transparenz nicht verlorengeht. Mit transparenten Farben (Lasurfarben) läßt sich die Brillanz und Dünnwandigkeit des Werkstoffs Glas eher noch wirkungsvoller unterstreichen. Außer den speziellen Glasmalfarben, die in jedem Bastlergeschäft erhältlich sind, kann auch Emaillack verwendet werden, wenn man ihn mit einem Verdünnungsmittel des gleichen Fabrikats mischt. Im Fachhandel gibt es zudem noch Spezialfarben (unter der Bezeichnung »Pla-Farben«), die auf Glas wie auch auf Porzellan aufgetragen und anschließend im Backofen gebrannt werden können. Der Farbauftrag gerät mit diesen Farben besonders haltbar (wichtig speziell bei Trinkgläsern sowie allen Glasgegenständen, die häufig benutzt werden sollen!). Man stellt die bemalten Werkstücke in den kalten Küchenbackofen, schaltet diesen für etwa 45 Min. auf Mittelhitze und läßt die Gegenstände zum Schluß langsam darin abkühlen.
Bevor Sie sich für die eine oder andere Glasfarbe entscheiden, lassen Sie sich am besten im Farben- oder Bastlerspezialgeschäft über die unterschiedlichen Verwendungsmöglichkeiten der einzelnen Produkte sowie über die erforderlichen technischen Fähigkeiten beraten. Natürlich ist mit allen im Handel erhältlichen Glasmalfarben auch eine Flächenbemalung möglich. So lassen sich beispielsweise auf einem zartfarbigen Untergrund kontrastierende dunklere Ranken und geometrische Motive mit dem Feinpinsel auftragen. Man kann auch ausschließlich mit verschiedenfarbigen Flächen arbeiten, die Farben nach Belieben durch dunkle Linien (in der Art von bunten Glasfenstern mit Bleistegen) absetzen oder ineinander verlaufen lassen. Gerade letztere Technik, bei der der Zufall eine ebenso große Rolle spielt wie die geschickte Farbwahl, erlaubt ein vergnügliches Spielen mit den Farben und liefert mitunter prächtige, marmoriert schimmernde Muster.

Für diese stilisierte Landschaft mit Bäumen auf einem Glaskrug wurden ausschließlich normale Ölfarben verwendet.

Es arbeitet sich bequemer und die Pinselführung wird sicherer, wenn man das Werkstück und die Hand, die den Pinsel führt, während der Arbeit auf dem Tisch abstützt. Unerwünschte oder verwackelte Striche korrigiert man am besten sofort mit einem Läppchen.

TIP

Vom richtigen Pinsel hängt bei der Glasmalerei sehr viel ab: Die Grundierung wird mit dem Flachpinsel aufgestrichen, die Feinzeichnung mit dem spitzen Rundpinsel. Alle bei der Arbeit verwendeten Pinsel müssen sorgfältig ausgewaschen und absolut staubfrei sein. Machen Sie auf einem Glasplättchen zunächst einige Farbproben, um festzustellen, ob Sie für die gewünschten Motive die richtige Pinselhärte und -stärke haben. Flachpinsel mit härteren Borsten lassen sich auch in Zickzackform zuschneiden, wodurch interessante parallele Streifenmuster erzielt werden. Tupft man die Farbe etwas dicker mit der Pinselspitze auf, entstehen zusätzlich plastische Effekte: viele solcher Farbtupfer ergeben eine Art »Stickmuster«.

Dieses stilisierte Rosenmotiv entstand mit Glasmalfarben, die auch ohne Brennen im Backofen gut haften. Nach dem Vorzeichnen wurden zuerst die flächigen Formen, dann mit dem feinen Pinsel die Blütenstiele und -schattierungen aufgemalt. Durch das Auftragen der weißen Schattierungen auf die Blütenblätter – noch bevor die rote Farbschicht ganz trokken ist – erreicht man einen lebendigen Mischton.

Bevor Sie mit dem Malen beginnen, müssen die Glasflächen mit Seifenlauge gereinigt, von Fettspuren befreit und sorgfältig getrocknet werden. Dann werden die Umrisse der Motive mit Fettstift aufgezeichnet oder mit Pauspapier von der Vorlage auf das Glas übertragen. Möchte man etwas korrigieren, kann bei frischem Farbauftrag mit einem saugfähigen Läppchen oder einem Stück Löschpapier »radiert« werden (Vorsicht, daß andere Teile dabei nicht verwischen!); soll nach dem Trocknen (oder an feinen Konturen) noch etwas geändert werden, läßt sich die Farbschicht mit einem Zahnstocher oder dem spitzen Pinselende behutsam abnehmen, ohne die Glasoberfläche dabei zu zerkratzen. Besondere Effekte entstehen, wenn man die farbige Grundierung ein wenig trocknen läßt und dann mit einem Schwämmchen, einem zusammengeknüllten Papier oder einem Bürstchen einzelne Schattierungen herausholt und verschiedene, zufällig sich ergebende Muster einritzt.

BASTELN

Ein Pfeifenständer sorgt für Ordnung

Ob Sie diesen Pfeifenständer für den eigenen Gebrauch basteln oder einen Pfeifenraucher in Ihrer Familie oder im Freundeskreis damit überraschen wollen – er ist in jedem Falle ein nützlicher und dekorativer Gegenstand, dessen Herstellung überdies nur wenig Zeit in Anspruch nimmt. Unser Modell soll lediglich als Anregung dienen. Sie können es natürlich beliebig verändern, mit praktischen Details ergänzen, verzieren oder zur Aufnahme einer umfangreicheren Sammlung vergrößern.

Ein Pfeifenraucher besitzt im allgemeinen eine mehr oder weniger große Sammlung von Tabakspfeifen, zu denen er abwechselnd greift. Unser Pfeifenständer ist deshalb ideal für Pfeifen, die abkühlen müssen oder aus einem anderen Grunde gerade nicht benützt werden.

Das abgebildete Modell bietet Platz für vier Pfeifen. Wenn man Bohrungen und Auflagemulden verdoppelt, passen jedoch auch ohne weiteres acht Pfeifen in diesen Ständer. Je umfangreicher die Sammlung ist, desto größer müssen die beiden Scheiben sein.

Der Pfeifenständer braucht nicht unbedingt rund zu sein; Sie können die Bohrungen und Auflagemulden natürlich auch in andere Holzformen einarbeiten.

So ist beispielsweise die rechteckige Form eine interessante Variante. Der Arbeitsvorgang bleibt der gleiche: Zwei rechteckige Holzstücke werden, genauso wie wir es hier bei den runden zeigen, übereinandergefügt. Bemessen Sie die Länge der Holzstücke entsprechend der Anzahl Ihrer Pfeifen lassen Sie aber noch Platz für neue Exemplare.

In unserem Falle wurden Preßspanscheiben verwendet — eine etwas einfachere Lösung. Quer zum Stamm geschnittene Scheiben aus Kiefern-, Eichen- oder ähnlichem Holz mit kräftiger Rinde oder aus Kork verleihen dem Ständer ein wesentlich rustikaleres Aussehen.

In diesen Fällen ist es auch angeraten, das Verbindungsstück zwischen den beiden Scheiben aus derselben Holzart herzustellen wie die Scheiben selbst. Bitte darauf achten, daß sich die Enden des Verbindungsstabes genau in die für sie vorgesehenen Bohrungen an den beiden Scheiben einfügen.

Auf die Unterseite der Bodenplatte können Sie eine Schutzschicht (z. B. aus Filz oder Gummi) kleben, was dem Pfeifenständer mehr Stabilität verleiht und gleichzeitig ein Verkratzen des Möbelstücks verhindert, auf dem er stehen soll.

Vorsicht: Beim Firnissen und Lackieren sind diejenigen Teile des Verbindungsstückes, die verleimt werden sollen, unbedingt auszusparen, denn auf so behandelten Oberflächen büßt der Leim viel von seiner Haftfähigkeit ein! Am besten umwickeln Sie die entsprechenden Stellen mit Klebestreifen.

1 Zum Basteln des Pfeifenständers sind nur wenige Dinge erforderlich: eine Bohrmaschine mit zwei Bohrern (ein Spiralbohrer, Durchmesser 12 mm, mit dem die Löcher zum Durchstecken der Pfeifenmundstücke gebohrt werden, und ein Zentrumsbohrer, 30 mm, mit dem die Auflagemulden für die Pfeifenköpfe eingebracht werden), zwei Preßspanscheiben (Durchmesser 30 cm), ein Holzstab (Durchmesser 3 cm, Länge 20 cm), Holzbeize und Holzleim.

Falls aber dennoch Firnis oder Lack an die Klebeflächen gekommen ist, so müssen diese mit feinem Sandpapier wieder abgeschmirgelt werden.

Die nebenstehenden Abbildungen zeigen das Material, das Werkzeug und die einzelnen Arbeitsschritte, die für den Zusammenbau des Pfeifenständers notwendig sind.

2 Nach vorheriger Markierung werden mit dem Zentrumsbohrer - jeweils genau gegenüberliegend - die vier Auflagemulden für die Pfeifenköpfe und das mittlere Loch zur Aufnahme des Verbindungsstabes eingearbeitet.

3 Dann werden mit Hilfe des 12-mm-Spiralbohrers die vier ovalen Öffnungen zum Durchstecken der Pfeifenmundstücke gebohrt. Sie erhalten ihre Form durch Nebeneinandersetzen von zwei Bohrungen.

4 Nun noch Scheiben und Verbindungsstab beizen. Nach dem Trocknen können Sie den Ständer firnissen oder lackieren. Auf die zu verklebenden Teile des Verbindungsstabes keine Farbe aufbringen!

5 Schon ist der neue Pfeifenständer praktisch fertig. Sie brauchen nur noch Holzstab und -scheiben an den entsprechenden Stellen mit Leim zu bestreichen, die Teile zusammenzufügen und trocknen zu lassen.

Urgemütlich: Die Doppelkoje aus Hobeldielen

Ein »gestandener« Heimwerker müssen Sie schon sein, um diese große Doppelkoje bauen zu können. Der Lohn für die Mühe: Ein rustikales, preiswertes Möbelstück, um das man Sie beneiden wird.

Dies Bett ist nicht allein zum Schlafen da. Wenn Sie die Matratze mit preiswertem Cordstoff beziehen und noch eine Handvoll Kissen darauf dekorieren, haben Sie eine »Spielwiese«, auf der sich's auch tagsüber gemütlich rasten läßt. Doch vor die Ruhe haben die Heimwerker-Götter die Arbeit gesetzt.

1 Wenn man die Hobeldielen beidseitig mit einer leichten Fase versieht, erscheinen die verleimten Seitenteile schöner. Auf einer Bohrmaschine mit Fräsvorsatz ist diese Arbeit einfach und schnell getan.

Die Hobeldielen, die wir für dieses Bett ausgewählt haben, sind 23 mm dick und mit Nut und Feder versehen. Diese Dielenbretter sind normalerweise nur einseitig gehobelt: Auf der Vorderseite.
Einige Dielenbretter werden jedoch auch von der Rückseite mit einem Schlaghobel bearbeitet, damit sie auf die erforderliche Materialstärke kommen. Wenn Sie nur diese Bretter heraussuchen, sparen Sie sich ein nachträgliches Aushobeln.
Bevor Sie mit dem Arbeiten beginnen, empfiehlt es sich, die vorhandenen Hobeldielen zu sortieren. Für Seitenteile, die später an der Wand stehen, kann man das Material mit den meisten »Knästen« verwenden. Die besser sichtbaren Seitenteile werden aus den Brettern angefertigt, die eine schönere Maserung besitzen.
Auf dem großen Bild links sehen Sie, daß sich die einzelnen Dielen gut voneinander abheben, obwohl sie durch Nut und Feder fest miteinander verbunden sind. Die Erklärung: Alle Bretter werden auf der Sichtseite ein wenig angefast. Im Bild 1 können Sie erkennen, wie diese Arbeit an einem Frästisch ausgeführt wird. Wenn Sie so eine Einrichtung nicht besitzen, geht es auch mit einem Bohrständer, für den Sie eine entsprechende Material-Anlage mit Hilfe von Schraubzwingen einrichten. Schraubzwingen brauchen Sie auch zum Verleimen der einzelnen Seitenteile. Je mehr Sie davon auftreiben können, desto besser. Die erforderliche Mindestmenge: Sechs Stück.

Zum Leimen braucht man Druck

Nut und Feder werden mit Leim bestrichen und die jeweils 6 Bretter eines Seitenteiles zusammengefügt. Dafür ist manchmal schon ein leichter Schlag mit dem Hammer erforderlich. Die Hobeldielen werden durch ein zwischengelegtes Stück Abfallholz geschützt.
Um die einzelnen Bretter fest zusammenpressen zu können, haben wir uns einer kleinen Hilfe bedient. Die Auflagebalken zweier stabiler Arbeitsböcke wurden in einem Abstand von 80 cm senkrecht durchbohrt. Der Durchmesser der Bohrung:

2 Die paßgerecht zugeschnittenen Hobeldielen werden sortiert. Beim obersten Brett eines jeden Seitenteiles wird die überflüssige Feder mit dem Hobel vor dem Verleimen entfernt.

3 Verleimen der Hobeldielen: Zwei Arbeitsböcke so herrichten, daß Hilfsklötze mit Gewindebolzen darauf befestigt werden können. Keile ergeben den Druck, Schraubzwingen verhindern das Wölben der Dielen.

4 Alle Holzkanten sollen schön »griffig« werden, denn scharfe Ecken stören bei Möbeln. Darum werden die Seitenteile nach dem Verleimen zuerst mit dem Hobel, später mit feinem Schmirgelpapier abgerundet.

6 Mit einem Schabhobel werden die letzten Unebenheiten abgeschabt. Falls Ihnen dieses Werkzeug fehlt: Mit einem Stück Schmirgelpapier, um ein Rundholz gewickelt, geht es auch. Danach werden die Spanplattenteile, die den Bettsockel bilden (siehe Zeichnung Seite 76), mit Holzschrauben auf der Rückseite der Seitenteile festgeschraubt.

5 Die beiden »Einstiegs-Offnungen« auf der Frontseite der Doppelkoje werden entsprechend der Zeichnung (Seite 76) angerissen, dann mit einer Stichsäge sorgfältig ausgeschnitten.

7 Seitenteile mit Sockel werden probeweise zusammengestellt. Das Tragekreuz, auf dem die beiden Grundplatten ruhen, wird ebenfalls angepaßt. Nun die Bohrungen zur Verbindung der Seitenteile anreißen.

16 mm. Diese Löcher dienen zur Befestigung von je zwei Hilfsklötzen, die mit 16 mm dicken Gewindebolzen rechtwinklig aufgeschraubt werden. Das zusammengefügte Seitenteil wird dort aufgelegt, zwei gegeneinander eingeschlagene Keile sorgen auf jeder Seite für den erforderlichen Druck.
Um zu verhindern, daß sich die Hobeldielen unter diesem Druck nach oben wölben, spannt man auf beiden Seiten oben und unten Hilfslatten mit Schraubzwingen fest. Je mehr Zwingen Sie dabei ansetzen können, um so besser wird es.

Sind alle Seitenteile verleimt, geht es an den Bau des Sockels, der die Matratzenauflagefläche aus Spanplatte tragen soll. Um diese Auflagefläche nicht zu stark zu belasten, haben wir ein Stützkreuz konstruiert. Im Bild 7 sehen Sie, daß dieses Stützkreuz in der Mitte so gezapft wurde, daß man es nur zusammenzustecken braucht. Die Verbindung zu den Seiten-Sockelteilen kann sowohl gezapft (Bild 7) wie auch mit angeleimten Führungsleisten (Zeichnung Seite 76) gebaut werden. Der Sinn dieser Verbindungen: Das Bett soll zerlegbar bleiben, damit man es, bei einem Umzug etwa, noch transportieren kann.
Wenn die Sockelteile vorbereitet sind, werden sie mit Holzschrauben so an den Seitenteilen befestigt, daß unten ein Überstand von 8 cm bleibt. Die Teile werden entsprechend vorgebohrt. Die Hohlkehl-Zuschnitte, die Sie auf der Zeichnung erkennen, werden nun an den Außenkanten der beiden schmalen Seitenteile festgeleimt. Danach wird das ganze Bettgestell mit Hilfe von Schraubzwingen probeweise paßgerecht montiert. Die Seitenteile un-

STÜCKLISTE

Seitenteile
Hobeldielen, Kiefernholz
12 Stück 208 × 12 × 2,3 cm
12 Stück 160 × 12 × 2,3 cm
Hohlkehl-Zuschnitte (Verstärkungen)
4 Stück 55 × 3,5 × 3,0 cm

Sockelteile
Spanplatten
3 Stück 200 × 21 × 2,2 cm
2 Stück 156 × 21 × 2,2 cm
1 Stück 160 × 21 × 2,2 cm
Matratzen-Auflage: Spanplatte
2 Stück 100 × 160 × 2,2 cm

Verstärkungsbrett Frontwand
Tischlerplatte furniert
1 Stück 42 × 29 cm
32 Stück Rampa-Schrauben 40 × 40
32 Stück Unterlegscheiben Messing 8 mm ⌀
50 Holzschrauben, 4 × 35,

Das Innenmaß unserer Doppelkoje: 160 x 200 cm. Raum genug, selbst für unruhige Schläfer. Als Matratzenauflage dient eine 22 mm dicke Spanplatte.

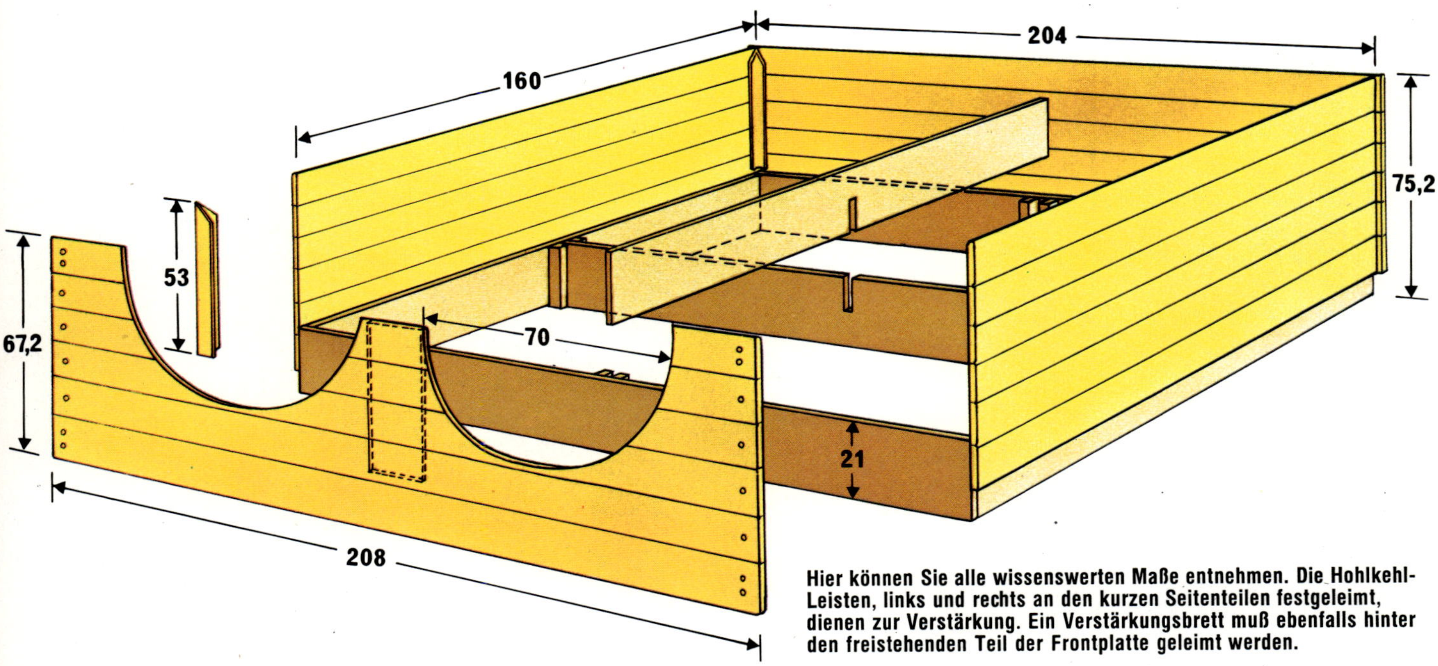

Hier können Sie alle wissenswerten Maße entnehmen. Die Hohlkehl-Leisten, links und rechts an den kurzen Seitenteilen festgeleimt, dienen zur Verstärkung. Ein Verstärkungsbrett muß ebenfalls hinter den freistehenden Teil der Frontplatte geleimt werden.

serer Doppelkoje werden durch Rampaschrauben (4× 40 mm) miteinander verbunden, deren Funktion und Verarbeitung wir auf Seite 21 beschrieben haben.
Damit diese Schrauben, die wir mit einer Unterlegscheibe von 8 mm ⌀ versehen, »unsichtbar« bleiben, werden die Verbindungsstellen mit einem 10-mm-Bohrer 8 mm tief vorgebohrt.
Nachdem das Bett fest zusammengeschraubt ist, schließt man die Bohrlöcher mit Blinddübeln aus Mahagoni. Die Blinddübel werden mit einer Feinsäge abgeschnitten, danach übergeschliffen, bis sie mit den Hobeldielen eine absolut plane Fläche bilden.
Die Hobeldielen nach der Grundierung (Schnellschliffgrund) mit 2–3 naturfarbenen klaren Mattlack-Anstrichen konservieren.

8 Frontbrett, Rückwand und Seitenteile werden durch versenkte Rampaschrauben (siehe Seite 21) miteinander verbunden. Mittig durch die vorgebohrten, 8 mm tiefen Blinddübel-Löcher werden mit einem 4-mm-Bohrer die Bohrlöcher im Hirnholz markiert.

9 Mit einem 6-mm-Bohrer werden 25 mm tiefe Löcher in das Hirnholz gebohrt. Dort hinein dreht man die Madenstücke der Rampaschrauben. Danach können alle Teile mit den 4-mm-Gewindeschrauben verbunden werden. Zuletzt werden die Blinddübel eingesetzt.

MÖBELBAUEN

Aus einem eckigen Tisch wird eine runde Sache

Dieser kleine Tisch (rechts) läßt sich mit wenigen Handgriffen vergrößern, so daß mehrere Personen daran sitzen können. Das Material ist massives Teakholz: Für einen Eßtisch sehr gut geeignet, weil es »pflegeleicht« ist! Außerdem ist es einfach zu bearbeiten.

Die seitlichen Klappen werden mit Einbohr-Zylinderscharnieren angeschlagen.

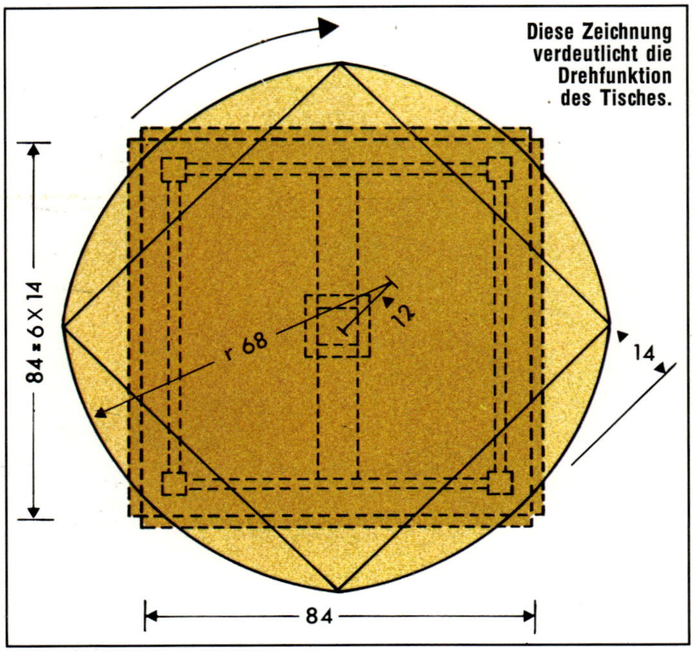

1 **Mit dieser Schablone, die aus einem Abfallstück des Beines angefertigt wird, passen die Dübelbohrungen in den Beinen und Zargen auf alle Fälle.**

2 **Die 2,4 cm dicke Zarge wird oben bündig mit dem Bein verdübelt. Vor dem Verleimen die Flächen der Zargen schleifen. Die unteren Kanten sehr gut runden!**

Dies ist der Vorteil des Tisches, der 84×84 cm groß ist: Durch vier seitliche Klappen läßt er sich zu einem runden Tisch (⌀ 112 cm) verwandeln, an dem auch mehr Personen Platz finden. Der Trick ist einfach: Die runden Seitenflügel werden hochgeklappt, anschließend wird die gesamte Tischplatte um 45° gedreht, so daß die Klappen auf den Beinen liegen. So können sie bei Belastung nicht herunterklappen.
Der Tisch besteht aus Teakholz. Die Oberflächenbehandlung: Am besten eignet sich Teaköl, das eingeschliffen wird (s. Foto 10). Lassen Sie sich das Holz genau nach der Holzliste zuschneiden und aushobeln. Für die Dübelarbeiten brauchen Sie ein 10 cm langes Abfallstück, das die Dicke der Beine hat. Aus dem fertigen Sie die Bohrschablone (Foto 1) an. Die Dübellöcher für 12 mm dicke Dübel müssen genau in die Mitte gebohrt werden.
Die Schablone wird dann oben bündig auf das Bein gelegt. Jeweils in zwei aneinanderstoßende Kanten bohren. Da die Zargen dünner als die Beine sind, müssen für diese Bohrungen kleine Abfallstücke zwischen die Schablonenseiten und Zargen gelegt werden. Die Schablone unbedingt

MATERIALLISTE

Nr.	Teil	Stück	Material	Maße in cm
1	Beine	4	Teak	73 × 5 × 5
2	Zargen	4	Teak	65 × 9 × 2,4
3	Mittelsteg	1	Teak	69*× 9 × 2,4
4	Tischplatte	6	Teak	84 × 14 × 2,4
5	Seitenklappen	4	Teak	84 × 14 × 2,4
6	Drehpunktplatte	1	Teak	14 × 14 × 2,4
7	Drehpunktplatte	1	Teak	9 × 9 × 2,4
8	Federendstücke	10	Teak	2 cm lang, Breite und Dicke wie Federn
9	Federn	5	Sperrholz	78 × 2,2 × 0,6
10	Achsdübel	1	Buche	7 × 2 ⌀
11	Dübel	20	Buche	5 × 1,2 ⌀
12	Einbohr-Zylinderscharniere	8	Messing	1,4 ⌀

* incl. ca. 1 cm zum Einpassen

3 Mit einem Spanngerät wird das Tischgestell verleimt. Auf dem Mittelsteg wurde vorher schon das Stück mit dem Drehpunkt der Tischplatte befestigt. Mit dem Zollstock und dem Metallwinkel die Winkel prüfen!

4 Hier sehen Sie den Drehpunkt noch einmal ganz genau. Der Mittelsteg sitzt um die beiden Plattenstärken (4,8 cm) tiefer als die äußeren Zargen.

5 Damit die 6 mm dicken Sperrholzfedern der Tischplatte nicht zu sehen sind, werden kurze Teakholzfedern an den Enden eingeleimt. Sie sind später kaum zu erkennen.

6 Mit dieser selbstgebauten Spannvorrichtung haben wir unsere Tischplatte verleimt. Pro Spanner brauchen Sie 2 Gewindestangen (M 12), 4 Muttern und 2 Eisenplatten.

immer oben bündig anlegen, damit die Teile sich später nicht versetzen. Mit der Schablone auch den Mittelsteg, der den Drehpunkt der Platte trägt, verdübeln.
Alle Teile des Beingestells schleifen und die Kanten brechen. Die Kanten der Beine anfasen.
Die größere Drehpunktplatte bohren (20 mm) und auf den Steg leimen.
Mit einem Gurtspanner wird das Gestell verleimt. Dabei muß darauf geachtet werden, daß alle Winkel ganz genau stimmen! Jetzt werden die 14 cm breiten Bretter der Tischplatte genutet. Die beiden äußeren einseitig, die vier inneren beidseitig.
Die Nuttiefe ist 12 mm. Die 22 mm breiten Federn werden aus 6 mm dickem Sperrholz geschnitten. Damit am Ende der Bretter kein Sperrholz sichtbar wird: Teakholzstreifen einleimen.
Aus 12 mm dicken Gewindestangen haben wir uns mehrere Spannvorrichtungen für das Verleimen der Tischplatte gebaut (Foto 6). Die untere Metallplatte hat zwei runde Bohrlöcher, die obere ein rundes und ein langes Loch (ca. 13 mm ⌀).
Legen Sie nun die Bretter so zusammen, daß eine schöne Maserung entsteht. Zeichnen Sie die Bretter durch ein großes Dreieck, damit sie auch so verleimt werden.

Anschlagen der vier Seitenklappen: Mit Einbohr-Zylinderscharnieren geht diese paßgenaue Arbeit viel leichter als man denkt.

8 Damit die Scharniere waagerecht im Holz sitzen, muß während des Bohrens eine lange Zwangsführung vorhanden sein. Immer von der gleichen Seite anlegen!

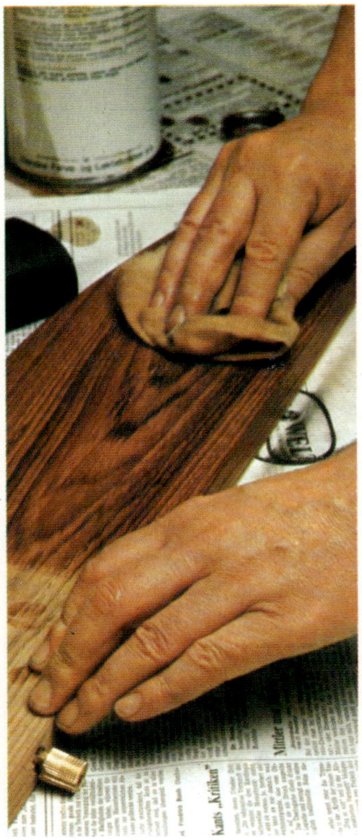

7 Je zwei Einbohr-Zylinderscharniere halten die Klappen. Sie haben einen Durchmesser von 14 mm und müssen stramm in das Bohrloch eingelassen werden. Die Schraube gut anziehen!

Die Federn einleimen, dann die ganze Fläche verleimen. Nachdem der Leim abgebunden hat, kann die Fläche sauber geschliffen werden. Auf der Unterkante der Platte den Sitz der Einbohr-Zylinderscharniere anzeichnen (ca. 20 cm von jeder Außenkante). Die Zwangsführung (Foto 8) anlegen und bohren. Die Scharniere hineindrücken und durch die kleinen Schrauben spreizen. Nacheinander die Klappen anschlagen und den Radius anzeichnen.
Damit Sie auch bei heruntergelassenen Klappen Ihre Beine unter den Tisch stekken können, muß der Zirkel jeweils 12 cm hinter dem Tischmittelpunkt angesetzt werden. Und so bauen Sie den Zirkel: In eine Leiste ein kleines Loch für den Bleistift bohren, 68 cm entfernt davon einen Nagel einschlagen. Damit der Nagel die Platte nicht beschädigt, wird ein Stück Holz mit Kreppband befestigt. Die Rundungen werden anschließend mit der Stichsäge sauber ausgeschnitten. Die Kanten schleifen und brechen.
Unter den Mittelpunkt der Platte wird nun das Gegenstück des Drehpunktes (Platte mit 20 mm dickem Hartholzdübel) geleimt.
Danach alle Flächen mit Teaköl behandeln.

9 Nachdem die Klappe angeschlagen ist, kann die Rundung angezeichnet werden. Mit einer Latte kann man sich einen passenden Zirkel selbst bauen.

10 Das Teaköl wird mit feinem Naßschleifpapier (ca. 320er Körnung) in die Oberfläche eingeschliffen. Anschließend den Schleifstaub mit einer harten Bürste entfernen.

Neuer Glanz für schöne alte Stücke

Man mag darüber streiten, ob das Schlagwort von der »Nostalgiewelle« heute noch zutrifft – fest steht, daß die Zierstücke aus Großmutters guter Stube sich nach wie vor höchster Wertschätzung erfreuen. Solche altehrwürdigen Stücke zu neuem Glanz zu erwecken, ist sicher nicht minder reizvoll und befriedigend, als Gegenstände neu zu schaffen. Vielleicht entdecken Sie, daß Ihr Lieblingsleuchter blind geworden ist, oder Sie erstehen bei einem Trödler einen recht mitgenommenen Kupfergegenstand: auf den folgenden Seiten finden Sie Tips und Anregungen zur fachmännischen Reinigung und Pflege.

Während das Restaurieren alter Möbel viel Zeit, Geschick und Ausdauer erfordert, können die kleineren »Wertstücke« Ihrer Wohnung — etwa eine alte Lampe, Großmutters Samowar, ein schöner Kupferkessel usw. — meist schon in einigen Stunden »verjüngt« werden. Bei solchen Glas- oder Metallgegenständen, die ihren Glanz eingebüßt haben, vermag bereits eine gründliche Reinigung wahre Wunder zu bewirken. Voraussetzung dafür ist allerdings, daß man die richtigen Pflegemittel verwendet und die jeweilige Verarbeitung berücksichtigt.

Marmor, Kupfer, Alabaster, Opalglas, Zinn oder Gußeisen, ein schmiedeeiserner Leuchter oder ein Gartenstuhl aus lackiertem Metall, ein Stahlrohrmöbel oder eine Messingklinke — jedes Material und jeder Gegenstand erfordern eine ganz spezielle Behandlung. Nun hält der Handel zwar diverse Spezialreinigungsmittel und -polituren bereit, etwa ein Silberpflegemittel, ein sog. »Kupferbad« oder eine Messingpolitur aus der Tube; doch können sich diese für größere Gegenstände als zu teuer erweisen und für Liebhaberstücke, die aus verschiedenen Materialien bestehen, zudem ungeeignet sein.

Nehmen wir einmal an, Sie haben einen etwas heruntergekommenen Kristallüster geerbt: eine Deckenleuchte aus Messing mit Emailverzierungen und vielen tropfenförmigen Anhängern aus Kristallglas und geriffeltem Mattglas. Wie sollten Sie einen solchen Lüster mit einem einzigen Fertigprodukt wieder zum Zierstück Ihres Wohnzimmers herausputzen, ohne daß beispielsweise die Glasteile von der scharfen Messingpolitur angegriffen würden? Hier empfiehlt es sich, Großmutters Prunkstück behutsam zu zerlegen bzw. (falls dies nicht möglich sein sollte) die empfindlichen Bestandteile jeweils mit Hilfe von Seidenpapier und Tesakrepp gut abzudecken, bevor man den schmierigen Schmutzkrusten und hartnäckigen Verfärbungen der Jahrzehnte zu Leibe rückt. In unserem Falle würden Sie also die Messingteile, den Emaildekor, die Kristallglastropfen und die Mattglasanhänger jeweils gesondert in Angriff nehmen.

Wir nennen Ihnen im folgenden einige nützliche, bewährte Hausmittel für die Pflege verschiedener Metalle und anderer Materialien, die ein Aufpolieren nötig haben. Vergessen Sie jedoch nicht, bei der Anwendung unserer Ratschläge die gebotene Behutsamkeit, Umsicht und Geduld walten zu lassen — nur zu schnell hat man bei unüberlegten Säuberungsaktionen einen Kupferkessel verkratzt oder eine hübsche Alabasterschale endgültig glanzlos gemacht.

Durch kräftiges Bearbeiten mit einer harten Bürste oder unter Zuhilfenahme einer Handschleifmaschine mit Bürstenaufsatz kann man Gegenständen aus edlem Alabaster ihren ursprünglichen Schimmer zurückgeben.

Um Kupfergegenstände von der lästigen Patina zu befreien, genügt es meist, sie längere Zeit in eine mit Essig versehene Salzlösung zu legen. Bei hartnäckigen Verkrustungen bedarf es eines Säurebades.

Alabaster

Aus dem bereits im Altertum verwendeten feinkörnigen Alabastergips werden auch heute noch sehr dekorative kunsthandwerkliche Gegenstände gefertigt, deren besonderer Reiz in der Transparenz und dem leicht irisierenden Schimmer des Materials liegt. Mit der Zeit pflegen solche Alabastergegenstände allerdings matt und glanzlos zu werden; die schimmernde Maserung, die doch die besondere Schönheit des Materials ausmacht, verschwindet unter einem trüben Film, der sich nicht wie eine Staubschicht mit dem Lappen abreiben läßt. Wenn man nun versucht, Alabastergegenständen durch Abwaschen mit Seifenlauge oder mit klarem Wasser ihren ursprünglichen Glanz zurückzugeben, erlebt man in der Regel große Enttäuschungen: durch die Einwirkung von Feuchtigkeit werden die feinwandigen Gefäße aus Alabaster nämlich undurchsichtig, und die zarte gelbliche oder rosaschimmernde Maserung geht durch das anschließende Nachdunkeln des Materials vollständig verloren.

Es empfiehlt sich, die trüb gewordenen Alabastergegenstände mit einer festen Naturbürste in kreisförmigen, energischen Strichen aufzupolieren; gegebenenfalls muß man auch mit einer harten Nylonhandbürste oder mit einem kräftigen Borstenpinsel die schwerer zugänglichen Einbuchtungen bzw. Verzierungen an der Oberfläche der Alabastergegenstände gesondert behandeln, da sich hier Schmutz und Staub am stärksten zu verkrusten pflegen.

Während des Bürstens werden Sie feststellen können, wie die matte Oberfläche allmählich wieder ihren ursprünglichen seidigen Schimmer bekommt. Dieser Effekt stellt sich schon nach verhältnismäßig kurzer Bearbeitung ein — je mehr Ausdauer Sie auf die Politur verwenden, desto überraschter werden Sie vom erzielten Effekt sein. Lassen Sie sich also beim Aufpolieren viel Zeit: in diesem Fall wird Ihre Geduld reichlich belohnt! Sie können noch ein Weiteres tun, indem Sie die nunmehr im alten Glanz erstrahlende Alabasteroberfläche mit einer dünnen Schicht farblosen Rohwachses versehen, das mit einigen Tropfen eines möglichst geruchsfreien Lösungsmittels zu einer geschmeidigen Wachssalbe angerührt wurde. Tragen Sie das Wachs mit einem sauberen wollenen Lappen auf. Kurz einwirken lassen, dann die Fläche mit einer weichen Bürste auf matten Glanz bringen.

Kupfergegenstände

Der leuchtend hellrote Glanz des Kupfers macht dieses Metall zu einem ausgesprochen beliebten Material für die Anfertigung von kunsthandwerklichen Ziergegenständen. Da gibt es gehämmerte Kupferschalen, Kupferkessel, Töpfe und Schöpfkellen für die Küche, Ziermodeln und Gießkannen, Übertöpfe und Leuchter für den Wohnraum. Leider überziehen sich alle unbehandelten Kupfergegenstände an der Luft unweigerlich mit einer stumpfen, dunkleren Oxydschicht, die ein regelmäßiges Polieren dieser Sammlerstücke erforderlich macht. Nun besteht heute zwar die Möglichkeit, Kupfergegenstände durch Auftragen eines Zaponlacks dauerhaft gegen Oxydierung zu schützen; man sollte jedoch bedenken, daß eine leichte grünliche Patina solchen Gefäßen und Ziergegenständen häufig mehr Reiz verleiht als die rote Farbe metallisch reinen Kupfers. Der Liebhaber schöner Kupfersachen wird es wahrscheinlich vorziehen, seine Stücke einmal jährlich von der (übrigens völlig ungiftigen) Patina zu befreien, wenn diese ihm allzu kräftig erscheint.

Im Handel sind verschiedene Fertigprodukte zum Aufpolieren von Kupferoberflächen erhältlich, die der Hausfrau beispielsweise beim turnusmäßigen Polieren von Kupfergeschirr die Arbeit erleichtern. Handelt es sich aber um größere Kupferoberflächen oder um »Antiquitäten«, die unter einer dickverkrusteten dunkelgrüner bis dunkelbraunen Oxydschicht kaum mehr als Kupfergegenstände zu erkennen sind, so wäre die Verwendung eines der heutzutage erhältlichen Kupferreinigungsmittel wohl schwerlich wirkungsvoll genug; oder aber es müßte mehrfach und in großen Mengen aufgetragen werden, und das würde allzu kostspielig.

Im Falle solcher hartnäckigen Verkrustungen empfiehlt es sich, diesen durch Einlegen der Gegenstände in ein Säurebad zu Leibe zu rücken. Eher für »leichte Fälle« geeignet ist eine lauwarme Salzlösung, die mit Essig versetzt wurde und in der die Gegenstände mehrere Stunden oder über Nacht liegen sollten. Mit der gebotenen Vorsicht können besonders stark verkrustete Partien auch mit schärferen Ätzflüssigkeiten behandelt werden: zum einen hat sich da verdünnte Salzsäure (Mischungsverhältnis 1:4 in Wasser), zum anderen mit Wasser verdünnte Oxalsäure bewährt. Das Säurebad sollte, der hochgiftigen Dämpfe wegen, möglichst im Freien angesetzt werden; achten Sie dabei vor allem darauf, daß Sie die Säure in das Wasser gießen, nie umgekehrt!

Da ein solches Säurebad nicht nur die Patina und Schmutzkrusten auf der Metalloberfläche, sondern das Kupfer selbst angreift und bei längerer Einwirkung auflösen würde, muß die Behandlungsdauer sehr kurz sein (bzw. gerade lang genug, um nur die oberflächlichen Verschmutzungen wegzuätzen). Arbeiten Sie dabei entweder im Freien oder in gut belüfteten Räumen, und tragen Sie zum Schutz der Haut unbedingt Plastikhandschuhe! Nach der chemischen Behandlung der Metalloberfläche muß diese in jedem Fall gründlich mit klarem Wasser nachgewaschen und sorgfältig getrocknet werden.

Bei besonders gravierenden Verkrustungen ist mitunter ein Reinigen der Kupferoberfläche auf chemischem Wege mit einer der drei genannten Säurelösungen nicht möglich, ohne die Metalloberfläche zu gefährden. In diesen Fällen sollte man versuchen, die noch verbleibenden Rost- und Schmutzstellen auf mechanischem Weg zu entfernen; das gilt insbesonders für Kupfergegenstände, die stark gehämmert oder kunstvoll gepunzt sind. Als Werkzeug genügt hierfür ein einfacher Holz- oder Kunststoffhammer, als Unterlage ein entsprechend gewölbter Holzklotz. Mit vorsichtigen, kurzen Schlägen gegen die Außenwand des Kupfergegenstands – der Holzklotz muß jeweils an der entsprechenden Stelle der Innenseite dagegengehalten werden, da sonst unerwünschte Verformungen und Ausbuchtungen die Folge sind – gelingt es fast immer, die Verkrustungen zu entfernen. Hat man die groben Verschmutzungen und blinden Stellen auf der Kupferoberfläche beseitigt, kann man den Gegenstand natürlich noch mit einem Poliergerät auf Hochglanz bringen und mit dem bereits genannten Zaponlack präparieren. Aber das ist, wie gesagt, eine persönliche Geschmacksfrage.

Noch ein Hinweis: Sollten Sie ein altes Kupfergefäß für Speisen oder Getränke verwenden wollen, müssen Sie unbedingt darauf achten, daß es innen verzinnt ist (Kupfer verbindet sich nämlich mit organischen Säuren wie Essigsäure oder Fruchtsäure zu dem ebenfalls grünen, aber im Gegensatz zur ungiftigen Kohlensäurepatina äußerst giftigen Grünspan!).

Gegenstände aus Zinn

Zinn ist ein sehr weiches, außerordentlich biegsames Metall von silberheller bis dunkelgrauer Farbe; da es unempfindlich ist gegen organische Säuren, Wasser- und Lufteinflüsse und im Gegensatz zum Kupfer keine giftigen Verbindungen bildet, wurde es früher gerne für Tafelgeschirre verwendet und dient noch heute zur Beschichtung von Konservendosen. Es ist wichtig zu wissen, daß Zinngegenstände in beheizten Räumen aufbewahrt werden müssen. Bei längerer Unterkühlung bekommt Zinn nämlich an der Oberfläche Ausblühungen, die sich wie eine ansteckende Krankheit (»Zinnpest«) immer weiter ausbreiten und vergrößern, bis das Metall schließlich zu einem grauen Pulver zerfällt – eine Erscheinung, die bei Sammlern von Zinngerätschaften sehr gefürchtet ist!

Da das Polieren der Zinnoberflächen sehr mühsam und zeitraubend ist, empfiehlt sich bei größeren Objekten die Verwendung einer Handschleifmaschine mit speziellem Polituraufsatz aus Nessel oder Flanell.

Obwohl Zinn gegen Lufteinwirkung unempfindlich ist, bedürfen die Krüge und Kannen, Leuchter und Teller aus diesem Metall doch hin und wieder einer gründlichen Reinigung. Fast alle im Fachhandel erhältlichen Metallpolituren eignen sich auch zum Aufpolieren von Zinngegenständen; wie bei der Reinigung von Kupfer muß jedoch auch hier einschränkend vermerkt werden, daß sie häufig allzu kostspielig und wenig wirkungsvoll sind. Als ein ausgezeichnetes Hausmittel zum Säubern von Zinn hat sich Pottasche bewährt, ein stark ätzendes weißes Kaliumsalz, das Sie in größeren Drogerien und Apotheken kaufen können. Achten Sie aber beim Arbeiten mit Pottasche darauf, daß Ihre Haut sorgfältig geschützt ist. Tragen Sie Plastikhandschuhe, und vermeiden Sie, daß das Salz mit den empfindlichen Schleimhäuten oder gar mit den Augen in Berührung kommt!

Um ein Reinigungsbad für Ihre Zinnsachen zuzubereiten, müssen Sie die Pottasche im Verhältnis 1:5 mit Wasser mischen; diese Lösung wird mit einem Pinsel (Vorsicht: keinen Pinsel mit Metallring verwenden!) oder einem kleinen Bürstchen aufgetragen und leicht eingerieben. Dann wird der Zinngegenstand mit reichlich klarem Wasser abgespült und abgetrocknet.

Nach dieser gründlichen Reinigung können Zinngegenstände zusätzlich geglättet und poliert werden, indem man sie mit einer Paste aus Bimspulver und Öl (sowohl Speiseöl als auch Vaseline sind hierfür geeignet) abreibt. In Anbetracht der außerordentlichen Weichheit der Zinnoberfläche muß man beim Polieren so behutsam und gleichmäßig wie möglich verfahren, damit nicht einzelne Stellen heller herausleuchten oder die Oberfläche gar unregelmäßig verkratzt wird. Häufig muß dieser Arbeitsvorgang mehrfach wiederholt werden, bis man zu zufriedenstellenden Ergebnissen gelangt.

Die Arbeit ist allerdings wesentlich leichter, wenn man sich einer elektrisch betriebenen Handschleifmaschine (erforderliche Drehzahlleistung: etwa 2500 Umdrehungen pro Minute) mit weicher Schleifscheibe bedient; als Schleifmittel verwendet man Bims, Schlämmkreide oder käufliche Spezialpasten.

Die fertigpolierte Zinnoberfläche wird abschließend durch einen dünnen Vaselineüberzug zusätzlich geschützt.

Das Abdichten tropfender Wasserhähne

Was tun, wenn der Wasserhahn tropft? Man kann den Klempner rufen, sein Eintreffen abwarten und eine gesalzene Rechnung bezahlen. Man kann jedoch auch mit wenigen gezielten Handgriffen den Schaden selbst beheben und dabei eine Menge Geld sparen, denn für diese in jedem Haushalt häufig anfallende Reparatur ist man bereits mit einigen passenden Dichtungsscheiben und einer Rohrzange gut gerüstet.

Die am meisten strapazierten Teile in jeder Wohnung sind wohl die Wasserhähne, und nicht selten zerrt ein tropfender Wasserhahn an den Nerven. Versucht man jedoch, ihn einfach nur fester zuzudrehen, verschlimmert man den Schaden damit meist, denn dies führt dazu, daß die Spindel am Oberteil des Hahns überdreht wird. Am unteren Ende der Spindel befindet sich die wichtigste Dichtung, die den Wasserzulauf öffnet und schließt. Bei zu festem Schließen des Hahns wird diese Gummischeibe durch den übermäßigen Druck, verbunden mit Reibung, sehr schnell abgenutzt; dann kann es vorkommen, daß der Hahn bald nicht mehr nur tropft, sondern rinnt, was die Gefahr einer Überschwemmung der Wohnung in sich birgt.

Wer sich viel Ärger und Kosten ersparen will, sollte sich also rechtzeitig mit dem Prinzip und dem Aufbau eines Wasserhahns — Ventil wäre die eigentlich korrekte Bezeichnung dafür — vertraut machen. Wie bei allen Ventilen wird beim Wasserhahn eine mit Leder oder Kunststoff belegte Dichtungsscheibe

Wenn in Ihrer Wohnung ein Wasserhahn tropft oder nicht mehr vollständig abzudrehen ist oder das Wasser an der falschen Stelle des Hahns herausläuft, ist das noch kein Grund, den Klempner zu rufen. Mit den entsprechenden Utensilien können Sie den Schaden binnen kurzem selbst beheben.

mittels einer Spindel auf den passenden Dichtungssitz gepreßt und dadurch der Wasserstrom in der Leitung abgesperrt. Nach diesem Prinzip arbeiten alle Wasserhähne, ob alt oder modern. Das abnehmbare Oberteil des Wasserhahns besteht aus einem Bedienungsgriff, der Stopfbuchsendichtung, einer Spindel und der Dichtungsscheibe und ist mittels einer Sechskantmutter mit dem fest an der Wasserleitung bzw. dem Spülbecken verschraubten Unterteil verbunden.

Wenn nun der Wasserhahn auch bei heruntergeschraubter Dichtungsscheibe tropft, ist meist die Lederscheibe nicht mehr in Ordnung, was

Vor der Reparatur eines defekten Wasserhahns muß das Absperrventil geschlossen werden und das restliche Wasser aus der Leitung abfließen.

sich leicht durch Abschrauben des Oberteils und Auswechseln der Scheibe beheben läßt. Für diese Zwecke ist es empfehlenswert, sich neben einer Rohrzange einen kleinen Vorrat an passenden Dichtungen für die im Haus befindlichen Wasserhähne anzuschaffen. Werkzeug und Dichtungen erhält man in jedem Sanitär- oder Werkzeugfachgeschäft. Wer nicht weiß, welche Form die einzusetzende Dichtung haben muß, sollte die schadhafte Zapfstelle stillegen, das Oberteil vom Wasserhahn abschrauben, die alte Dichtung herausnehmen und mit diesem Muster ins Geschäft gehen.

Harmloser noch ist der Schaden an einem Hahn zu beheben, wenn das Wasser oben unter dem Bedienungsgriff aus der Spindel austritt. Die Ursache hierfür ist, daß die Stopfbuchse nicht mehr zuverlässig abdichtet. Man kann nun zunächst versuchen, die Sechskantmutter am Oberteil fester anzuziehen; sollte das keine Abhilfe schaffen und weiter Wasser hervorquellen, muß man bei geschlossenem Wasserhahn die Sechskantmutter ganz herausdrehen, mit einer Häkelnadel oder einem Drahthaken die alte Dichtungsschnur herausholen und durch eine neue Dichtung ersetzen. Hierzu legt man einige Hanffäden (gleichfalls in jedem Werkzeugfachgeschäft zu

Bei modernen Installationen sind alle Wasserhähne durch eigene Absperrungen gesichert; man muß unbedingt deren Lage kennen! Zum Zudrehen eines solchen Absperrventils eignet sich eine Rohrzange ebenso wie eine Kombizange.

Bei Waschbeckenarmaturen muß nun der Sterngriff abgeschraubt werden. Bei neueren, formschönen Installationen muß meist zuvor eine eigene Abdeckkappe aufgeschraubt werden.

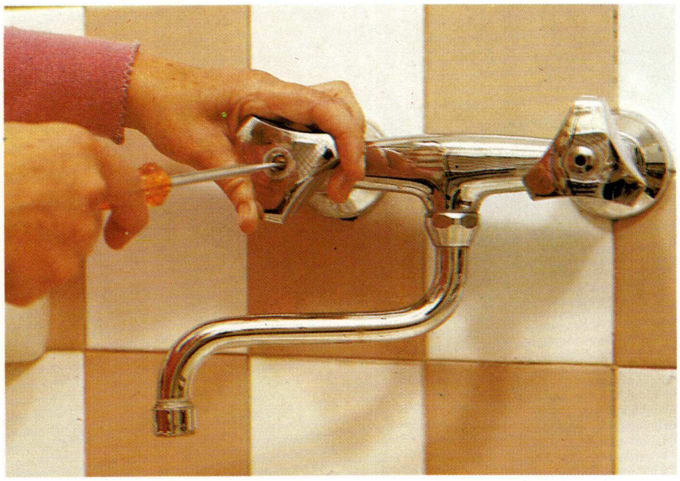

Unter den Abdeckkappen, die zur Unterscheidung von Kalt- und Warmwasserhähnen dienen, kann mit einem Schraubenzieher die Schraube gelöst werden, die den Sterngriff mit dem Oberteil des Auslaufventils verbindet.

Hat man den Bedienungsgriff abgenommen, kann der Ventilkegel durch Aufschrauben der Sechskantmutter aus dem Oberteil des Wasserhahns herausgedreht werden.

Das Oberteil des Wasserhahns muß nach beendetem Austausch der Dichtung wieder fest aufgeschraubt werden. Die Sechskantmutter stramm anziehen, damit bei geöffnetem Hahn kein Wasser unter dem Bedienungsgriff austritt.

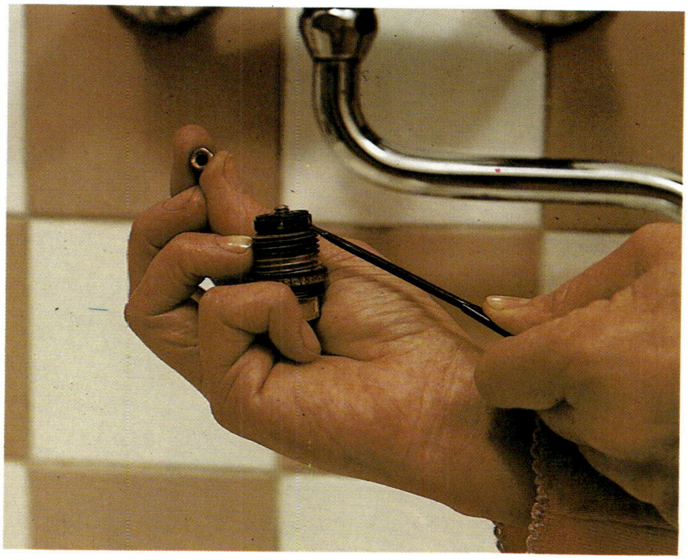

Am unteren Ende der Ventilspindel befindet sich die Dichtungsscheibe, die mit einer kleinen Mutter und Unterlegscheibe festgehalten ist. Sie läßt sich leicht ausbauen und gegen eine neue auswechseln.

bekommen) um die Spindel und drückt die Hanfdichtung mit der Verschraubung herunter.

Nicht immer ist das Tropfen des Wasserhahns auf eine defekte Dichtung zurückzuführen. Es kann auch sein, daß sich etwas Schmutz, Metallspänchen oder Rost- und Kalkablagerungen zwischen die Dichtung gesetzt haben. Hier schafft bereits das Auswaschen der verstopften Teile Abhilfe.

Wenn Sie darangehen, eine Dichtung zu erneuern, sollten Sie in jedem Fall den ganzen Wasserhahn einer Inspektion unterziehen, Kalkablagerungen entfernen, den Ventilkegel (d. h. die Halterung für die Dichtung) gründlich säubern usw.

Solche Dichtungsscheiben aus Leder, Gummi oder Kunststoff kosten nur Pfennige; es ist ratsam, immer einen kleinen Vorrat davon im Haus zu haben, damit man für evtl. Schadensfälle stets gerüstet ist.

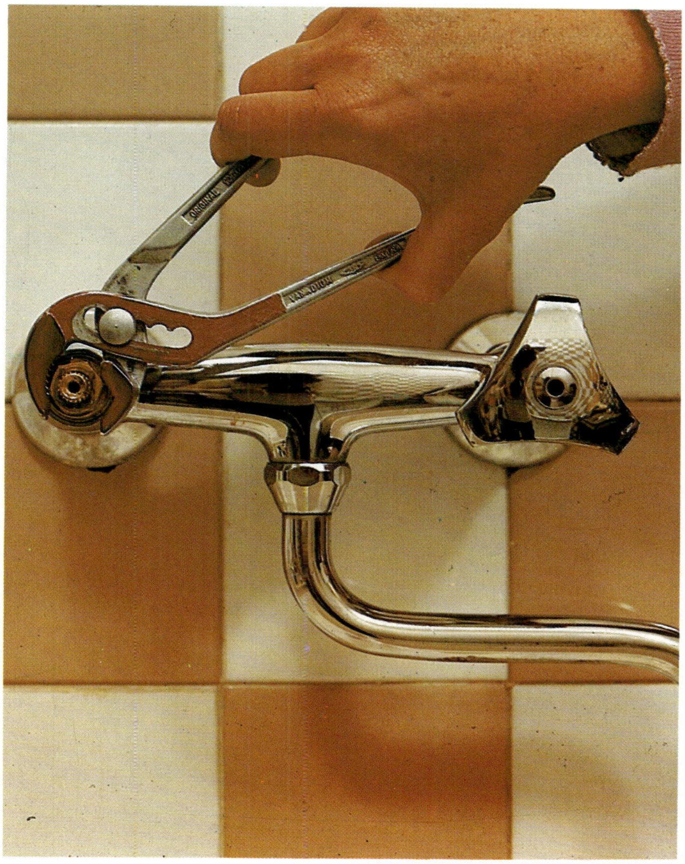

Das Oberteil des Ventils, das für die Erneuerung einer schadhaften Dichtung abgeschraubt werden muß. Legen Sie vor dem Hantieren mit Rohrzange oder Schraubenzieher zur Schonung des Chroms ein Tuch zwischen Werkzeug und Ventil.

TECHNIK

Drehzahlmesser: Wächter des Motors

Der Drehzahlmesser ist beim Verbrennungsmotor ein nützliches Instrument. Er erlaubt es, den Motor möglichst wirtschaftlich zu betreiben, und hilft mit, Motorschäden und frühzeitigen Verschleiß zu verhindern. Moderne Geräte, wie sie bei Ottomotoren verwendet werden, arbeiten elektronisch. Die Impulse der Zündanlage liefern die Basisfrequenz für die Drehzahlanzeige.

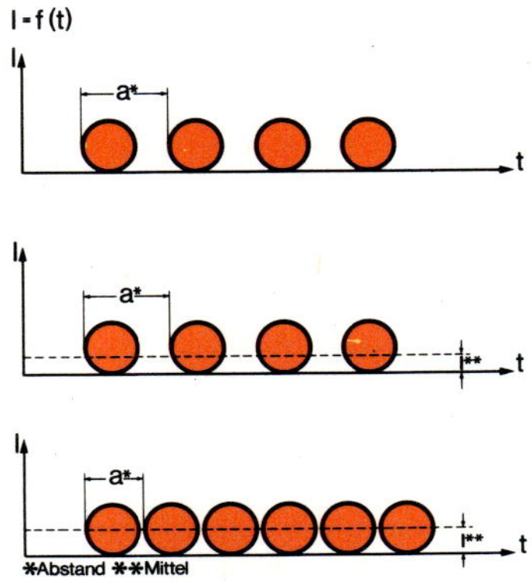

Die Dichte der Zündimpulse bestimmt die Spannung (I) im Meßwerk.

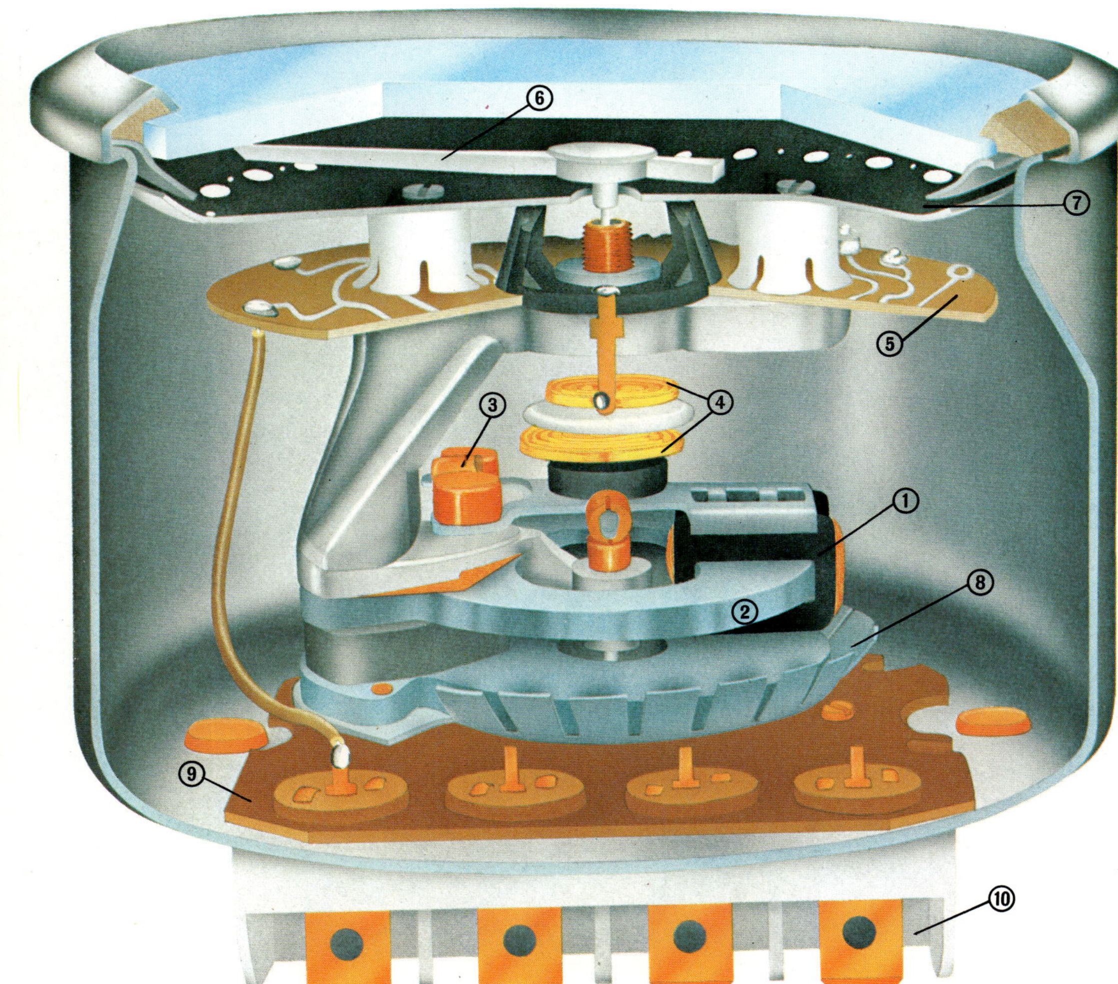

Schnitt durch einen Drehzahlmesser. Die Ziffern bedeuten: 1 Drehspule, 2 Permanentmagnet, 3 Ausgleichsgewichte der Drehspule, 4 Rückholfedern, 5 Leiterplatte mit Elektronik-Bauteilen, 6 Zeiger, 7 Zifferblatt, 8 Abschirmblech, 9 Grundplatte, 10 Anschlußleiste mit Flachsteckern.

Der elektronische Drehzahlmesser ist ein Frequenzmeßgerät. Es wird von den Impulsen der Zündung angesteuert, deren Frequenz in direktem Verhältnis zur Drehzahl steht. Dieses hängt von der Zylinderzahl und dem Arbeitsverfahren (2- oder 4-Takt) ab. Die von der Zündung kommenden elektrischen Impulse sind untereinander nicht immer gleich. Intensität und Dauer hängen u. a. vom Ladestand der Batterie und der Motordrehzahl ab. Für die Drehzahlmessung aber kommt es nur auf die Frequenz an. Die Unterschiede in den Impulsen würden zur Verfälschung der Anzeige führen. Daher führt man sie einer Transistorschaltung zu, die auf der anderen Seite genormte, untereinander gleiche Impulse abgibt.

Diese Impulse werden nun einem Drehspulmeßwerk zugeführt, das im Aufbau einem Ampèremeter entspricht. Eine Spule ist auf (1) einem drehbaren Träger so angebracht, daß sie auf einem ringförmigen Permanentmagneten beweglich ist. Fließt ein Strom durch die Spule, baut sich ein Magnetfeld auf, das dem des Permanent-Magneten entgegengerichtet ist: Die Spule weicht aus und dreht dabei die Zeigerachse. Die Rückholfedern (4) bringen eine Gegenkraft auf, die die Drehung hemmt und bei nachlassender Drehzahl den Zeiger wieder zurückholt.

Die vom Transistor kommenden Impulse lassen im Meßwerk einen Strom fließen. Dieser ist umso größer, je höher die mittlere Spannung der Impulsfolge ist. Diese Mittelspannung ist umso höher, je dichter die Impulse aufeinander folgen, d. h. je höher die Frequenz und damit die Motordrehzahl ist.

Die Bildung des Spannungs-Mittelwertes erfolgt ohne besondere Elektronik über die mechanische Trägheit und Dämpfung des Drehspulmeßwerkes.

Schiebetüren haben den Vorteil, daß sie nie im Wege sind. Das ist besonders in kleinen Räumen wichtig. Die im Handel erhältlichen Schiebetürbeschläge (s. auch S. 93) lassen sich problemlos montieren. Bauen Sie Ihren Schrank nach Maß, am besten über die ganze Länge einer Wand.

MÖBELBAUEN

Schnell gebaut: Schiebetürenschrank mit viel Platz

Wenn es um die Anschaffung von Schränken geht, stellen sich meistens überall die gleichen Probleme: Große Wünsche – wenig Geld, viel Platzbedarf – kleine Räume! Hier ist die Lösung. Ein großer Wandschrank mit Schiebetüren, für wenig Geld leicht an ein paar Feierabenden selber zu bauen. Das fertige Stück wird einfach mit Dispersionsfarbe gestrichen.

Der wichtigste erste Schritt beim Bau einer solchen Schrankwand ist die Planung. Messen Sie genau aus, und machen Sie anhand der Maße eine Konstruktionsskizze. Achten Sie dabei auch auf nicht lot- und waagerechte Wände, Böden und Decken, die man leider nicht nur bei Altbauten findet. Nutzen Sie den vorhandenen Platz möglichst voll aus; denn Schrankraum kann man nicht genug haben. Machen Sie dann die Stückliste für den Einkauf und denken Sie dabei auch an Farben, Beschläge und Zubehör. So spart man Zeit und Wege.

Weil ein Fenster halb verdeckt worden wäre, haben wir unsere Schrankwand nur 40 cm tief gemacht. Das reicht für normale Garderobenstangen zum Kleideraufhängen nicht aus. Wir wählten daher herausziehbare Kleiderstangen, die man nebeneinander quer zur üblichen Richtung montiert.

Für die Hauptteile der Schrankkonstruktion nahmen wir 19 mm dicke einfache Spanplatte.

Zuerst macht man an der Rückseite unten die evtl. erforderlichen Ausschnitte für Sockelleisten in die senkrechten Stützen. Die rechte Seitenwand (am Fenster) ist um die Breite der Sockelleiste kürzer; sie wird direkt an die Zimmerwand gedübelt. Die vorne sichtbaren Hirnkanten erhalten Vollholzvorleimer aus Ramin; die Fachböden verstärkt man an der Frontseite mit kräftigen Leisten.

Senkrechte Stützen und Auflageböden sollte man vor der Montage streichen und beiseitestellen.

Während sie trocknen, baut man die Türplatten zusammen. Die Flächen bestehen aus Hartfaserplatten mit der glatten Seite nach außen. Sie erhalten eine Zwischenschicht aus 1 cm dicken und 5 cm breiten Fichtenleisten (Rahmen und Zwischenstreben). Nehmen Sie für den Zusammenbau Kon-

1 Der Aufbau der Schrankwand beginnt mit dem Aussägen der Aussparungen für die Fußleisten an der Wand. Auf diese Weise erreicht man, daß der Schrank bündig mit der Wand abschließt. So kann man sich den Aufwand einer besonderen Rückwand ersparen.

2 Die Vorderkanten der senkrechten Teile erhalten Vorleimer aus Massivholz. Man befestigt sie mit Leim und kleinen Nägeln. Dazu nehmen Sie am besten Drahtstifte mit gestauchten Köpfen. Eine andere Befestigungsmöglichkeit: Kontaktkleber.

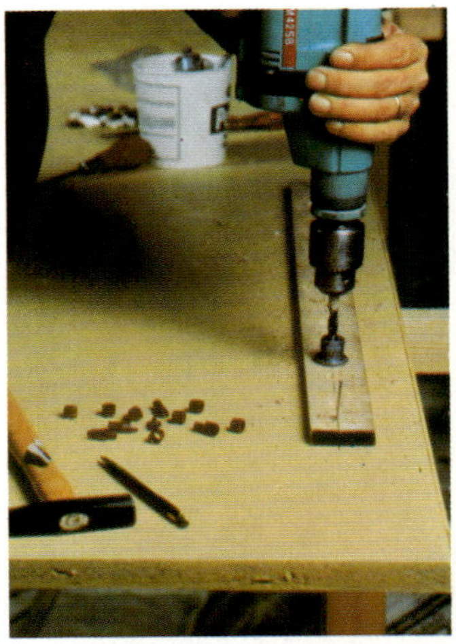

3 Die Fachböden ruhen auf Trägern, die in Hülsen stecken. Eine Bohrschablone, die man mit 2 Stiften fixiert, erspart das wiederholte Anreißen.

4 Bei der Montage der senkrechten Zwischenwände muß man sehr genau mit Wasserwaage, Metermaß und Winkel arbeiten. Sonst passen hinterher die Böden nicht genau dazwischen.

5 Die Laufschiene für die Schiebetür schraubt man vor dem Zusammenbau des Schranks an den oberen Boden, der breiter als die anderen ist.

6 Nachdem man alle senkrechten Zwischenwände montiert hat, baut man den oberen Abschlußboden an. Dieser ist unterteilt, damit man ihn besser montieren kann. Man befestigt ihn mit Schrauben.

7 Die halbfertige Schrankwand. Das tragende Gerüst steht. Der Zusammenbau geht leichter, wenn man zu zweit arbeitet. Aus optischen Gründen haben wir das obere Abschlußbrett auch über die Zimmertür montiert, bis an die andere Wand.

8 Der Boden, der die ausziehbaren Kleiderstangen trägt, wird nicht auf Hülsenträgern, sondern auf Auflageleisten gelagert und zusätzlich mit diesen verschraubt. Nun müssen die Bodenträger in die eingesetzten Hülsen gesetzt werden.

9 Einfach, leicht und kostensparend ist die Konstruktion der Türblätter für unsere Schrankwand: Zwei Schichten Hartfaserplatte werden mit einem Leistengerüst als Zwischenlage verklebt.

10 An jeweils einer Seitenkante erhalten die Türblätter eine Griffleiste. Sie schließt hinten bündig ab und ragt auf der Vorderseite der Tür vor. Befestigung: Leim und Nägel.

11 Die Schiebetüren werden, ebenso wie der Rest der Schrankwand, einfach mit einer abwaschfesten Dispersionsfarbe gestrichen, und zwar im gleichen Farbton wie die Wände.

12 Die ausziehbaren Kleiderstangen werden an die Böden geschraubt. Die stabile Leiste dient als Verstärkung und verhindert auf diese Weise das Durchhängen des Brettes.

13 Beim Einpassen der Böden zeigt sich, ob man genau gearbeitet hat. Das linke Abschlußbrett haben wir zusätzlich mit Hilfe einer Leiste und Schrauben am Fußboden befestigt. Auch das genaue Einhalten der rechten Winkel entscheidet über die Genauigkeit der Passung.

taktkleber, dann brauchen Sie hinterher an den Flächen keine Nagel- oder Schraubenlöcher zu verspachteln. An je einer Seite erhalten die Türen eine Griffleiste (vgl. Foto 10–11).
Die Endmontage beginnt man mit dem Aufbau der Senkrechten. Es empfiehlt sich, sie oben mit einem Eisenwinkel und Schrauben an der Wand zu befestigen. Der weitere Zusammenbau ist einfach. Die Türen haben wir unten frei hängen lassen. Die Reinigung des Bodens ist dadurch einfacher. Wenn Sie wollen, können Sie die Türen auch an der Unterkante mit einer geeigneten Führung versehen (vgl. S. 95).

14 Mit einer Maschinenschraube wird die mit dem Beschlag versehene Tür am »Laufwagen« befestigt, der bereits in seiner Schiene läuft. Die Konstruktion erlaubt es, die Tür genau senkrecht auszurichten und in der Höhe zu verstellen.

15 Zum Schluß schraubt man oben die Abschlußblende an, die Schienen und Beschläge der Türen abdeckt. Die breite durchlaufende Leiste bildet auch optisch einen wirkungsvollen Abschluß der fertigen Schrankwand.

WARENKUNDE

Beschläge für Schiebetüren

Für Schiebetüren aller Art, von der schweren Zimmertür bis zur leichten Schranktür, gibt es ein breites Angebot an Beschlägen. Wir stellen Ihnen hier eine Auswahl vor.

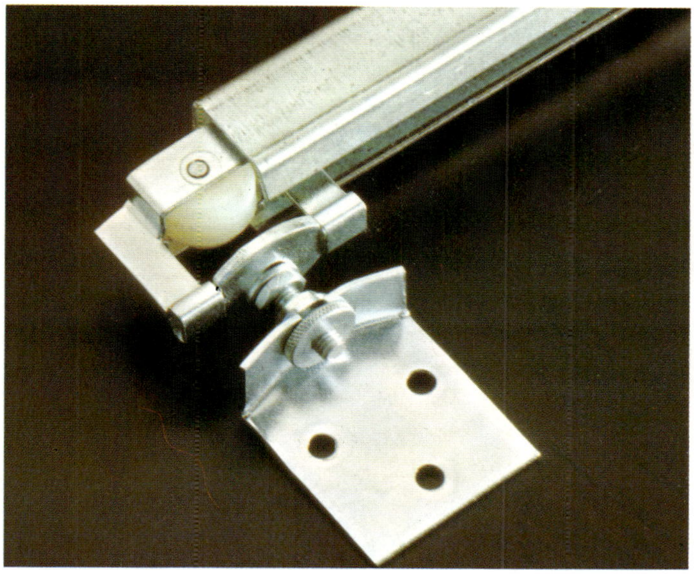

Verzinkte Laufschiene, Länge bis 6 m. Laufwagen mit Kunststoffrolle und Rilsanlager. Pro Tür sind zwei Laufwagen erforderlich, die Tragfähigkeit beträgt 40 kg.

Für Garderoben, Schränke etc. Doppelschiene mit Doppelrollapparat, Tragkraft 38 kg; Einzelschiene mit Einzelrolle, Tragkraft 28 kg. Aluschienen in Längen von 2 und 3 m.

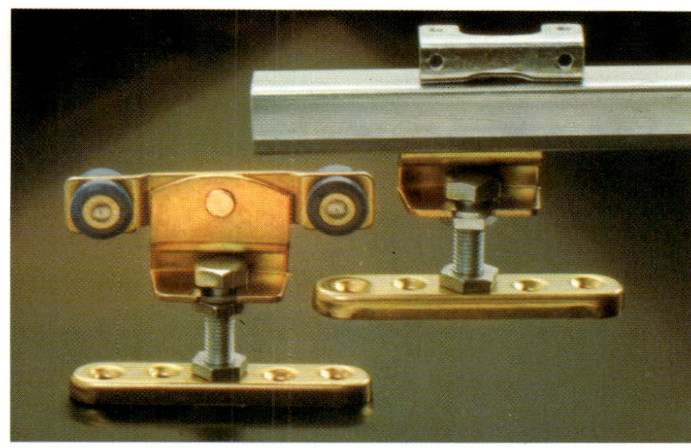

Schiebebeschlag für Zimmertüren. Schiene und Laufwerk galvanisch verzinkt. Die doppelpaarige Rolle hat ein Pendelgelenk, dadurch hängt die Tür immer gerade. Tragkraft 45 kg.

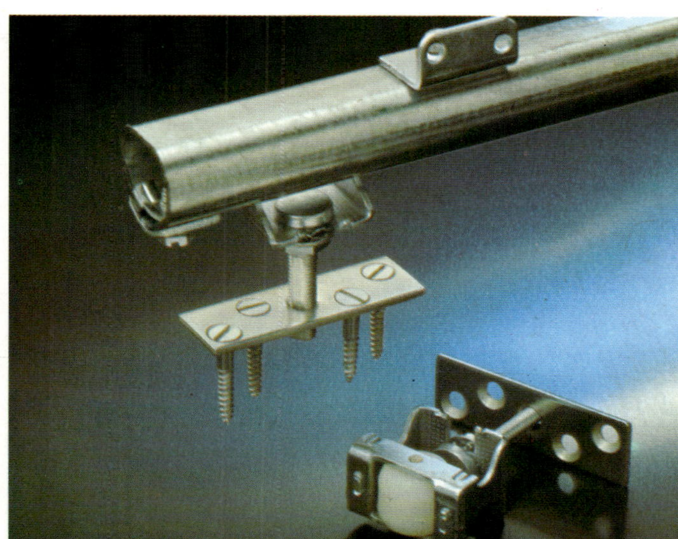

Laufwagen mit Nylon-Profilrolle, Tragfähigkeit 40 kg; Laufschienen in Längen von 1,10, 1,50, 1,90 und 2,40 m. Die Rolle wird mit der Platte an die Oberkante der Tür geschraubt.

Beschlag für Glasscheiben oder andere dünne Platten bis maximal 8 mm Dicke. Die Türplatten werden durch Hülsenmuffen und Schrauben zwischen zwei Backen gehalten. Der Beschlag trägt bis zu 75 kg.

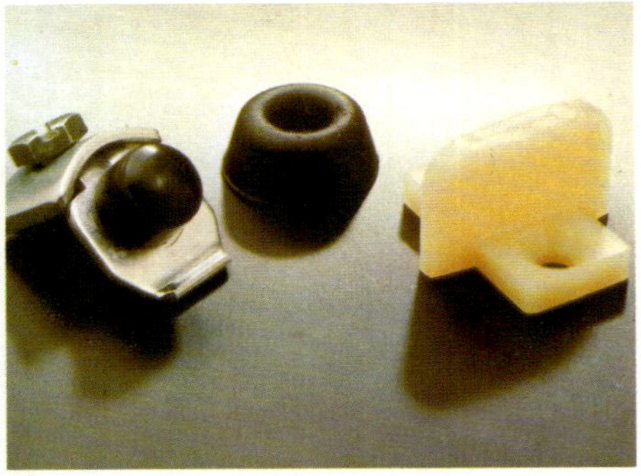

▲ Links ein Stoppuffer, den man in die Laufschiene einsetzt. In der Mitte ein einfacher Puffer, den man an Wand oder Boden schraubt. Rechts eine Bodenführung, die Tür erhält eine Nut.

◀ Führungsrollen für Türunterkanten. Die obere schraubt man an die vordere Tür, die zugehörige Schiene kommt in die hintere. Die untere Rolle läuft in einer Schiene im Boden.

1 Zimmertürenbeschlag:
Rollwagen, Laufschiene und Stopper.
Massive Ausführung, auch für schwere Türen.
2 Leichte Gleitschiene für Schranktüren, auch aus Glas.
3 Laufschiene mit Doppelrollwagen.
4 Doppel-U-Profil aus Kunststoff für Schranktüren.

Hier ist der Beschlag (Nr. 1) mit einer Doppellaufschiene montiert. Die Befestigung der Türblätter am Laufwagen erfolgt mit einer Gewindeschraube. Sie wird in eine Ankerplatte eingedreht, die mit Holzschrauben montiert ist.

Auf einfache Weise kann man so das Problem der unteren Führung hängender Schiebetüren lösen: mit Kunststoffelementen, die in Nuten laufen, die einfach ins Holz gefräst sind. Dazu braucht man Kreissägetisch oder Fräse.

Einfach und preiswert ist das System Aluschiene mit Kunststoffgleitern. Durch den Verzicht auf Rollen ergibt sich außerdem eine niedrige Bauhöhe. Die Befestigungslaschen der Gleiter haben wir hier bündig ins Holz eingelassen.

Schienen und Rollen für Schiebetüren

Kleinere Schiebetüren an Möbeln (z. B. Küchenschränken) sind meist einfach in U-Schienen aus Metall oder Kunststoff gelagert. Die Schienen neigen zum Verschmutzen, die Türen verklemmen sich leicht. Mit einigen kleinen Tricks, die wir Ihnen auf dieser Seite zeigen, kann man erreichen, daß solche Türen sich sehr viel leichter bewegen lassen. Auch die häufige Neigung zum Verkanten wird vermindert.

Doppel-U-Schienen aus Kunststoff, wie sie vielfach bei Möbeln verwendet werden. Die mit den längeren Schenkeln (r.) ist für die Oberseite. Eine aufgebügelte Kunststoffkante läßt die Tür besser gleiten.

Ein weiteres Mittel, die Gleitfähigkeit einfacher Holztüren zu verbessern, sind Fachbodenträger aus Kunststoff. Man nagelt sie einfach auf die Unterkante der Tür. Sie sind in den Farben Weiß und Braun zu haben.

Den gleichen Effekt erreicht man auch mit Holzschrauben, die eine Abdeckkappe aus Kunststoff haben. Der Vorteil: Die Tür läuft tiefer in der Nut der U-Schiene. Seitlich muß man sie allerdings hier mit dem Hobel anfasen.

Auch mit einfachen Polsternägeln (mit Kunststoffkopf) kann man die Gleiteigenschaften einer Schiebetür aus Holz wesentlich verbessern; der Reibungswert zwischen den Kunststoffen ist dadurch entsprechend niedriger.

Zweckentfremdete Schrankverbinder, in zwei Teile zersägt, geben zusammen mit den U-förmigen Führungsschienen eine stabile Führung der Tür und geringes Seitenspiel. Man spart sich auch das Hobeln der Türseiten.

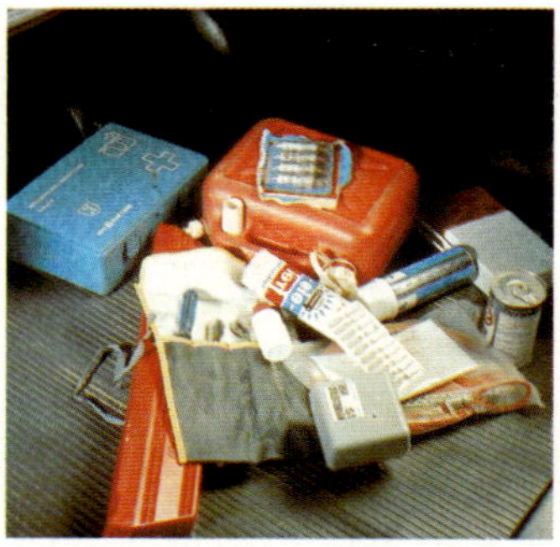

Dieses Zubehör, zum Teil unerläßliche Hilfe bei Pannen oder als Sicherheitsausrüstung sogar gesetzlich vorgeschrieben, muß klappersicher untergebracht werden.

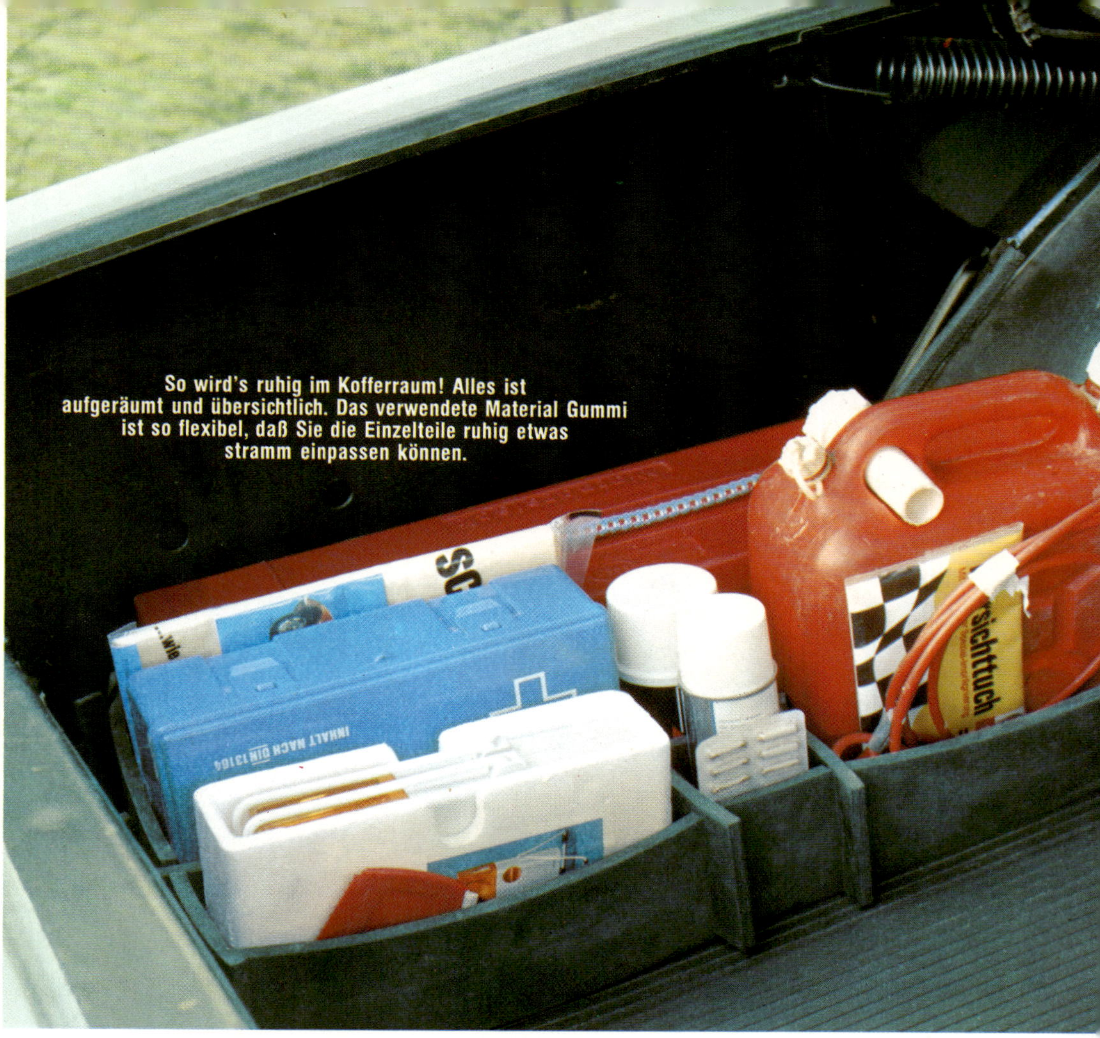

So wird's ruhig im Kofferraum! Alles ist aufgeräumt und übersichtlich. Das verwendete Material Gummi ist so flexibel, daß Sie die Einzelteile ruhig etwas stramm einpassen können.

Haben Sie sich auch schon darüber geärgert, daß nützliche Dinge, die man im Kofferraum mitführen muß, bei jeder Kurve ein klapperndes Echo von sich geben? Hier gibt's Abhilfe!

AUTO

So wird der Kofferraum klapperfrei

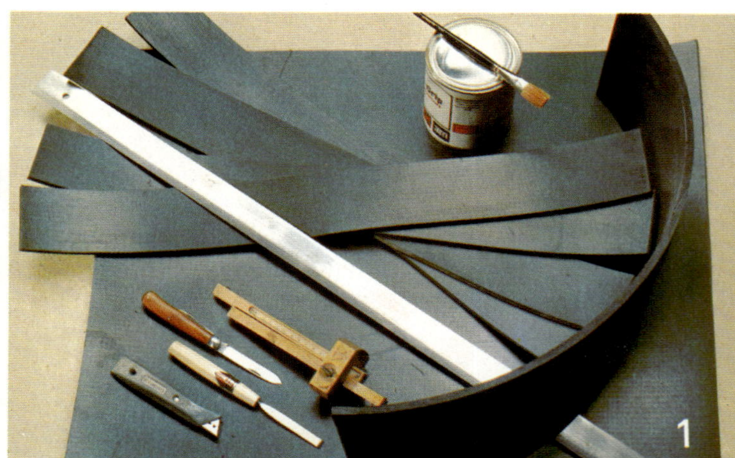

1

Klappern kostet Nerven; und seine Nerven sollte man möglichst schonen, um das Verkehrsgetümmel schadlos zu überstehen.

Unser Kofferraum-Einsatz wird aus 8 mm dicken Gummistreifen, etwa 8 cm hoch, angefertigt. Diese Gummistreifen werden aufrechtstehend angeordnet und durch Ausklinkungen mit entsprechenden Querstreben fest zusammengefügt. Zusätzlich kann man die Verbindungsstellen noch mit einem Spezialkleber (aus dem Fachgeschäft) sichern. Durch die Rastereinteilung ist dafür gesorgt, daß die dort verwahrten Gegenstände nicht gegeneinander purzeln und Geräusche verursachen. Die Aufteilung dieses Einsatzes müssen Sie allerdings selbst nach den Abmessungen Ihrer Auto-Utensilien vornehmen.

1 Gummimatte, 8 mm dick, ist das Grundmaterial für unseren praktischen Kofferraum-Einsatz. Damit Ihnen das Arbeiten leicht von der Hand geht, sollten Sie sich dafür ein Stahllineal, ein Streichmaß, mindestens ein scharfes Messer, Gummikleber und einen Beitel mit 8 mm breiter Schneide besorgen.

2 Die Breite der Gummistreifen richtet sich nach Ihrem Bedarf und den Dimensionen des Zubehörs. Wir haben, mit Hilfe des Stahllineals, 8 cm breite Streifen zugeschnitten.

3 Auf diese in der Gummiplatte eingegossenen Perlonstreifen sollten Sie achten, wenn Sie das Material zuschneiden: Die Schnittrichtung, abgesehen von den Steckschlitzen, muß in Richtung des Faserverlaufes liegen.

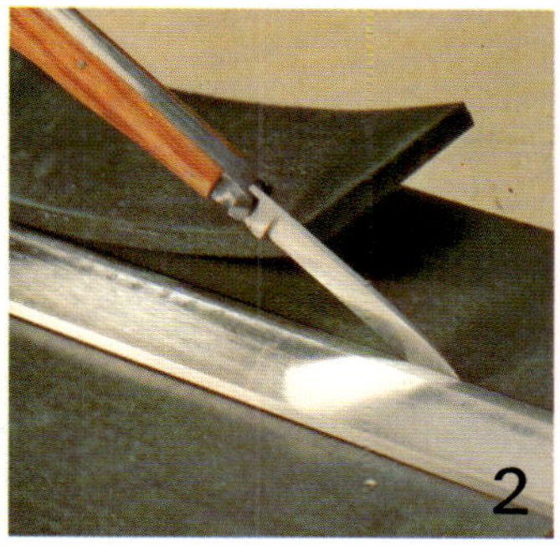

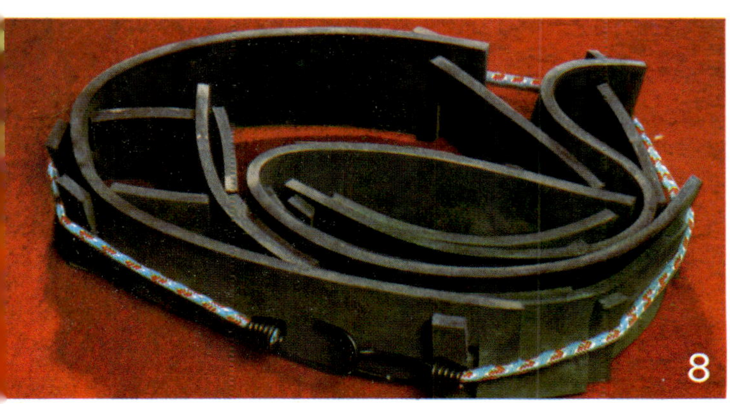

4 Die Schlitze, 8 mm breit und 4 cm tief, wurden mit einem Messer eingeschnitten. Ein Beitel hilft beim Ausstemmen.

5 Die Schlitzverbincungen probeweise zusammenstecken, eventuell noch etwas nacharbeiten.

6 Wenn alles paßt: An den Überblattungsstellen werden beide Teile mit dem Spezialkleber vorsichtig eingestrichen und dann, nach etwa einer Minute Trocknungszeit, dauerhaft zusammengefügt.

7 Das fertige Gitterwerk, der Form des Kofferraums angepaßt und mit Fächern für eine Reihe von Kleinteilen versehen.

8 Falls auch dieser Raum einmal für den großen Koffer benötigt wird: Das ganze läßt sich mühelos zusammenrollen und durch einen Gummistropp sichern.

Fast wie auf dem Flughafen:

Ein Linienflugzeug und ein Hangar aus Holz

Kinder sollen sich mit den bereitgestellten Spielsachen möglichst vielseitig und eigenständig beschäftigen können. Nicht das naturalistisch perfekt ausgearbeitete Spielzeug ist das beste, sondern jenes, zu dem das Kind aus der Fülle der eigenen Phantasie die Einzelheiten selbst dazuerfinden kann. Hier geben wir Ihnen einige Anregungen für selbstgebasteltes Holzspielzeug, das aufgrund seiner elementaren, zum schöpferischen Mittun einladenden Formen ideal für die jüngeren Kinder geeignet ist.

Flugplätze und die verschiedenen Flugzeugtypen üben bekanntlich auf die meisten Kinder — und durchaus nicht nur auf Buben — eine besondere Faszination aus. Vor einigen Jahrzehnten noch ließen Spielzeugautos das Herz jedes kleinen Jungen höher schlagen, doch hat der technische Fortschritt auf dem Spielzeugsektor nicht haltgemacht. Auch die jüngeren Kinder geben sich vielfach nicht mehr mit nachgebauter Eisenbahn und Autogarage als Spielsachen zufrieden, sondern sind begeisterte »Flugzeugkapitäne« und Anhänger der modernen Luftfahrt.

Das Nachbauen naturgetreuer, flugfähiger Flugzeugmodelle gewinnt als lehrreiches Hobby unter den größeren Kindern immer mehr Freunde. Doch was tun, wenn ein Siebenjähriger von der Luftfahrtbegeisterung des großen Bruders angesteckt wird, aber für den Modellflugsport noch zu klein ist und immer nur als Zaungast mit auf den »Flughafen« darf? Unser Vorschlag ist, einen Spielzeugflughafen mit einfachen Modellen und einigen wenigen, leicht herzustellenden Gebäuden mehr oder minder im Baukastenprinzip aus Holzklötzen, Leisten und Sperrholz anzufertigen, den man laufend mit neuem Zubehör erweitern kann.

Die beiden Grundstöcke aus Kiefernholz, mit denen hier die Flughafenanlage begonnen wird — ein Flugriese für viele Passagiere und die dazugehörige Flugzeughalle (in der Fachsprache Hangar genannt) —, sind bewußt einfach und robust gehalten und nicht bis in die feinsten technischen Einzelheiten ausgeführt; auch soll durch die sparsame Bemalung der rustikale Charakter schönen Holzspielzeugs erhalten bleiben. Dafür kann das Passagierflugzeug aber richtig aus dem Hangar und auf die Landebahn gerollt werden und verträgt auf seinen »Reisen per Handantrieb« so manchen Looping oder gar Sturzflug. Und trotz seiner schlichten, stabilen Konstruktion hat unser »Jumbo« aus Holz alles, was zu einem düsengetriebenen Flugriesen dazugehört: (aufgemalte) Pilotenkabine, Türen und Notausgänge, vier Triebwerke, Tragflächen, Fahrgestell und Leitwerk.

Am meisten Spaß macht es den Kindern sicher, wenn sie beim Herstellen der einzelnen Teile zusehen oder gar mitarbeiten dürfen und die Funktionen der Konstruktionselemente erklärt bekommen. Wenn dann das fertige Flugzeug über die Landebahn auf der Wiese rollt und es heißt: »Anschnallen, bitte!« können in der Regel schon die kleinsten »Piloten« fachsimpeln.

Bau des Passagierflugzeugs

Für die Herstellung des Flugzeugrumpfes eignet sich am besten massives Kiefernholz, da es leicht zu bearbeiten ist und die Rundungen sich mit einfachem Schnitzwerkzeug sauber herausarbeiten lassen. Die Tragflächen und das rückwärtige Leitwerk (bestehend aus Höhen- und Seitenrudern) sind aus Sperr- oder Tischlerholz. Für die »Turbo-Prop-Maschinen« nimmt man am besten Reste einer etwas härteren Holzart wie Buche oder Birke.

Am Beginn der Arbeit steht die gewissenhafte Übertragung der Schnittlinien auf die Holzteile. Da alle Bauzeichnungen auf diesen Seiten im Maßstab 1:2 zur tatsächlichen Größe gehalten sind, müssen Sie Ihre Schnittzeichnung doppelt so groß anfertigen.
Zuerst wird aus einem Kiefernholzstück entsprechend der abgebildeten Umrißlinien (in doppelter Größe!) der Rumpf des Flugzeugs geschnitzt. Für das grobe Zurichten wird eine Hand- oder Bandsäge verwendet, die feinere Ausarbeitung der Rundungen und abgerundeten Spitzen erfolgt mit dem Schnitzmesser; die groben Schnittspuren werden mit dem Hohleisen abgestochen. Zum Schluß wird das Ganze mit einer feinen Holzraspel und Sandpapier bearbeitet.
Nun werden die Schnittlinien für die Tragflächen, Höhen- und Seitenruder mit Kohlepapier auf die Sperrholzplatte übertragen; die ausgesägten Teile werden wiederum mit der Holzraspel gründlich bearbeitet, die Oberflächen geglättet und die Kanten abgerundet — entsprechend den Gesichtspunkten der Aerodynamik zur Verringerung des Luftwiderstandes.
Achten Sie vor allem darauf, daß die beiden Tragflächen und Heckruder so symmetrisch wie möglich geraten; vergleichen Sie also die beiden Schnitthälften während der Formarbeit mit der Raspel. Die Tragflächen werden in die entsprechenden Einbuchtungen auf der Rumpfunterseite geleimt und mit einigen Nägelchen zusätzlich befestigt. Auf dieselbe Weise wird das Heckleitwerk mit dem Rumpf verbunden.

Wenn man beim Entfernen der Schnittspuren an den Ansatzstellen für die Flügel am Rumpf nicht sorgfältig genug war, kann es passieren, daß die Tragflächen nicht voll aufliegen und die Kontaktfläche für eine stabile Verleimung nicht ausreicht. Will man in diesem Fall nicht ein zweites Mal zum Hohleisen greifen, so kann man sich damit behelfen, daß man die unebenen Flächen mit Holzkitt ebnet und mit Raspel und Schleifpapier glättet. Sollten die Tragflächen oder die Querflügel am Heck nicht ganz waagrecht stehen, weil die Einschnitte am Rumpf nicht völlig plan gerieten, kann man diesen Konstruktionsfehler ebenfalls durch ein wenig »Mogeln« mit Holzkitt beheben, der nach dem Trocknen so lange beschliffen wird, bis Flügel und Heckruder genau rechtwinklig zur Längsachse angebracht werden können.
Die spindelförmigen Holzteile, die als Imitation der Flugzeugtriebwerke unter den Tragflächen befestigt werden, können Sie selbst drechseln oder fertig kaufen.
Nach den nebenstehenden Werkzeichnungen, die im Unterschied zu den gerasterten Bauplänen *im Originalmaßstab* gehalten sind, werden nun noch die Konstruktionsteile für das Fahrgestell und die beweglich angebrachten Räder ausgesägt, zusammengefügt und auf die Unterseite des Rumpfs geleimt. Das fertig montierte Flugzeug erhält abschließend eine transparente Lackschicht; mit einigen Farbtupfern werden Bullaugen, Pilotenkanzel und Türen angedeutet. Die am Vorderende ausgehöhlten Spindeln für die »Turbo-Prop-Motoren« erhalten durch etwas schwarze Farbe zusätzlich plastische Tiefe. Eine am vorderen Fahrgestell befestigte Metallöse leistet beim Abschleppen des Flugriesen gute Dienste.

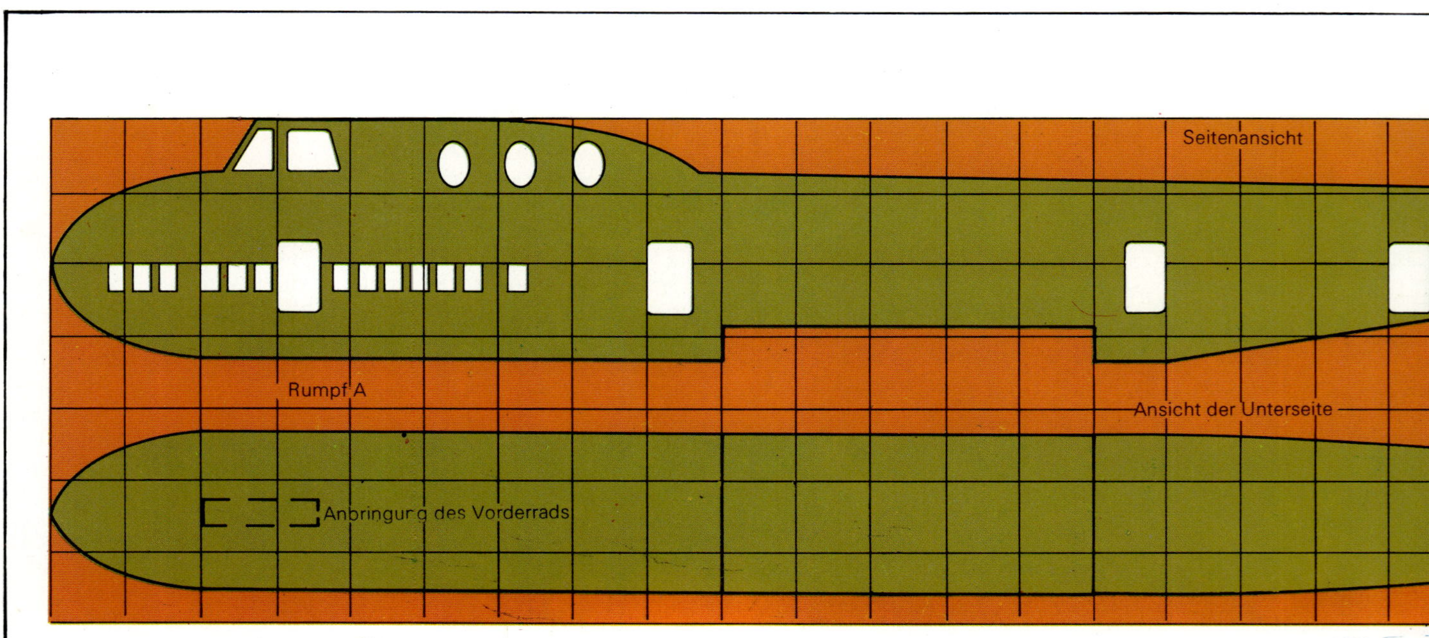

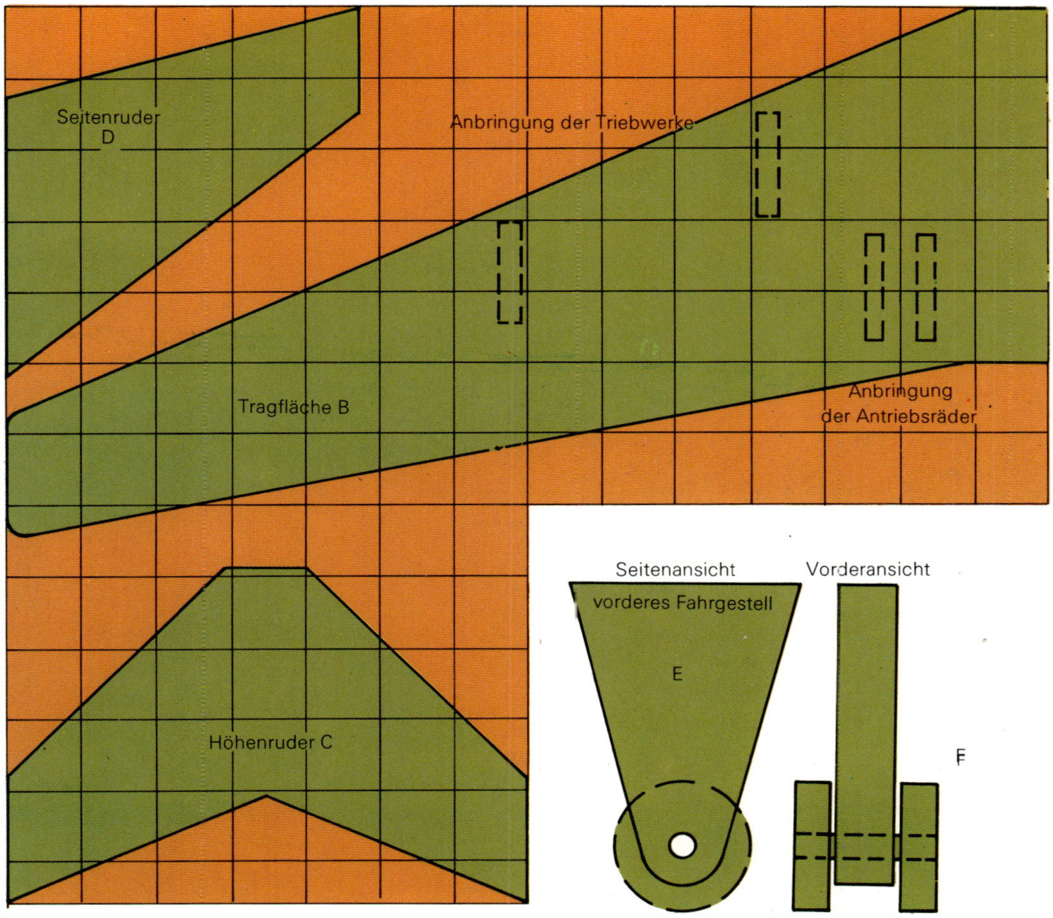

TIP

Die mühsame Arbeit der Maßstabsänderung für die Anfertigung einer Werkskizze in Originalgröße entfällt, wenn man die Abbildungen auf diesen Seiten in einer Kopieranstalt in doppelter Vergrößerung kopieren läßt. Die Umrisse müssen von den vergrößerten Kopien dann nur mehr auf die Sperrholzplatte übertragen werden. Dies gilt für die Bauteile des Passagierflugzeugs ebenso wie für die des Hangars.

Wenn Sie sich in der Kopieranstalt gleich mehrere Kopien machen lassen, können Sie die Flugzeuge auch in Serie herstellen. Der Miniaturflughafen weitet sich dann sehr schnell zum großen Komplex mit regem »Flugverkehr«. Unterschiedliche Bemalung der gleichen Flugzeugtypen (z. B. Aufschriften der verschiedenen internationalen Fluggesellschaften, andere Fensteranordnung usw.) sowie kleine Abwandlungen in der Form (beispielsweise andere Tragflächen, eine veränderte Rumpfgestalt, Anbringen von Motor oder Triebwerken an anderer Stelle usw.) sorgen für ein belebtes Gesamtbild.

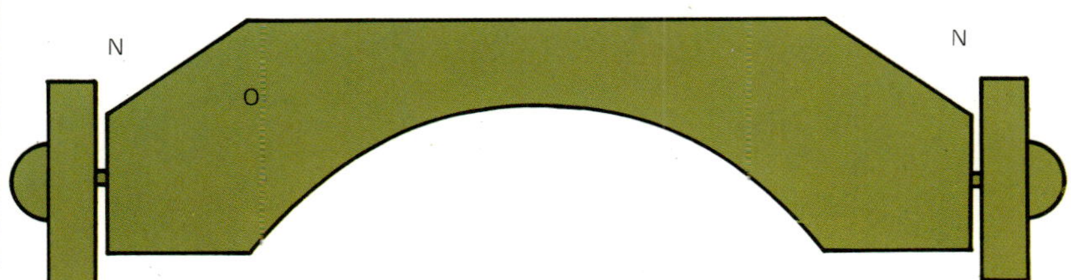

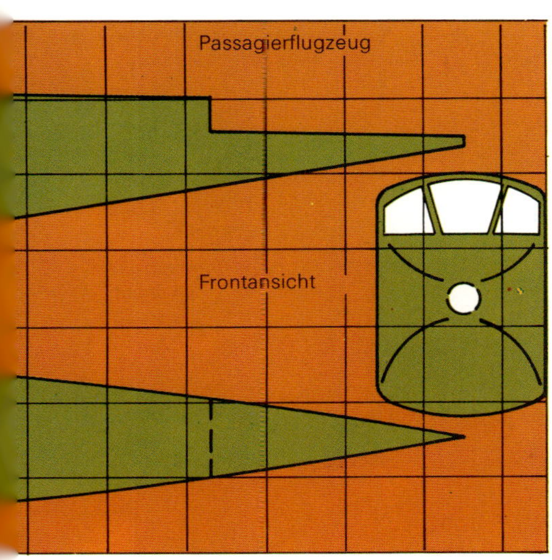

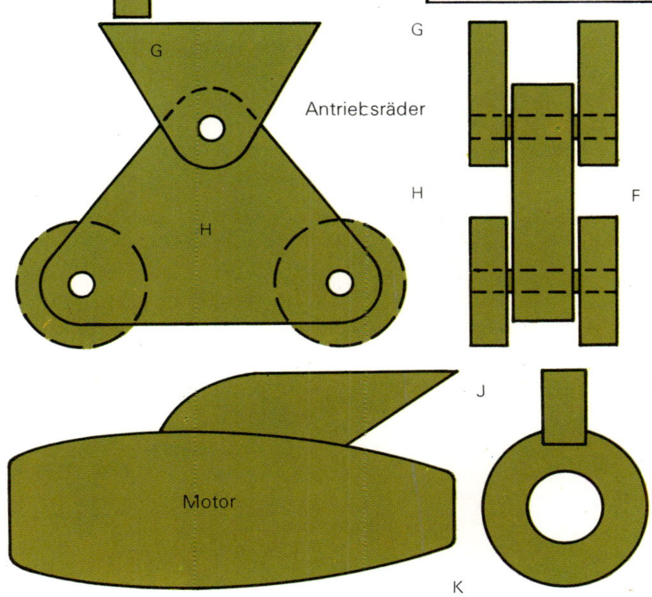

Bau des Hangars

Für den Anfang schlagen wir Ihnen hier einen Hangar zur Aufbewahrung kleinerer Maschinen vor, dessen Konstruktion relativ einfach ist.
Die in der rechts abgebildeten Werkzeichnung angegebenen Maße gelten für die kleinere Version des Hangars, den Sie im Foto oben sehen. Soll das Passagierflugzeug im Hangar Platz finden, müssen die Maße allerdings verdoppelt werden. Da die Baupläne in unserer Zeichnung im Maßstab 1:2 zur fertigen Größe dargestellt sind, müssen folglich die Schnittteile der Skizze für den kleinen Hangar in zweifacher, für den großen Hangar in vierfacher Größe ausgesägt werden.
Für den Bau des Hangars benötigen wir zwei verschieden starke Sperrholzplatten von 5 mm und 10 mm im Profil. Diese Stärken können für den kleinen wie für den großen Hangar verarbeitet werden. (Beachten Sie jedoch, daß die in der Materialliste aufgeführten Maße für den großen Hangar verdoppelt werden müssen.) Die Schnitteile werden zunächst in Originalgröße aufgezeichnet und dann auf die Holzplatten übertragen. Die Vorder- und die Rückwand (A) sind in den Umrissen identisch; an der Vorderseite wird lediglich die breite Toröffnung (gestrichelte Linie in der Werkzeichnung) ausgesägt. Alle übrigen Bauteile werden nach den in der Liste aufgeführten Maßen zugeschnitten. Dann werden Vorder- und Rückwand mit den beiden Seitenwänden (B) stumpf zusammenstoßend verleimt. Rechtwinklig zur ausgeschnittenen Vorderwand (A 1) werden auf beiden Seiten die Seitenwände (C) der Einfahrt angebracht, die wiederum im rechten Winkel mit den stärkeren Sperrholzteilen (D) verleimt werden (siehe Grundrißskizze rechts). Nun können die flachen Dachteile (E) seitlich über die Konstruktion gelegt werden; sie sollen mit der Rückwand abschließen, an der Vorderseite jedoch leicht überstehen.
Teil H ist in unserer Werkzeichnung in Originalgröße abgebildet; an der bezeichneten Stelle wird mit dem Bohrer ein Loch vom Durchmesser der Holzschraube gebohrt, die man gerade zur Hand hat (z. B. 6, 8 oder 10 mm Durchmesser). Auf die Kipptür G werden die Teile H rechts und links aufgeleimt, wie aus unserer perspektivisch dargestellten Skizze zu ersehen ist. Dann wird die Kipptür mit den beiden Holznägeln auf den Innenwänden C drehbar befestigt.
Die beiden Vierkantleisten J werden auf die Dachteile E und an die Fassadenaufbauten A und A1 geleimt. Bevor man nun darangeht, den Hangar durch Auflegen der beiden schrägen Dachteile F zu schließen, sollte noch einmal kontrolliert werden, ob das Tor reibungslos zu öffnen ist und gegebenenfalls der als Drehachse fungierende Nagel etwas verrückt werden. Ist die Einstellung überprüft, können die Holznägel in C zusätzlich verleimt werden. Zuletzt leimt man die beiden schrägen Dachteile so auf die Konstruktion, daß sie mit der Rückwand abschließen und an der Vorderseite leicht überstehen.
Ganz nach Belieben des künftigen Besitzers wird der Hangar nun noch mit Transparentlack oder einem Farbanstrich (z.B. metallgrau) wetterfest gemacht.

Schnittmaße für den Hangar

5 mm starkes Sperrholz

2 x Teil A	195 x 590 mm
2 x Teil B	140 x 245 mm
2 x Teil C	65 x 140 mm
2 x Teil E	57 x 265 mm
2 x Teil F	260 x 265 mm
1 x Teil G	130 x 475 mm

10 mm starkes Sperrholz

2 x Teil D	47 x 140 mm
2 x Teil H	61 x 86 mm

Massivholzleiste

2 x Teil J	13 x 20 x 255 mm

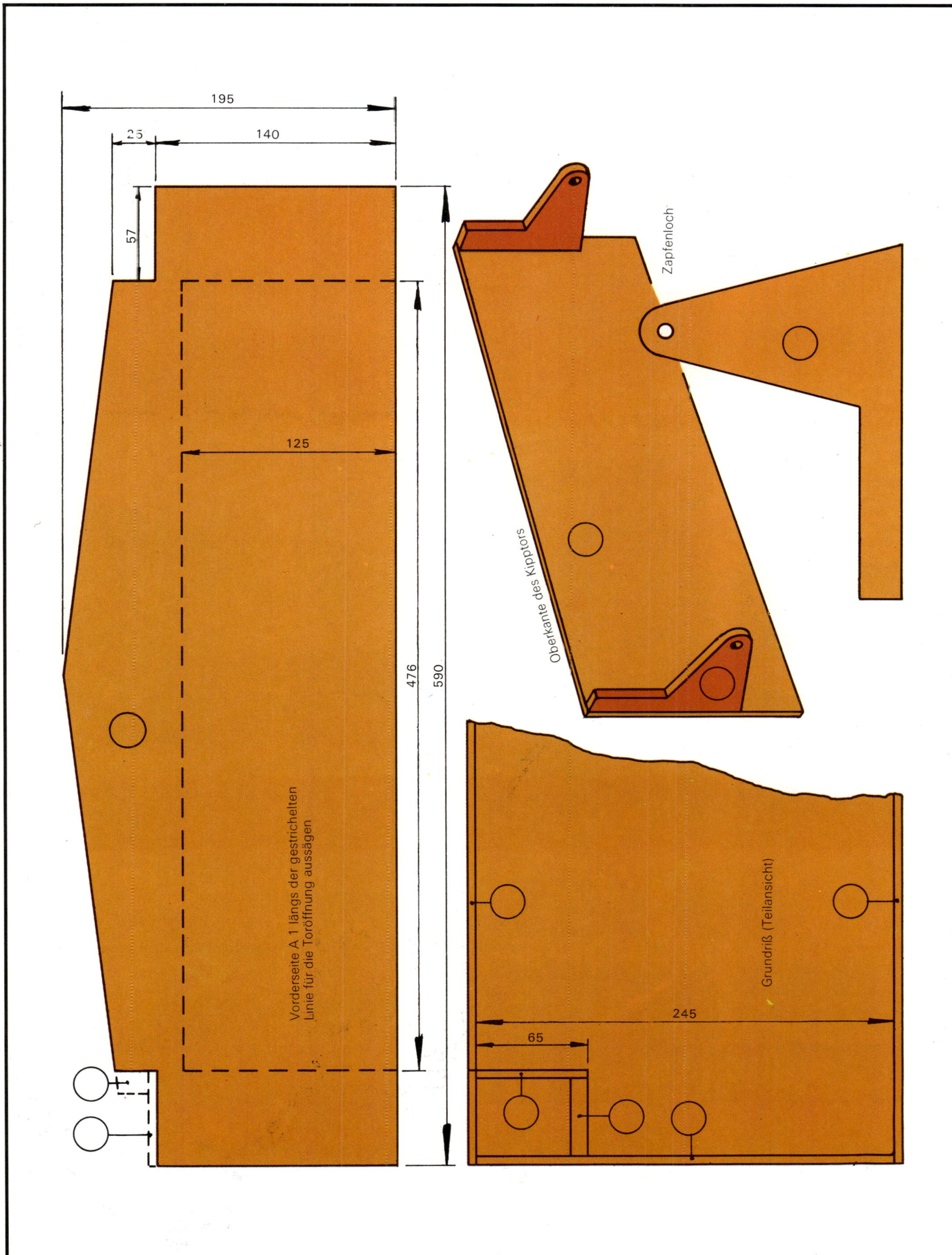
195
25
140
57
125
476
590
Vorderseite A 1 längs der gestrichelten
Linie für die Toröffnung aussägen
Zapfenloch
Oberkante des Kipptors
Grundriß (Teilansicht)
245
65

Nicht viel dicker, als eine Streichholzschachtel lang ist: Unser Klapphocker, wenn man ihn zusammengelegt hat.

Die Holzteile werden, noch bevor man sie zusammenfügt, zwei- bis dreimal mit Bootslack gestrichen. Man kann den Hocker später auch getrost im Freien benutzen.

WERKEN

Der Sitz, den nichts erschüttern kann

Selbst Schwergewichte trägt dieser Hocker mühelos. Hartholz und Stabilisierungskreuz machen es möglich.

Das Baumaterial, Buchen- oder Eschenholz, muß man sich beim Holzhändler nach unserer Stückliste zuschneiden lassen. Wenn die Teile auf Länge geschnitten sind, werden die Bohrlöcher, Zapfenlöcher und Rundungen der Konstruktionszeichnung entsprechend angerissen.

Man beginnt mit den Bohrungen an einem Hocker-Bein. Sind diese Löcher gebohrt, kann man das Bein als Schablone zum Bohren der übrigen drei Hockerbeine verwenden.

Wenn das innere, schmalere Beinpaar mit dem Stabilisierungskreuz verleimt ist und sämtliche Hockerteile sauber lackiert sind, kann man mit der Montage beginnen. Zuerst die Schraubenlöcher vorbohren, dann die Sitzleisten aufschrauben; die Querstreben am äußeren Beinpaar anbringen.

Die Achsen, auf denen die Hockerbeine drehbar aufgeschoben sind, bestehen aus 12 mm dicken Hartholz-Dübeln. Diese Dübel werden, damit der Hocker schön stabil wird, mit Leim in den Zargen befestigt. Erst wenn das geschehen ist, kann man die Gelenkverbindung, bestehend aus 6-mm-Schloßschrauben und Abstandshülsen, zusammenschrauben.

1 Die Löcher, an denen die Beine auf der Hartholzachse befestigt werden, fertigt man mit einem Forstnerbohrer von 12 mm Durchmesser an.

2 Mit 6 mm ∅ vorbohren: Die Gelenke, an denen die gekreuzten Beine verbunden sind. Verbindungselemente bilden zwei Schloßschrauben, M 6 x 50.

3 Die Hockerzargen erhalten auf der einen Seite eine Aussparung, die zur Aufnahme des Haltezapfens dient. 12-mm-Bohrungen erleichtern diese Arbeit.

4 Ein Arbeitsgang mit Raspel und Schleifpapier: Das Abrunden der oberen Enden der Hockerbeine. Sie werden gemeinsam auf einen Dübel gesteckt.

5 Als Abstandshalter: Ein 16 mm dicker Dübel, den man 8 mm tief in die äußeren Beine einläßt, festleimt, dann mit einem 6-mm-Bohrer mittig aufbohrt.

6 In die Zapfenlöcher, die vorgebohrt und mit dem Stecheisen ausgestemmt wurden, leimt man die Zapfen des Stabilisierungskreuzes ein.

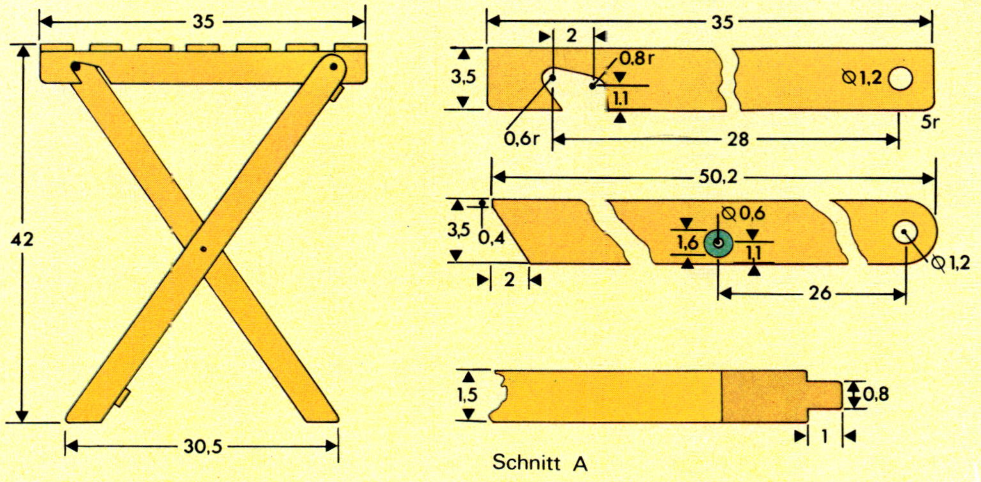

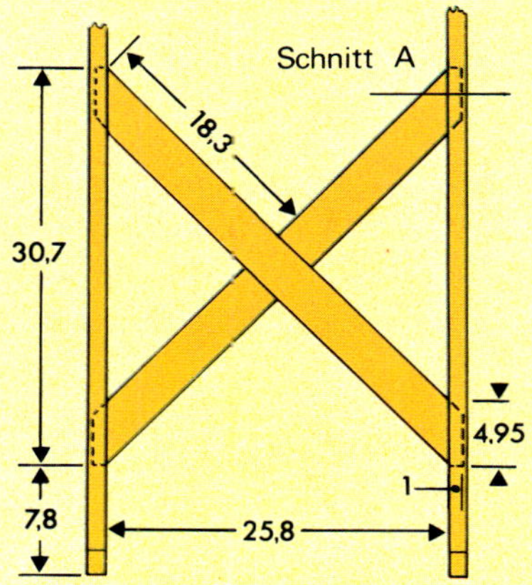

Materialliste

Lfd. Nr.	Teil	Holz	Länge	Breite	Stärke	Anzahl
1	Beine	Buche	502	35	15	4
2	Zargen	,,	350	35	15	2
3	Kreuz	,,	415	35	15	2
4	Sitzleisten	,,	350	35	10	7
5	Querstreben	,,	350	20	10	2
6	Dübel	,,	350	—	12 ∅	1
7	Dübel	,,	320	—	12 ∅	1
8	Dübel	,,	30	—	16 ∅	2
9	Schloßschrauben	—	50	—	6 ∅	2
10	Messingschraub.	—	20	—	3 ∅	32
11	Hutmuttern M6	—	—	—	—	2

Der Hocker ist auch in der Wohnung vielseitig zu verwenden.

MÖBELBAUEN

Meterweise Stollen-schränke

Ein einfacher Schrank, schnell zu bauen und doch mit Pfiff: Die senkrechten Stollen geben ihm die besondere Note. Und: Eine Spanplatte reicht für einen Schrank, der Verschnitt ist minimal!

Der Schrank ist so bemessen, daß Sie den Korpus insgesamt aus einer einzigen, ganzen Platte (doppelseitig mit Kunststoff beschichtete Spanplatte, 19 mm dick, in verschiedenen Farben zu haben) zuschneiden können.
Dadurch können Sie beim Einkauf Geld sparen gegenüber dem Anschnittpreis. Eine ganze Platte mißt 260 × 206 cm. Das »Schnittmuster« für den Schrank finden Sie auf Seite 108.
Die senkrechten Stollen, die den Schrank tragen, sind aus gehobelter Dachlatte hergestellt. Achten Sie beim Kauf auf gute Qualität und geraden Verlauf der Maserung; sonst kann es passieren, daß sich dieses Holz sehr stark verzieht und krumm wird. Je nach Geschmack und der Farbe der Schrankplatte können Sie die Stollen natur belassen oder farbig beizen oder lasieren.
Schneiden Sie zunächst alle Teile anhand der Materialliste bzw. der Zeichnung zu. Die beiden Stollen für die Rückseite des Schranks erhalten an der Schmalseite eine 1,5 cm breite und 6 mm tiefe Aussparung, in die später die Rückwand eingelassen wird. Diesen Falz kann man mit einer Fräse, einem Falzhobel oder aber auf einer Tischkreissäge herstellen. Dann verschraubt man die Stollen mit den Seitenwänden. Hier muß man, vor allem beim Bohren, sehr exakt arbeiten (Fotos 2–6). Dann ins Hirnholz der Böden die Löcher für die Rampa-Muffen bohren und diese einlassen.

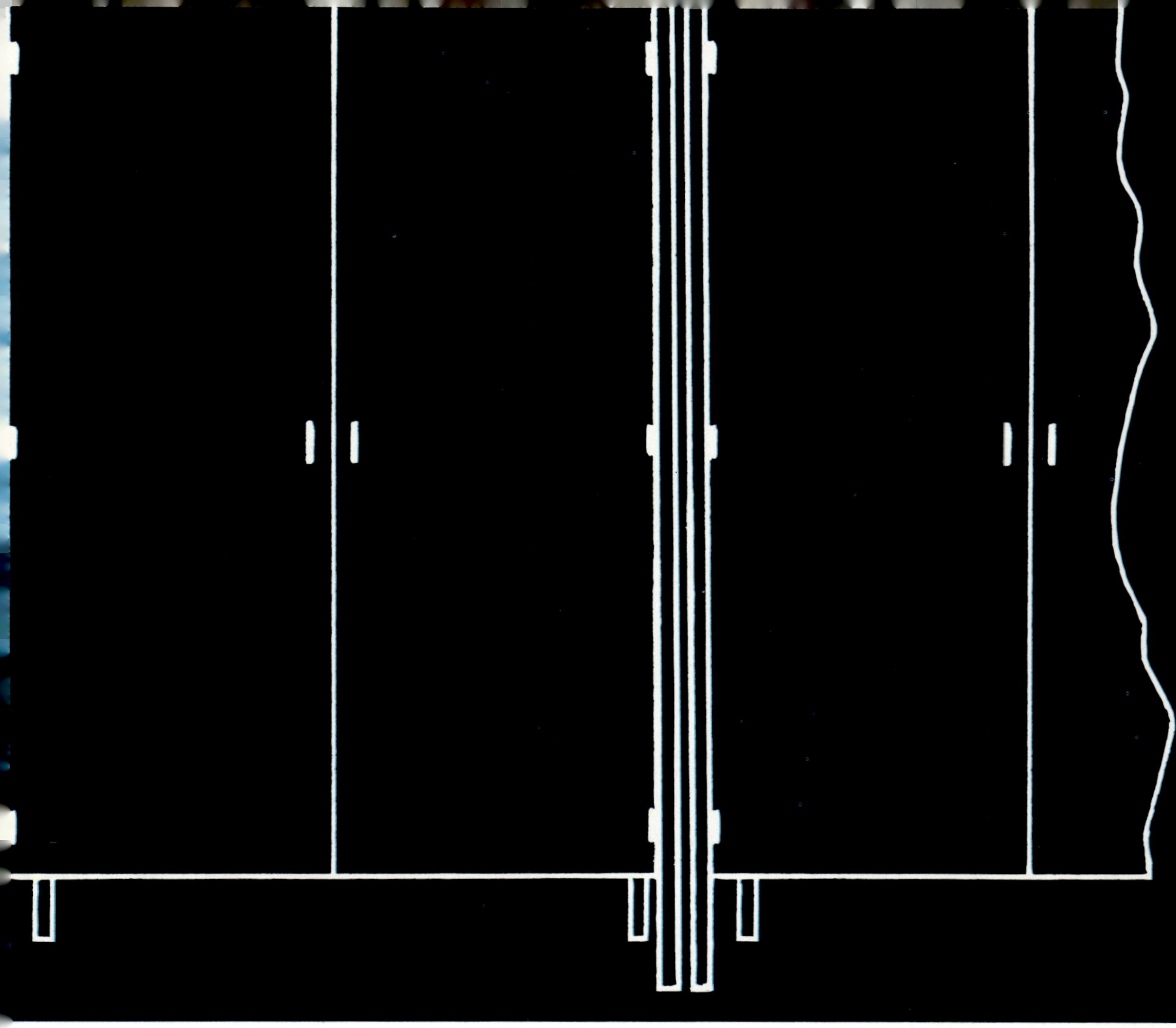

Diesen Schrank können Sie schnell und einfach bauen, und, wenn es sein muß, auch wieder schnell für den Umzug demontieren. Wenn Sie wollen, können Sie beliebig viele Einheiten zu einer Reihe kombinieren.

1 Das ist die stabile, aber leicht wieder lösbare Verbindung (Schnittmodell), mit der der Stollenschrank zusammengebaut ist. Rampamuffen mit Innengewinde und Maschinenschrauben.

2 Exaktheit ist beim Bohren der Löcher in den senkrechten Stollen wichtig. Man sollte sie unbedingt in einen Bohrständer einspannen, damit die Löcher genau senkrecht werden.

3 Um die Löcher für die Rampamuffen in die Schmalseiten der Platten bohren zu können, fertigt man sich aus Abfallholz eine Schablone an. Seitliche Zulagen verhindern das Ausreißen.

MATERIALLISTE

1 Spanplatte, beidseitig beschichtet für den Korpus (260 × 206 cm); 2 Rückwände, 6-mm-Sperrholz, 151 × 56,5 cm; 4–6 Einlegeböden, Spanplatte, 53,5 × 52 cm; 20 lfdm Aufbügelkanten; 4 Bodenträgerstreifen, Normlänge 250 cm, dazu je Boden 4 Träger; 1 Kleiderstange, 55 cm lang; 6 gekröpfte Bänder mit Schrauben; 24 Rampa-Muffen, je 12 Schrauben, 60 und 35 mm lang, alles M 6; Türgriffe und Schnäpper; Querholzdübel; Schrauben für die Rückwand.

Für zusätzliche Festigkeit kann man sie noch mit Zwei-Komponenten-Kleber fixieren. Um ein Ausreißen oder -brechen des Materials zu verhindern, spannt man die Platte in Höhe der Bohrung mit Hilfe einer Schraubzwinge zwischen zwei Holzklötze.

Die scharfen Kanten der Stollen bricht man mit einem Hobel oder aber mit Schleifpapier, das man auf einen Klotz gespannt hat.

Damit die Schrauben der Bänder nicht aus dem Hirnholz der Türen ausreißen, wird das Material an dieser Stelle 10 mm dick ausgebohrt und durch eingeleimte Querholzdübel ersetzt (die Bohrtiefe ist etwas größer als die Schraubenlänge).

Für jede Tür bohrt man in den oberen wie in den unteren Boden je einen runden Magnetschnäpper ein.

Die Gegenstücke werden nach dem Zusammenbau des Schrankes an die Türen angepaßt und gut festgeschraubt.

Die Rückwand aus 6 mm dickem Sperrholz ist aus Gründen der leichteren Handhabung zweigeteilt.

Sie sitzt in den Falzen der Stollen. Vor die Böden und die Mittelwand ist sie einfach stumpf vorgesetzt. Die Rückwand befestigt man mit kleinen Holzschrauben. Vorbohren ist dabei erforderlich, damit das Holz nicht ausreißt.

4 Nach dem Bohren prüft man mit dem Winkel nach, ob das Loch auch genau senkrecht geworden ist. Dazu die Gewindeschraube eindrehen.

5 Nach dem Einlassen der Rampamuffen in die Hirnholzkanten reißt man die Schraubenlöcher der Seiten an.

6 Beim Bohren der Seiten legt man ein Stück Umleimer zwischen Kante und Anschlag, damit sie bündig passen.

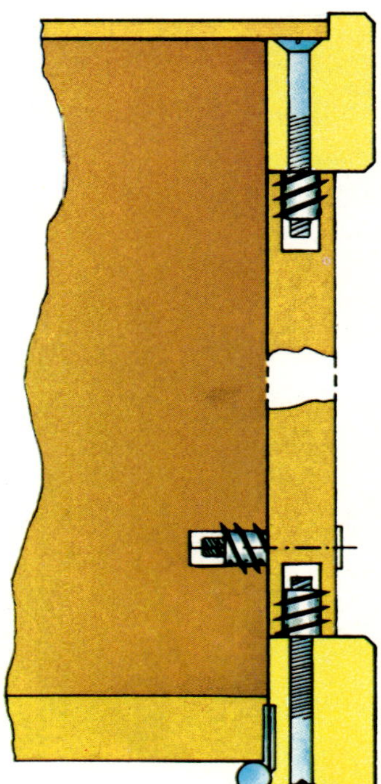

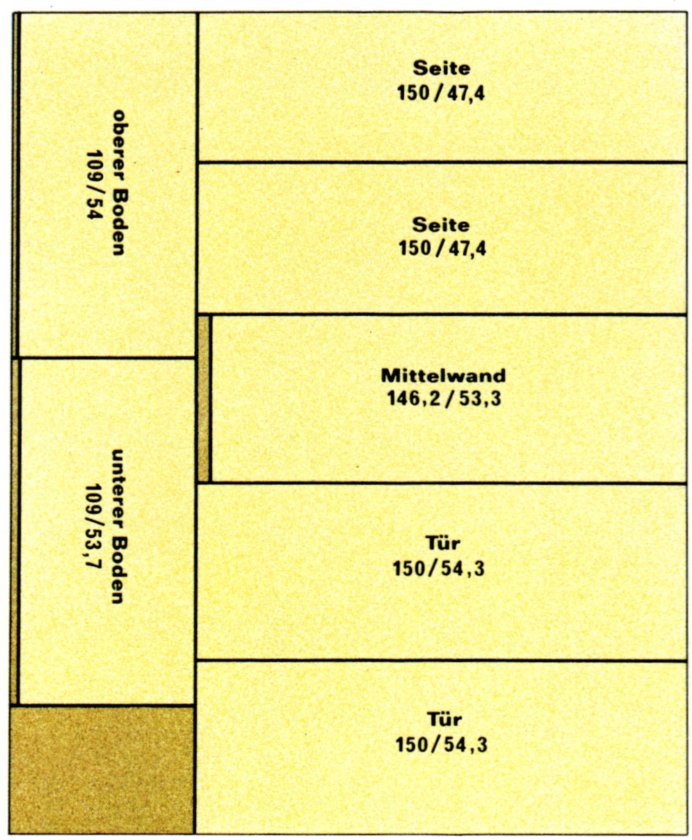

So sieht die Eckverbindung mit den Rampa-Muffen im Detail aus (oben). Rechts das »Schnittmuster« für den Schrank. Alle Teile des Korpus werden aus einer einzigen Spanplatte geschnitten.

7 Damit die Schrauben der Türbänder sicheren Halt finden, bohrt man das Material entsprechend aus und leimt dann Querholzdübel ein.

8 Die Träger für die Fachböden stecken in einer speziellen Lochleiste aus Kunststoff. Sie wird in eine dafür gefräste Nut eingelassen.

9 Den Zusammenbau beginnt man, indem die Mittelwand mit dem Ober- und dem Unterteil verschraubt wird. Dann die Seitenwände mit den Stollen anbringen.

10 Wenn man vorher exakt gearbeitet hat, passen jetzt alle Teile des Stollenschrankes genau zusammen. Die Endmontage ist auch für einen einzelnen leicht zu schaffen.

11 Der Schrank ist im »Rohbau« fertig. Jetzt fehlen nur noch die Fachböden im linken Teil, die Magnetschnäpper und die Griffe an den Türen, die man nach Geschmack auswählt.

TECHNIK

Warum Sie mit Ihrer Schlauchwaage ganz genau arbeiten können.

In kommunizierenden Gefässen steht eine Flüssigkeit an allen Stellen gleich hoch. Dieses Grundgesetz der klassischen Physik macht sich die Technik auf vielerlei Weise zunutze.

Jedes Rohrleitungssystem kann man sich als ein einziges Gefäß denken. Unter dem Einfluß der Schwerkraft, also der Erdanziehung, strebt die darin enthaltene Flüssigkeit dem tiefsten Punkt zu: In einem nach oben offenen Röhrensystem steht darum das Wasser in den verschiedenen Leitungen auf gleicher Höhe.

Diese Tatsache macht man sich z. B. bei der Schlauchwasserwaage zunutze: Zwei mit Wasser gefüllte Röhren mit gleicher Meßstrichteilung sind durch einen Schlauch verbunden. Die Wasseroberfläche ist in beiden Meßröhren auf gleicher Höhe. Steht nun eines der Meßgläser tiefer, so steigt dort das Wasser bis zu einem höheren Strich auf der Skala. Die Wasserspiegel in beiden Teilen der Schlauchwaage sind Teile einer waagerechten Ebene.

Stehen die Meßgläser auf ebenem Untergrund, so befindet sich auch der Wasserspiegel an den gleichen Markierungen in beiden Meßgläsern. Den gleichen Effekt kann man sich zunutze machen, wenn man ein Gefäß ohne Pumpe, nur durch einen Schlauch, entleeren will. Man führt einen Schlauch bis auf den Boden des gefüllten Gefäßes. Die Ablauföffnung des Schlauches führt man tiefer als die Bodenebene des Gefäßes. Nun braucht man nur durch Ansaugen im Schlauch einen Unterdruck zu erzeugen.

Das Wasser steigt bis zum höchsten Punkt des Systems und fließt von dort durch die Schwerkraft nach unten. Wir haben jetzt ein unten offenes Röhrensystem, das Gefäß entleert sich völlig. Auch die Wasserversorgung durch Wassertürme funktioniert nach dem Prinzip kommunizierender Röhren: Das Wasser wird in den hochgelegenen Speicher des Turms hineingepumpt. Alle Zapfstellen des Rohrsystems, die sich unterhalb des Wasserspiegels des Reservoirs befinden, werden durch das natürliche Gefälle versorgt. Der Wasserdruck ist dabei umso größer, je tiefer die Zapfstelle, bezogen auf das Wasserniveau im Speicher, liegt. Hier tritt ein weiteres Gesetz der Hydrostatik (des »ruhenden Wassers«) in Erscheinung: Der Druck in einem Gefäßsystem pflanzt sich nach allen Seiten gleichmäßig fort. Er ist nur von der Höhe der Flüssigkeit über dem Meßpunkt, ihrem spezifischen Gewicht und dem auf der Oberfläche lastenden Druck (bei Gewässern also dem Luftdruck) abhängig. Die Menge der Flüssigkeit spielt also keine Rolle. Man nennt dies das hydrostatische Paradoxon (griech.: Widerspruch).

Man kann mit einer schmalen Wassersäule einen hohen Druck erzeugen. Bei Flüssigkeitsentnahme würde er allerdings schnell absinken, weil sich die Säule entsprechend schnell entleert. Auch die hydraulische Bremsanlage beim Auto sowie Flüssigkeits-Manometer und -Barometer arbeiten nach dem Prinzip der kommunizierenden Röhren.

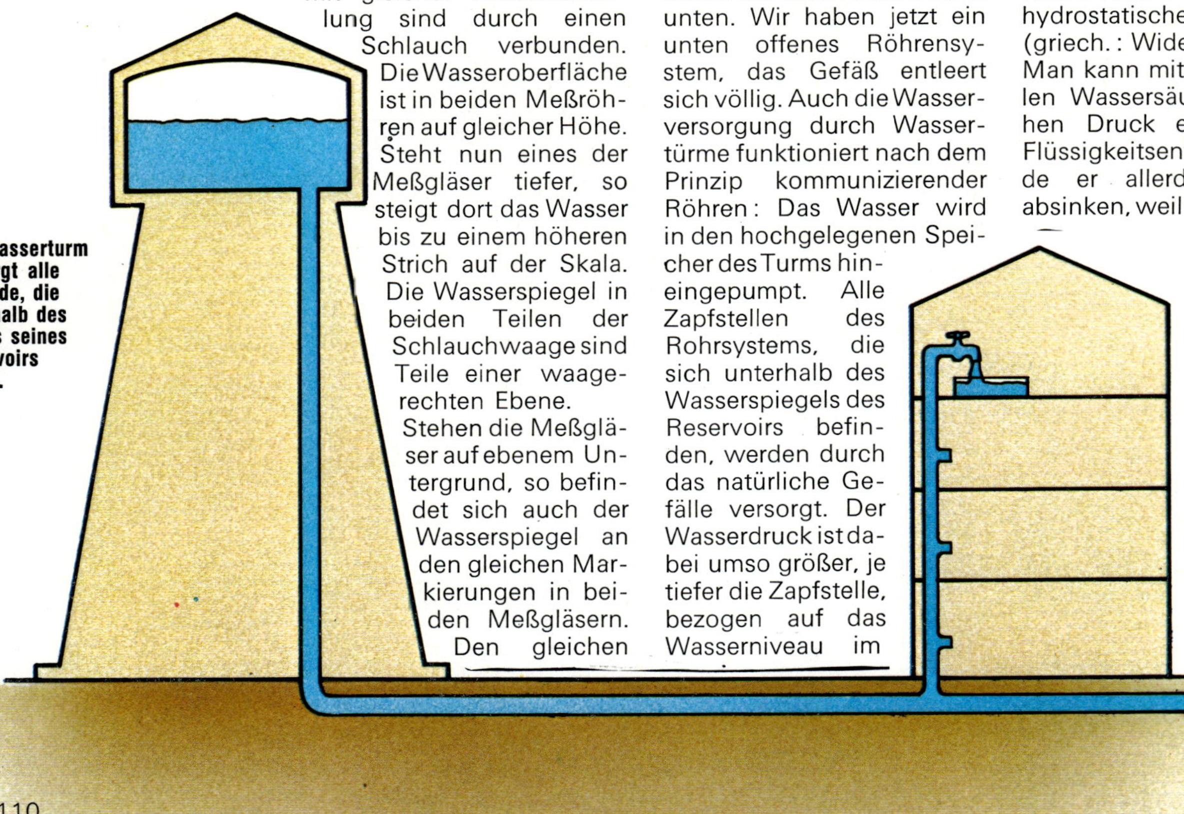

Der Wasserturm versorgt alle Gebäude, die unterhalb des Pegels seines Reservoirs liegen.

Ein Arbeitstisch für Kinder, der mitwächst

Die wohldurchdachte Konstruktion macht diesen Schreibtisch zum idealen Möbel fürs Kinderzimmer. Da der Arbeits-, Spiel- und Basteltisch immer genau auf die Körpermaße des Kindes abgestimmt werden kann, lassen sich Haltungsschäden vermeiden.

Schneiden Sie nach den Maßen auf unserer Skizze zunächst die beiden Seitenteile aus 19 mm starken, beidseitig furnierten Preßspanplatten zu. Die rechtwinklig zugeschnittenen Seitenwände werden mit der Stichsäge an den Ecken abgerundet und am Fußstück ausgesägt. Mit einer gut funktionierenden elektrischen Stichsäge können die Teile auch direkt entlang den endgültigen Schnittlinien ausgesägt werden; wer es sich zutraut, kann mit einer Elektrosäge mit hohem Antrieb die beiden Seitenwände in einem Arbeitsgang zuschneiden.

Da die Schnittkanten von Preßspanplatten sehr rauh sind, ist eine sorgfältige Kantenbehandlung erforderlich: Sie werden sauber abgehobelt oder mit Furnierstreifen besetzt (z. B. Kantenfolien mit Schmelzkleberbeschichtung zum Aufbügeln).

Auch die übrigen Teile für den Schreibtisch entstehen aus beidseitig furnierten Spanplatten. Die Bodenplatte zum Abstützen der Füße (90 x 50 cm) wird im Halbkreis (30 cm Durchmesser) ausgesägt und mit zwei Holzleisten (3 x 3 cm) an den Seitenwänden verleimt und verschraubt.

Die Rückwand (90 x 52 cm) wird gleichfalls mit den Seitenwänden verschraubt; sie sollten an der Oberkante etwa 2 cm überstehen. Damit ist der feststehende Rahmen für unseren Schreibtisch fertig.

Nun brauchen nur noch die Lochschienen und die passenden Träger aus einem der zahlreichen auf dem Markt erhältlichen Regalsysteme angebracht zu werden, um die Arbeitsplatte und ein oder mehrere Ablagebretter höhenverstellbar einzuhängen. Die Arbeitsplatte (die Maße 85 x 55 cm erlauben ein problemloses Verstellen ohne Kontakt zu den Seitenwänden) liegt auf schräg nach unten geneigten Trägern.

Falls Sie diese nicht im Handel finden, können Sie sie mit Hilfe eines Holzwinkels selbst herstellen (siehe Abb. 4). Die schmalen Ablageborde oberund unterhalb der Arbeitsplatte liegen auf leichten, rechtwinkelig eingesetzten Trägern.

Zuletzt werden alle sichtbaren Kanten mit der beschichteten Folie zum Aufbügeln umleimt. Lediglich die Arbeitsplatte sollte als zusätzlichen Schutz der besonders stark beanspruchten Vorderkante mit einer etwa 2 cm starken Querleiste versehen werden, die leicht überstehend auf die Vorderkante der Arbeitsfläche aufgeleimt und -genagelt wird. (Diese Leiste erfüllt gleichzeitig die Funktion, Hefte und Schreibgeräte am Abrutschen von der Platte zu hindern.)

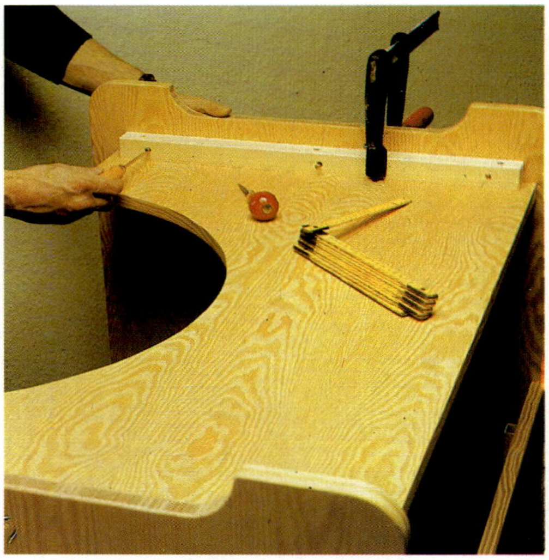

1 Die Bodenplatte, die als Fußstütze dient, wird halbrund ausgesägt und mittels zweier Verstärkungsleisten aus Holz (3 x 3 cm) mit den fertig zugeschnittenen Seitenwänden verschraubt.

2 An der Rückwand des Arbeitstisches werden auf beiden Seiten (in einem Abstand von ca. 8-10 cm von den Seitenkanten) Lochschienen aus Metall aufgeschraubt, die ein beliebiges Verstellen der Arbeitsplatte ermöglichen.

3 Auf der Unterseite der Platte werden die Metallträger zum Einhängen in die Lochschienen befestigt. Sie müssen im stumpfen Winkel einzuhängen sein, damit die Platte leicht geneigt angebracht werden kann.

4 Findet man nicht den richtigen Trägertyp im Handel, so kann ein normaler rechtwinklig einzuhängender Träger durch Einfügen eines Holzwinkels im gewünschten Neigungswinkel in die Lochschiene eingehängt werden.

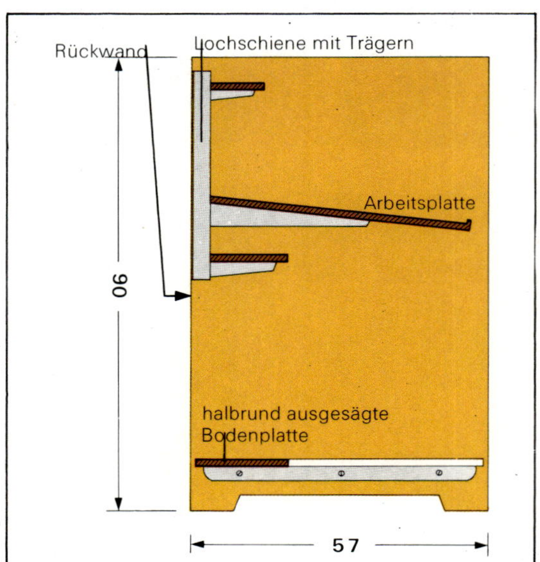

Unsere Arbeitsskizze zeigt den Schreibtisch im Querschnitt von der Seite: Sie ersehen daraus die genauen Schnittmaße und die Aufhängung der Platte sowie der Ablageborde.

BASTELN

Früchte aus Papier

Die Herstellung unseres Werkstoffs ähnelt stark der von Papiermaché, bei der eine Mischung von Kleister und in Wasser aufgeweichtem Papier verarbeitet wird. Wir verwenden jedoch trockene Papierbällchen. Die äußere Form erhalten wir mit Hilfe von Kleister, versetzt mit einem Lösungsmittel, das schneller trocknet als Wasser.

Papiermaché wurde oft verwendet zur Herstellung von Puppen, Figuren, Gegenständen mit unterschiedlichen Oberflächen usw., da die leichte Verformbarkeit des in der traditionellen Kleister-Wasser-Mischung aufgeweichten Papiers eine Vielzahl von Anwendungsmöglichkeiten bietet. Bevor die in Spritz- und anderen Verfahren hergestellten Produkte auf den Markt kamen, wurden Puppen, die relativ günstig verkauft werden konnten, hauptsächlich aus dem Werkstoff Papiermaché gearbeitet.

Wir wenden nun im Grunde die gleiche Technik an, nutzen jedoch die Vorteile der neuen, schneller trocknenden Kleistermischungen. Im Gegensatz zu früher brauchen heute keine Pausen mehr eingelegt zu werden, um die Gegenstände nach der Formung zu trocknen; sie können gleich angestrichen oder lackiert werden.

Wer nicht in Eile ist, kann getrost weiterhin das traditionelle Verfahren anwenden und die Früchte trocknen lassen, wenn die Grundform gegeben ist. Zum Trocknen reicht eine Nacht aus. Die Zeit kann jedoch verkürzt werden, wenn man die Gegenstände auf die Heizung oder an einen Ort legt, wo sie direkt von der Sonne bestrahlt werden.

Das Arbeiten mit Papierbrei macht Spaß und ist kreativ. Natürlich braucht man nicht unbedingt so einfache Gegenstände zur Nachahmung zu wählen, wie wir es bei unserem Beispiel getan haben.

Auch das Material ist billig, denn im allgemeinen ist es in jedem Haushalt vorhanden: alte Zeitungen, Toilettenpapier, Schere, Sandpapier und Kleister.

Bei der traditionellen Technik, bei der die feuchte Papiermasse getrocknet werden muß, kann normaler Tapetenkleister, d. h. Methylzellulose, verwendet werden. Möchte man jedoch ohne Unterbrechung arbeiten, so muß man auf einen Kleister mit einem schnell verdunstenden Lösungsmittel zurückgreifen, wie er bei Graphikern und in der Werbung üblich ist. Natürlich sind verschiedene Farben notwendig. Am besten nimmt man Acryl- oder Gouachefarben. Die Gouachefarben geben dem traditionellen Papierbrei einen festen Zusammenhalt und haften gut an der Oberfläche, die mit schnell trocknender Kleistermischung behandelt wurde. Die Acrylfarben wiederum sind für beide Methoden gut geeignet.

1 Ein Papierknäuel oder mehrfach gefalztes Papier ist die Grundlage für die ungefähre Form der Frucht. Über diesen festen Körper werden die vorher mit Kleister bestrichenen Papierstreifen geklebt.

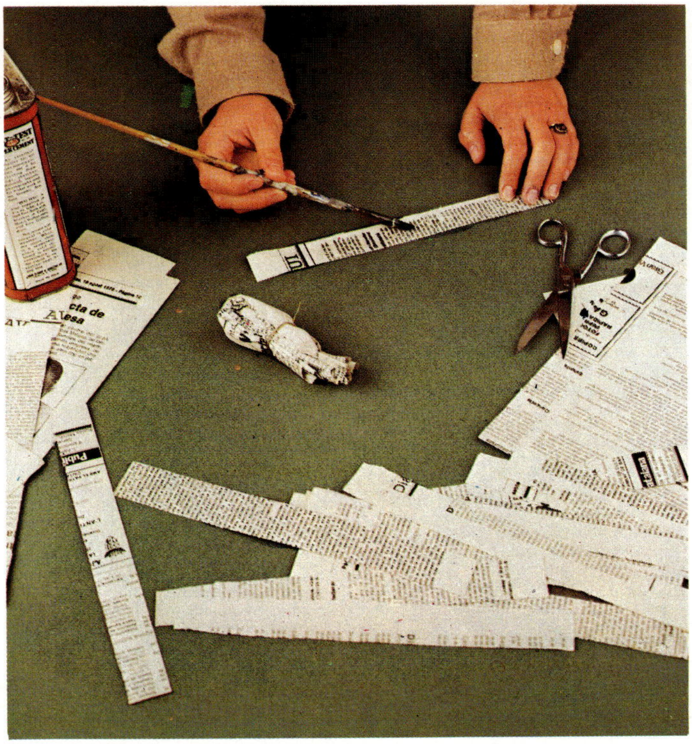

2 Zu diesem Zweck wird eine Vielzahl von Streifen aus Zeitungspapier geschnitten (Größe ca. 3 x 15 cm). Diese werden kurz vor Gebrauch auf einer Seite mit Kleister versehen.

Das wichtigste ist, daß relativ schnell ein konsistenter Körper geschaffen wird. Am besten erreicht man dies, indem man Papierbällchen herstellt, die bereits die ungefähre Form der Frucht zeigen. Damit sie nicht auseinanderfallen und die Rohform verlorengeht, hält man sie mit fest verknoteten Gummifäden zusammen. Im Anschluß daran schneidet man eine Vielzahl von Papierstreifen (ca. 15 x 3 cm), bestreicht diese sorgfältig mit Kleister und klebt sie um das Papierknäuel. (Die Streifen sollten kreuzweise gelegt werden und die gesamte Oberfläche unseres Knäuels bedecken.)

Die Papierstreifen dürfen ohne weiteres übereinandergeklebt werden, bis die gewünschte Form erreicht ist. Durch Aufrollen der bekleisterten Streifen können Stiele angefertigt werden, die danach in das mit einem scharfen Messer angebrachte Loch geschoben werden.

Ist durch das Überkleben mit Papierstreifen die gewünschte Form entstanden — sie sollte möglichst getreu dem angestrebten Vorbild entsprechen —, so wird die gesamte Oberfläche mit einer oder mehreren Schichten Kleister bestrichen, damit die Ränder der Streifen auch wirklich fest haften und die Frucht praktisch »imprägniert« ist. Wurde ein Wasserkleister verwendet, so muß die Frucht über Nacht getrocknet werden. Diesen Vorgang kann man auch beschleunigen, indem man die Frucht bei geringer Wärme im Ofen trocknen läßt.

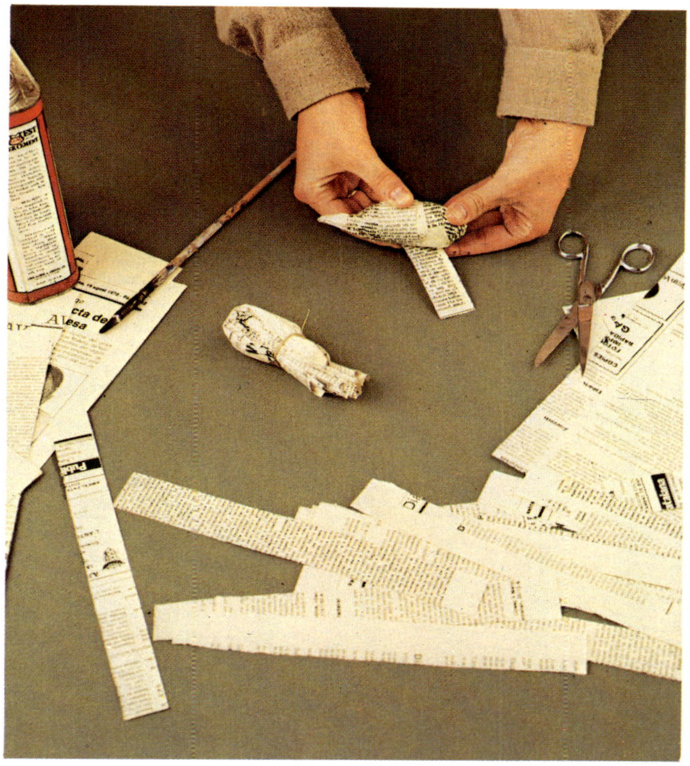

3 **Die Rohform wird mit den Streifen beklebt, wobei sich diese kreuzen und übereinandergeklebt werden sollten, um den größtmöglichen Zusammenhalt und die Möglichkeit späterer Ausbesserungen zu gewährleisten.**

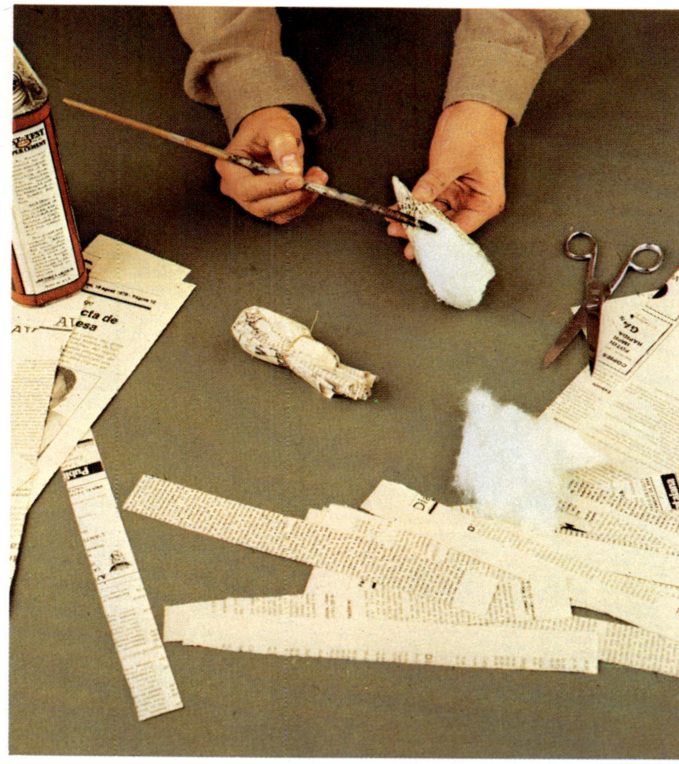

4 **Wenn durch Übereinanderkleben der bekleisterten Streifen die gewünschte Form der nachgebildeten Frucht erreicht ist, wird die gesamte Oberfläche mit einer Schicht Kleister bestrichen.**

5 **Die Frucht gut trocknen lassen, dann die Oberfläche mit Sandpapier bearbeiten. Falls noch Papierstreifen abstehen, wird nochmals Kleister aufgetragen und die Frucht anschließend erneut abgeschmirgelt.**

6 **Ist die Frucht trocken, so wird sie bemalt. Zuerst wird eine Grundierungsfarbe aufgetragen und danach die gewünschte abgetönte Farbe, die dunkler als die Grundierung sein sollte.**

Hat man eine schnell trocknende Kleistermischung verwendet, so kann der Anstrich fast ohne Unterbrechung gleich darauf erfolgen.
Sollten nach dem Trocknen Unebenheiten oder Hohlräume auftreten, können diese mit bekleistertem Toilettenpapier in Breiform ausgebessert werden. Nach der Ausbesserung muß die gesamte Oberfläche nochmals mit Papierstreifen beklebt werden.
Wenn die Frucht vollkommen trocken ist, wird ihre Oberfläche sorgfältig mit Sandpapier geschmirgelt, um etwaige Falten und Unebenheiten zu entfernen. (Zum Abschmirgeln kann auch die Reibefläche einer Streichholzschachtel benutzt werden.)
Nach dem Abschmirgeln wird die gesamte Oberfläche erneut mit einer Kleisterschicht bestrichen, damit auch die abgeschmirgelten Stellen oder abstehende Streifen mit Kleister bedeckt sind.

Ist die Frucht dann trocken, wird sie zuerst mit einer Farbe grundiert und erhält danach den endgültigen Anstrich.

TIP

Wollen Sie eine Zitrone oder eine Orange nachbilden, dann bestreichen Sie die Oberfläche mit Kleister und »panieren« Sie sie in trockenem Sand. Danach wird die Frucht mit der gewünschten Farbe versehen.

Auf diese Weise erhalten Sie eine Endlänge von 1 m (in Übereinstimmung mit den nebenstehenden Beispielen). Die längeren Schnüre schlingen Sie um die anderen, die ihrerseits straff und in gerader Linie gehalten werden müssen (siehe Abbildungen). Schließlich werden die Enden um die Schnalle gelegt und im Geflecht rückwärts befestigt.

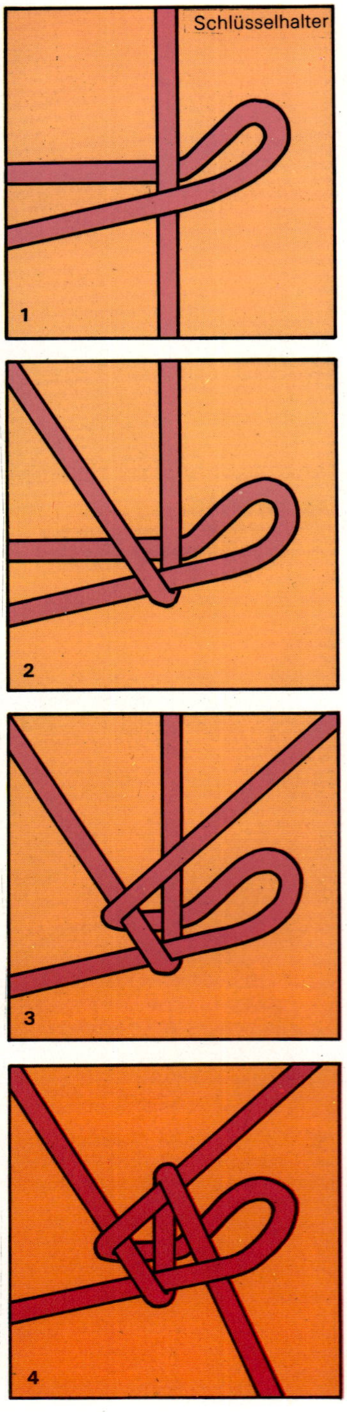

Am Ende werden zwei gleiche Teile gekreuzt, und wie in den vier Abbildungen oben werden die einzelnen Teile der Schnur miteinander verflochten. Schon ist das Knotenwerk vollendet.

BASTELN

Gürtel, Armbänder und Schlüsselhalter aus Schifferknoten

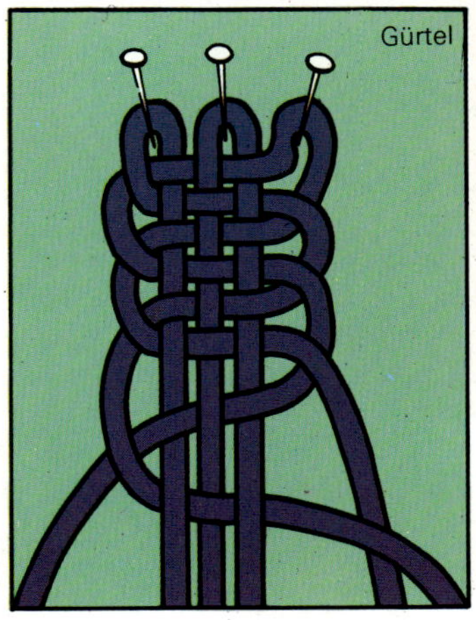

Aus Schnur oder dünnen Stricken unterschiedlicher Farbe können praktische persönliche Gegenstände oder Geschenke gefertigt werden. Schnüre, Stricke und Seile aus Hanf, Jute oder Kunstfasern finden Sie in Seilereien, Fachgeschäften für Schiffahrtsartikel oder in Kaufhäusern. Ein kleines Armband wird aus zwei gleich dicken Schnüren verschiedener Farbe gemacht, indem diese miteinander verflochten werden. Vor dem Beginn der Arbeit ist es ratsam, einige Flechtproben durchzuführen. Als Verschluß wird ein in der Schiffahrt übliches Element verwendet, das ebenfalls im Fachhandel erhältlich ist. Natürlich ist dieses Element aus Messing oder Kupfer.
Die Länge des Armbandes ist abhängig von der persönlichen Vorstellung und von den verwendeten Bestandteilen. Man muß damit rechnen, daß die Schnur durch das Flechten um fast ein Drittel kürzer wird. Aus den nebenstehenden Bildern können Sie eindeutig ersehen, wieviel Schnur notwendig ist, um schrittweise vorzugehen, wie die Schnur mit dem Metallelement verbunden und wie danach mit dem Schnurgeflecht weiter verfahren werden muß. Sowohl beim Gürtel wie beim Schlüsselhalter wird der Abschluß durch Verflechten der Enden erreicht. Für einen ungefähr 1 m langen Gürtel sind ca. 15 m Schnur notwendig.

Als Ausgangspunkt für das Geflecht benötigen Sie ein Brett mit drei darauf befestigten Nägeln. Über den mittleren Nagel schlingen Sie eine Schnur von mindestens 2 m Länge, links bedarf es einer Schnur von 5 m und rechts einer Schnur von 8 m Länge.

Ein billiger Flaschenständer aus Faserzementwellplatten

In Streifen gesägte Wellplatten aus Faserzement ergeben einen Flaschenständer, der bedeutend billiger ist als Kunststoffbauelemente oder andere zeitaufwendige Bausysteme aus Holz. Außerdem bietet er Stabilität und Feuchtigkeitsabsorption, die Flaschen liegen geordnet in horizontaler Lage.

Für diesen originellen und einfachen Flaschenständer benötigen Sie nur ein Werkzeug: eine Säge. Möglicherweise muß man die Säge nach der Arbeit mit Faserzement wegwerfen oder schleifen. Vergleicht man jedoch die Kosten für die Faserzementwellplatte und eine Säge mit den Kosten für Kunststoffbauelemente oder komplizierte Holzkonstruktionen mit derselben Flaschenkapazität, so fallen erstere doch bedeutend geringer aus.

Auf einem Ständer aus einer normalgroßen Faserzementwellplatte können bei optimaler Ausnutzung mind. 36 Flaschen untergebracht werden. Je nach Plazierung des Ständers können auch noch die auf beiden Seiten befindlichen halben Wellen ausgenutzt werden. Die Platte kostet ungefähr gleich viel wie ein Bauelement mit einer Kapazität von 9 Flaschen.

Werden die Faserzementwellplatten aufeinandergelegt, so bilden sich Öffnungen, in die jede normale Flasche paßt. In gewissen Fällen ist Wein in besonderen Flaschen abgefüllt, die aufgrund ihres Durchmessers nicht auf dem Ständer untergebracht werden können. Zu diesen Ausnahmen gehören einige Schaumweine sowie diverse traditionell oder abfüllungsbedingte Weinflaschenformen. Um auch solche Flaschen verstauen zu können, ist es möglich, die Öffnungen zu vergrößern, indem man zwischen die Platten je nach Flaschendurchmesser kleine Holzleisten legt (mit einer Stärke zwischen 1 und 3 cm).

Da im allgemeinen nur der Bauch der Flasche im Ständer seinen Platz hat — der Flaschenhals steht hervor — können aus einer normalgroßen Faserzementwellplatte leicht acht Streifen gesägt werden. Es wird das Durchschnittsmaß der Flaschen, die gelagert werden sollen, zugrunde gelegt. Nach diesem Maß wird die Wellplatte der Länge nach in gleiche Teile gesägt. Die Breite der Streifen wird somit ungefähr 30 cm betragen. Will man jedoch etwas sparsamer mit dem Material umgehen und noch einen zusätzlichen Streifen erhalten, so kann die Breite ohne weiteres auch

1 **Wie Sie feststellen können, ist unser improvisierter Flaschenständer aus Faserzementwellplatten äußerst geeignet für die Lagerung von Wein. Er kann in jeder Größe hergestellt werden und - wenn Sie große Vorräte halten - die ganze Wand des Weinkellers oder Ihrer Vorratskammer einnehmen.**

26,6 cm betragen. Damit ist der Ständer immer noch stabil genug, auch wenn in allen Öffnungen Flaschen untergebracht sind. Normalerweise sind die Faserzementwellplatten zwischen 240 und 250 cm lang.

Wichtigster Arbeitsgang ist somit, die Breite und die Anzahl der Streifen, die aus einer Platte geschnitten werden sollen, zu bestimmen. Die Breite der Streifen wird an beiden Enden der Platte markiert. Mit Hilfe eines Lineals, das so lang ist, wie die Streifen breit sein sollen, werden nun die Schnittlinien gezogen. Es ist vorteilhaft, die Linien auf den Wellenbergen zu markieren, denn wenn man das Blatt der Säge immer in Richtung Markierung auf dem Wellenberg hält, kann ein gerader Schnitt ausgeführt werden. In jedem Fall ist es ratsam, stets die gesamte Schnittlinie im Auge zu behalten. Sie kann mit einem Bleistift oder einem Kugelschreiber entlang der gesamten Hochkante des Lineals gezogen werden. Auch ein Küchenmesser ist hierfür geeignet.

Das Sägen des Faserzements ist eine ziemlich mühsame Arbeit, wird jedoch, wie schon erwähnt, durch die Tatsache kompensiert, daß man dabei viel Geld spart. Eine gewöhnliche Säge erfüllt den Zweck. Um die Arbeit zu erleichtern, gibt es einen einfachen Trick: Man kann die

2 **Nachdem die Breite der Streifen festgelegt wurde (die Platte sollte dabei optimal ausgenutzt werden), werden mit Hilfe eines Lineals die Schnittmarkierungen angebracht.**

Stellen, die durchgesägt werden sollen, aufweichen, entweder mit Wasser oder besser noch mit einem Schmiermittel, z. B. einem Motorenöl mit großer Viskosität (am besten ein Öl mit 20°– 40°).

Wer eine Universalmaschine zur Verfügung hat, kann die Arbeit mit Hilfe einer Schneideschleifscheibe bedeutend einfacher durchführen, erst recht, wenn ein Zusatzteil vorhanden ist, dessen Schnittiefe der Wellenhöhe entspricht. Bei dieser Arbeit sollten Sie einen Gesichtsschutz überziehen, denn der entstehende Staub ist äußerst schädlich für die Lunge.

Das Schneiden der acht Streifen mit einer gewöhnlichen Säge erfordert ungefähr zwei Stunden. Die Arbeit ist etwas mühsam und eintönig, denn man muß einzig und allein darauf achten, daß man nicht von der Markierung abweicht. Andererseits sind kleine Fehler kaum sichtbar, wenn die Streifen einmal aufeinandergeschichtet sind.

Es wäre von Vorteil, wenn die gesamte Breite der Platte genutzt werden könnte. Ist dies beispielsweise aus Platzgründen nicht möglich, so muß die Platte so gekürzt werden, daß sowenig Lagerraum wie möglich verlorengeht.

3 **Wenn man die Platte entlang den Markierungen durchsägt, braucht sie nicht befestigt zu werden; sie ist schwer und stabil genug.**

4 **Damit die Streifen bei der Arbeit nicht hinderlich sind, werden sie auf die Seite gelegt. Sie sollten jedoch für nachträgliche Messungen zur Hand sein.**

5 **Um die mühsame Arbeit des Sägens zu erleichtern, können die Markierungslinien mit Wasser oder noch besser mit einem dickflüssigen Öl aufgeweicht werden. Es ist sinnvoll, auch das Blatt der Säge zu befeuchten.**

6 **Sind die Streifen gesägt, so müssen die Ränder mit einem rauhen Schmirgelpapier geglättet werden. Wickeln Sie dazu das Papier um einen kleinen Holzklotz, das erleichtert die Arbeit.**

Manchmal nutzt man die Platte und den zur Verfügung stehenden Raum, wenn die Platte auf beiden Seiten gekürzt wird, sei es um 1 oder 2 cm oder um eine ganze Welle.
Nachdem die Streifen geschnitten sind, werden die Ränder mit einer rauhen Feile geglättet. Dadurch können eventuelle Unebenheiten, die durch Abweichen von der Schnittlinie entstanden sind, korrigiert werden.
Möchte man einen nicht ganz so rustikalen Flaschenständer, so kann das vollendete Werk noch gestrichen werden. Dazu sollte eine Farbe verwendet werden, die den Faserzement »atmen läßt«, d. h., eine der wichtigsten Qualitäten des Flaschenständers sollte erhalten bleiben: die Fähigkeit des Materials, die Umgebungsfeuchtigkeit zu absorbieren. Eine Farbe auf der Basis einer Vinylemulsion ist am geeignetsten.
Für eine perfekte Oberfläche ist ziemlich viel Farbe notwendig, denn der Faserzement nimmt beim ersten Anstrich eine Menge Farbe auf. Aus dem erwähnten Grund sollte die Absorptionseigenschaft auch nicht etwa durch eine vorhergehende Imprägnierungsschicht aufgehoben werden.

7 **Die Streifen lassen sich gut aufeinanderlegen. Die rauhe Oberfläche des Faserzements verhindert, daß die einzelnen Teile des Flaschenständers gegeneinander verrutschen.**

ZIMMERN

Der Pfahlbau im Garten für kleine Abenteurer

Machen Sie Ihre Kinder zu Hausbesitzern. Unser Pfahlbau ist stabil und wird sicher zum ganzen Stolz Ihrer Jüngsten. Aber auch Sie können stolz sein: Denn wer unser Spielhaus nachgebaut hat, mußte vorher solide Zimmermannsarbeit leisten.

Damit Sie gleich wissen, wie groß dieses »Bauwerk« ist: Unser Kinderhaus ist 2,50 Meter lang und 2 Meter breit. Der Innenraum mißt unter dem First 2,10 Meter, und von der Oberkante des Firstbalkens bis zum Erdboden ergibt sich eine Höhe von 3,10 Metern. Aber keine Angst; wenn Sie unsere Konstruktionszeichnung genau durcharbeiten und Ihnen Zimmermannsarbeiten Spaß machen, wird es schon gelingen.

Wir haben bei der Zeichnung absichtlich auf Maßangaben verzichtet. Dadurch haben Sie die Möglichkeit, das Haus in den Dimensionen zu gestalten, die der Zahl Ihrer Kinder oder der Größe der zur Verfügung stehenden Stellfläche (oder Mittel) angemessen ist. Es könnte also kleiner, genausogut aber auch größer werden als unser Modell. Sie tragen die gewünschten Maße in die Skizze ein und geben danach beim Händler Ihre Materialbestellung auf.

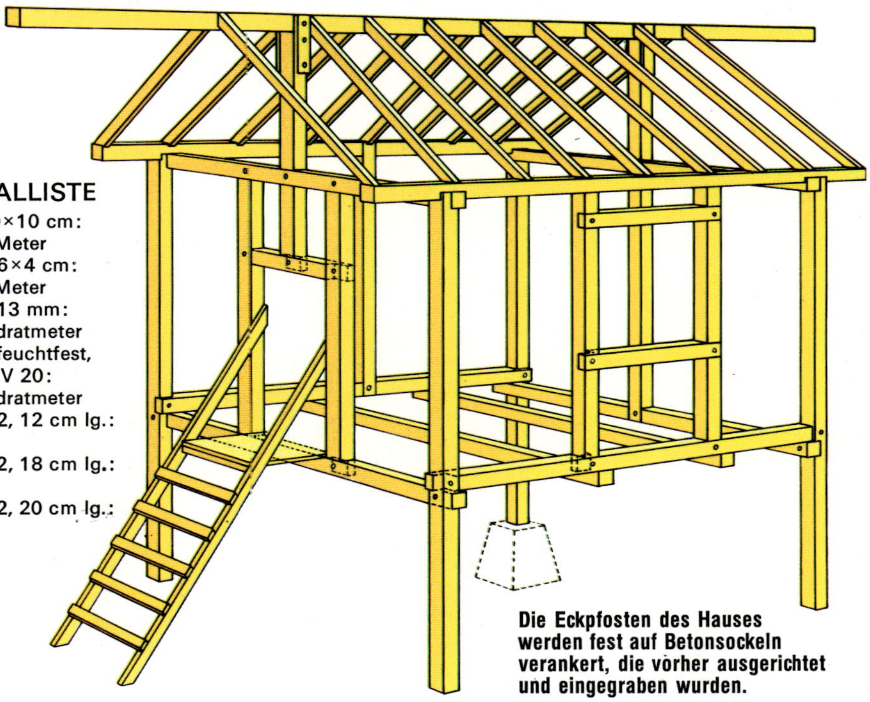

MATERIALLISTE
Kantholz 10×10 cm:
Ca. 40 lfd. Meter
Dachlatten 6×4 cm:
Ca. 34 lfd. Meter
Kehlbretter 13 mm:
Ca. 18 Quadratmeter
Spanplatte feuchtfest, Verleimung V 20:
Ca. 12 Quadratmeter
Bolzen M 12, 12 cm lg.:
32 Stück
Bolzen M 12, 18 cm lg.:
18 Stück
Bolzen M 12, 20 cm lg.:
4 Stück

Die Eckpfosten des Hauses werden fest auf Betonsockeln verankert, die vorher ausgerichtet und eingegraben wurden.

Wenn alle Kanthölzer auf erforderliche Länge geschnitten sind, kann man mit dem Anreißen der Überblattungen beginnen. Auf der Konstruktionszeichnung erkennt man, wie diese Überlappungen anzulegen sind. Einsägen und Ausstemmen der Hölzer macht man am besten im Keller oder in der Garage. Dabei muß man selbstverständlich darauf achten, so präzise wie möglich zu arbeiten. Auf gar keinen Fall darf mehr als die Hälfte der Materialstärke weggestemmt werden.
Wenn alle Kanthölzer soweit vorbereitet sind, kann man mit der Montage beginnen. Damit das Stelzenhaus auch bei Sturm nicht ins Wanken gerät, befestigt man die vier Eckpfeiler auf Betonsockeln. Die Sockel, 20–25 kg schwer und mit Montagewinkeln versehen, werden im Erdreich eingegraben. Schon dabei muß man darauf achten, daß die Abstände der Grundfläche des Pfahlbaus genau entsprechen und alle Sockel die gleiche Höhe aufweisen. Für das Errichten der Grundkonstruktion sollten Sie aus Ihrer Familie ein bis zwei Helfer »anheuern«. Die ersten beiden Eckpfosten einer Schmalseite lotrecht auf die Sockel montieren. Dann mit dem Festschrauben der Querholme fortfahren, auf deren später die Bodenbretter befestigt werden. Mit den nächsten beiden Pfosten genauso verfahren, danach die Verbindungen zwischen den beiden Schmalseiten herstellen. Wenn das geschehen ist, muß man mit einer Wasserwaage prüfen, ob alles im Lot bzw. in der Waage ist. Denn noch können Sie durch Unterfüttern der Betonsockel Differenzen ausgleichen.
Im nächsten Arbeitsgang bringt man die oberen Querverbindungs-Kanthölzer der Schmalseiten an; danach folgt das Aufsetzen der äußeren Trägerbalken. Diese werden, wie auf der Zeichnung gut zu erkennen ist, mit ihren Aussparungen eingepaßt und von oben, am besten mit langen Holzschrauben, auf den Querholmen befestigt.
Wenn Sie nun noch die Stützkonstruktionen von Fenster- und Türrahmen und die Stützbalken der beiden anderen Seitenwände mit Gewindebolzen befestigen, können Sie bereits den Firstbalken auflegen. Wie das geschieht, erkennen Sie gut auf Bild 6. Das Anpassen, Ausklinken und Aufnageln

TIP

Wenn Ihnen das Überblatten und Ausklinken zu mühsam ist: Es gibt im Baufachhandel eine Reihe von Holzverbindern, mit denen sich Zimmermannsarbeiten vereinfachen lassen. Spezialnägel sorgen für Haltbarkeit.

1 Wenn die Betonsockel eingegraben und ausgerichtet worden sind, muß das Grundgestell, die vier Eckpfeiler und die Bodenkonstruktion, errichtet werden.

4 Spätestens beim Auflegen des Firstbalkens ist man auf die tatkräftige Hilfe eines »Kumpels« angewiesen. Der Balken wird in die vorbereiteten Gabeln gelegt.

2 Verlegen der langen Bodenbretter an der Türöffnung. Für die Befestigung des Leiteraufganges eine Latte unterschrauben, die Ecken entsprechend aussparen.

3 Bei allen einfachen Überblattungen (hier die Ständerkonstruktion des Firstbalkens) mit einem 12-mm-Bohrer vorbohren und mit 12 cm langen Bolzen verbinden.

5 Die nächsten drei Bilder zeigen Einzelheiten von Be- und Verarbeitung. Dies ist die überblattete Verbindung der Bodenkonstruktion. An diesen Stellen, an denen die Kanthölzer nicht bis zur halben Materialstärke eingelassen sind, benötigt man 18 cm lange Gewindebolzen. Die Muttern mit einer Unterlegscheibe versehen und mit einem Maulschlüssel möglichst fest anziehen.

6 Die Holzlaschen, in denen der Firstbalken lagert, werden aus einem 2,5 cm dicken Brett angefertigt. Drei 18 cm lange Bolzen sorgen für eine solide Verbindung der Hölzer untereinander. Die oberen Enden der Laschenbretter werden mit einem Hobel leicht abgeschrägt.

7 Der äußere Trägerbalken wird ausgeklinkt und von oben auf die Eckpfosten geschraubt. Mit Nägeln befestigt man die aus Dachlatten gefertigten Sparren. Die Unterkanten dieser Sparren werden mit Hilfe von Säge und Stecheisen sauber ausgeklinkt.

8 Damit die Leiter, deren Holme sich auf dem oberen Stück in einen Handlauf verwandeln, jedem Ansturm gewachsen ist, wird sie mit Gewindebolzen an den senkrechten Türholmen angebracht. Zwei lange Nägel stellen die Verbindung zur Plattform her. Wichtig: Alle überstehenden Bolzenenden absägen! Verletzungsgefahr!

10 Die gesamte äußere Verkleidung der Seitenwände besteht ebenfalls aus aufgenagelten Kehlbrettern. Diese Bretter werden mit ca. 40° Schrägung, auf Nut und Feder gefügt, an den Gerüstbalken befestigt.

9 Tür- und Fensterläden des Stelzenhauses werden aus Kehlbrettern angefertigt. Die Rundungen mit der Stichsäge ausschneiden, Bretter aufnageln.

11 Das Dach wird von vier gleichgroßen, feuchtfest verleimten Spanplatten gebildet. Die einzelnen Platten erst mit Schraubzwingen festsetzen, dann auf den Dachsparren festnageln oder -schrauben.

der Sparren, die in unserem Fall aus 4×6-cm-Dachlatten bestehen, ist die letzte Phase des Rohbaues. Danach können Sie erst einmal »Richtfest« feiern.

Wie Sie die Tür- und Fensterläden sowie die anderen Wandverkleidungen aus Kehlbrettern anfertigen, zeigen die Bilder 9–11. Das Dach wird mit feuchtfest verleimter Spanplatte gedeckt, die Platten werden mit Nägeln oder Schrauben auf den Sparren befestigt.

Damit das ganze Holzbauwerk dauerhaft vor Witterungseinflüssen geschützt wird, trägt man einen Grundierungsanstrich auf. Wir haben das feuchtigkeits-regulierende Impredur verwendet. Der Schlußanstrich besteht aus einer Lackfarbe des gleichen Fabrikats.

Den überlangen Firstbalken kann man gut zum Aufhängen von Klettertau und Strickleiter verwenden. Und dann: Bahn frei für alle unter vierzehn!

Ausbesserung einer Schleifscheibe

Nach einer gewissen Zeit kommt es bei Schleifscheiben zu einem unregelmäßigen Verschleiß, der sowohl durch das Schleifen von langen und gebogenen Werkzeugen (Axt, Beil, Rebmesser etc.) als auch von kleineren Werkzeugen (Schraubenzieher) verursacht ist. Tritt dieser Fall ein, so müssen die Schleifscheiben neu geschliffen werden. In diesem Artikel möchten wir Ihnen hierzu Ratschläge geben.

Natürlich stellen sich die Probleme der Ausbesserung von Schleifscheiben viel eher den Bastlern als den Berufshandwerkern. Letztere haben größere Erfahrung im Schleifen von komplizierten Formen und geeigneten Anstellwinkeln und sind deshalb besser in der Lage, eine unregelmäßige Abnutzung des Schleifmittels zu verhindern.

Wenn sich eine an einer Universalmaschine befestigte Schleifscheibe bei relativ hoher Geschwindigkeit dreht (ca. 2900 bis 3500 U/Min.), so ist — bei dilettantischer Handhabung — der Verschleiß beträchtlich.

Es bleibt hinzuzufügen, daß die Verschleißerscheinungen entsprechend geringer sind, wenn die Drehzahl gering gehalten wird (falls dies mit Hilfe der Universalmaschine möglich ist), wenn der Druck des Werkzeuges auf die Scheibe relativ niedrig ist und der Druck auf die zu schleifende Fläche gleichmäßig verteilt wird.

Für die Ausbesserung einer Schleifscheibe gibt es verschiedene Verfahren, bei denen jedoch stets ein anderes Schleifgerät gegen die rotierende Scheibe zu halten ist. Dies kann eine alte Feile, eine andere Schleifscheibe, ein verstärktes Karborundpapier, das auf der Gegenseite mit einem harten Gegenstand versehen ist, oder ein anderes geeignetes Werkzeug sein, wie sie auf dem Bastelmarkt in großer Vielfalt erhältlich sind. Eine der Möglichkeiten sehen Sie oben abgebildet. Das Gerät besteht aus einer Reihe von Zahnscheiben. Die Vorrichtung muß frontal gegen die Scheibe gehalten werden, bis die sich drehende Scheibe eine vollkommen regelmäßige Oberfläche aufweist.

Der Griff der Vorrichtung sollte in gerader Linie zum Drehzentrum der Scheibe liegen.

Zum Schleifen einer runden oder mit torischem Profil versehenen Schleifscheibe reicht also auch eine alte flache Feile aus. Handelt es sich um ein torisches Profil, so muß die Feile kreisförmig auf der Oberfläche bewegt werden, damit durch den tangentialen Druck erneut das ursprüngliche Profil entsteht.

Verwendet man für diesen Zweck eine zweite Schleifscheibe, so ist es ratsam, sich einer abgenutzten zu bedienen, denn es wäre weder praktisch noch vorteilhaft, zur Ausbesserung einer gebrauchten Scheibe eine neue Scheibe zu verwenden. Deshalb sollte eine gebrauchte Scheibe nicht voreilig weggeworfen werden; sie kann für solche Belange immer wieder einmal nützlich sein.

Weniger praktisch ist das Karborundpapier, denn es muß während der Arbeit ständig ausgewechselt werden.

Weihnachtskrippen

Als vorweihnachtliche Bastelarbeit sind Krippen sehr beliebt. Von den naiven gekneteten Krippenfiguren, mit denen Kinder ihre eigenen Vorstellungen vom Stall zu Bethlehem verwirklichen, bis zu kunstvollen Miniaturkrippen – immer bringen diese Arbeiten Freude und weihnachtliche Stimmung ins Haus.

Eine selbstgebastelte Weihnachtskrippe ist nicht nur ein Schmuckstück, an dem die ganze Familie viele Jahre hindurch Freude haben kann, sondern schult bei der kreativen Auseinandersetzung mit dem zentralen Weihnachtsthema die schöpferischen Kräfte im Erwachsenen wie im Kind. Das Gefühl für Formen und Materialien, die Lust am spielerischen Ausdruck werden hierbei ebenso gefördert wie die Geduld bei der Ausführung eigener Ideen.
Früher wurden nicht nur in den Kirchen, sondern auch in den Wohnzimmern kunstvolle Weihnachtskrippen als festlicher Schmuck aufgebaut, die aus so vielen lebensechten Holz-, Wachs- und Tonfiguren bestanden, daß sie nicht selten den ganzen Raum füllten. Bei den vergleichsweise beengten heutigen Wohnverhältnissen sind solche Monumentalkrippen, die 6, 8 oder mehr Quadratmeter zu beanspruchen pflegten, nur schwerlich unterzubringen. So sind die Weihnachtskrippen zum Aufstellen unter dem Tannenbaum oder auf dem Gabentisch notgedrungen immer kleiner geworden. Unsere zahlreichen Beispiele auf den folgenden Seiten machen jedoch anschaulich, daß solche Weihnachtskrippen durch die Beschränkung auf kleine und kleinste Größen nichts von ihrer figürlichen Ausdruckskraft, ihrem künstlerischen Reiz und ihrer Wirkung als Zimmerschmuck einbüßen müssen.
Zunächst zur Grundplatte, auf der die Figuren aufgebaut werden: Für sie können alle nur erdenklichen Materialien verwendet werden. Sehr beliebt sind Schnittstücke aus Baumstämmen oder Ästen, da die Maserung des Holzes und die Baumrinde einen dekorativen, lebendig wirkenden Untergrund für die Weihnachtsszene abgeben. Auch aus Stuckgips lassen sich höchst eindrucksvolle Effekte erzielen, ja ganze Landschaften oder gemauert wirkende Häuser nachbilden, die ohne großen Aufwand farbig bemalt werden können. Das Werkmaterial Gips hat jedoch den entscheidenden Nachteil, daß die aus ihm gefertigten Stücke sehr zerbrechlich sind und ihre Bemalung mit der Zeit verblaßt. Dieser Nachteil besteht auch bei ungebrannten Tonfiguren. Ton ist jedoch, ebenso wie Gips, ein Material, das in besonderem Maße zum schöpferischen plastischen Gestalten einlädt und auch für die ersten plastischen Arbeiten

Viel Geschick und Geduld erfordert solch eine Zierkrippe im Miniaturformat. Der »Stall« entstand aus Streichhölzern in einer Zündholzschachtel; an den winzigen Krippenfiguren stimmt jedes Detail.

Für ihre besonders schönen bunten Krippen ist vor allem die lateinamerikanische Volkskunst berühmt. Die südamerikanischen Kunsthandwerker verwenden für die naiven Figuren alle möglichen Werkstoffe: Ton, eine spezielle, sehr hart werdende Brotteigmischung, Papiermaché usw. Die besonders leuchtend, ja fast schreiend bunt bemalten Krippenfigürchen werden gerne auch in die Schalenhälften von Kokosnüssen, Walnüssen oder anderer Früchte eingefügt; oder aber der Künstler versteckt seine Tonkrippe im Innern von gleichfalls sehr bunt bemalten Tonfiguren, wie etwa das Beispiel unserer Abbildung zeigt. Diese lustige Tonkrippe, die unter einem stilisierten Schwan zum Vorschein kommt, wurde von Indios in El Salvador gemacht. Die südamerikanischen Krippenfiguren sind nicht nur kindlich farbenfroh, sondern auch ungeheuer ausdrucksstark geformt.

von Kindern ideal geeignet ist. Dabei ist Ton für die Basteleien von Kindern eher noch vorzuziehen, da er viel langsamer abbindet, also ohne Zeitdruck bearbeitet und in aller Ruhe bis in die letzten Einzelheiten gestaltet werden kann. Durch das Brennen gewinnen die Tonfiguren Festigkeit und Beständigkeit.

Daneben gibt es heute neue Werkstoffe auf dem Markt, die die Vorteile der guten Formbarkeit und zugleich der Bruchfestigkeit nach dem Abbinden in sich vereinen und sich daher als Modelliermasse für den Krippenuntergrund bestens eignen. Dies sind die Kunstharzmassen für Kunststein (Imitat von Marmor, Granit usw.) oder für Kunstholz. Der Bastler findet sie in allen Hobby-Fachgeschäften; ihre Anwendung ist denkbar einfach, wenn man die Herstellerhinweise auf der Packung genau befolgt, die Harzmasse im richtigen Mischungsverhältnis anrührt und das Werkstück — in unserem Fall der Sockel für die Weihnachtskrippe — vor der weiteren Verarbeitung gut abbinden läßt. Zwar werden für den Bau von Weihnachtskrippen die natürlichen Werkstoffe wie Holz, Rinde oder Ton traditionsgemäß bevorzugt, doch sollte man ruhig einmal den Versuch wagen, Traditionelles aus modernen Materialien herzustellen.

1 Schon mit einfachen Mitteln können auch die Kleinsten ihre Krippen basteln. Im Grunde ist die gestalterische Leistung um so eindrucksvoller, je weniger Mittel bei einer solchen Krippe eingesetzt werden. Die Einfalt kindlicher Darstellungsformen kommt dem Wesen der Krippe am nächsten.

Das zweite Grundelement, das bei den zahllosen Spielarten von Zierkrippen immer wiederkehrt, ist der »Stall«, der oft nur als Höhle oder Torbogen angedeutet wird. In vielen Fällen werden die Krippenfiguren auch in ein Gefäß, in ein Schächtelchen oder in den Fuß eines Kerzenleuchters eingebaut, wodurch ein ähnlicher Eindruck von Geschlossenheit in der Figurenkomposition und harmonische Krippenszenen entstehen.

Das Basteln von Krippen ist eine Beschäftigung, die Kindern aller Altersstufen Freude macht; schon mit einfachsten bildnerischen Mitteln kann ein kleines Kind, das mit Schere und Klebstoff umzugehen weiß, eine stilisierte Krippe schaffen, die es stolz als »seine eigene« aufstellen wird. In Abb. 1 ist solch ein phantasievolles eigenständiges »Kunstwerk« zu sehen, das bei aller Einfachheit durchaus als originelle Krippe zu erkennen ist. Auf einem Papierstern als Grundplatte entstand die Heilige Familie aus nichts weiter als drei entrollten Papierstreichhölzern, denen mit einigen Einschnitten Arme geschaffen wurden; es mag überraschen, daß eine auf einfachste Grundformen reduzierte Darstellung den Eindruck von Lebendigkeit vermittelt.

Im Alter von 11 bis 12 Jahren können Kinder schon gut kleine Laubsägearbeiten bewerkstelligen und einen einfachen Stall basteln. Mit selbstmodellierten Tonfiguren entsteht so eine wunderhübsche Krippe wie die in Abb. 2. Eine 3 mm starke Sperrholzplatte wurde durch aufgeleimte Holzleisten (Abfälle aus der Werkstatt des Vaters) zu einem stilisierten Stall, der mit zwei ungebrannten Tonfiguren belebt wurde. Einige Kleinigkeiten, wie das Bündel Stroh und der Miniaturleuchter, ergeben den lebensnahen Schmuck für diese schlichte Krippe.

Die Krippen aus der Hand von erwachsenen Bastlern kennen meist nicht mehr die rührende Einfalt wie die von Kindern gebastelten Weihnachtsdarstellungen; mit diversen volkstümlichen Elementen und naiven Figuren können aber auch die Krippenschöpfungen der Großen den Charakter von bunter, kindlicher Fröhlichkeit vermitteln. So etwa bei dem Einfall, die Krippenszenerie in einem Holzschuh unterzubringen (Abb. 3). Mit zwei kleinen Sperrholzbrettchen und einigen Rundholzabschnitten wurde hier eine Art Blockhütte in den ausgedienten Holzschuh eingepaßt, dessen Fersenrundung wie geschaffen ist, die bäuerlich bunte Krippenszene als Himmelszelt zu überwölben (auch der Engel wurde nicht vergessen). Alle Holzteile wurden glänzend lackiert; auf dem schimmernden Holzgrund kommen die frischen Farben der phantasievoll gekleideten Figuren und der heitere Blumenschmuck gut zur Geltung. Das Besondere an dieser Darstellung des Weihnachtsgeschehens ist, daß es nicht, wie in unseren Breiten üblich, mit winterlichen Attributen gestaltet wurde, sondern in der Tradition der südlichen Länder in den sonnenreichen Sommer verlegt wurde. Da die Dekoration aus Trockenblumen und Gräsern nicht verwelkt, kann man an dieser Krippe als hübschem Wandschmuck das ganze Jahr über Freude haben.

Ebenfalls aus der Tradition der Mittelmeerländer stammt der Brauch, die Weihnachtskrippe in rustikale Leuchter, bauchige Tontöpfe oder alte Flaschen einzufügen. Ein typisches Beispiel für diese schöne, alte Volkskunst sehen Sie in Abb. 4; es handelt sich um einen nordspanischen Tonleuchter aus dem 18. Jahrhundert. Das Innere des vasenförmigen Leuchterfußes ist durch aufgeklebte Kieselsteine zur realistisch wirkenden Höhle ausgestaltet. Die Figuren sind in den

2 Ein schlichter, aus Sperrholz und einigen Holzlatten zusammengeleimter Stall, zwei Krippenfiguren aus ungebranntem Ton und noch ein paar Kleinigkeiten als Schmuck – die lebendige Krippendarstellung eines Zwölfjährigen.

bunten Landestrachten dargestellt, die auch dieser Szene eine ausgesprochen heitere Note verleihen.

Die bislang gezeigten bäuerlich-naiven Krippen lassen sich von begeisterten Bastlern natürlich noch unbegrenzt mit realistischen Einzelheiten ausstatten; solche bis ins letzte Detail als lebendige Szenerie gestalteten Krippendarstellungen können besonders Kinder in Begeisterung versetzen, mobilisieren nicht zuletzt aber auch den Spieltrieb der Erwachsenen. Da können ganze Landschaften mit Bäumen, Teichen, Häusern und Ställen aufgebaut und von Jahr zu Jahr erweitert werden. Perfektioniert wird das Ganze noch durch entsprechende Beleuchtung mit kleinen eingebauten Lämpchen, Spiegeln usw. Moos, Steine und Ästchen machen aus solch einer Krippe eine lebensechte Miniaturwelt.

Eine besonders kunstvolle naturalistische Krippe, die als Zierkrippe und festlicher Tischschmuck dient, zeigt Abb. 5. Auf einer schön gemaserten Olivenholzscheibe von knapp 20 cm Durchmesser wurden einige hübsche Kieselsteine und ein paar Zweiglein absichtlich sparsam angeordnet. Für den Stall wurden 4 bis 5 mm dicke Ästchen in gleichgroße Stük-

3 Besonders originell ist die Idee, eine hübsche bunte Krippe in einem Holzschuh unterzubringen. Schuh und Stall wurden mit glänzendem Lack überzogen; die Dekoration aus zarten Strohblumen und Gräsern hält das ganze Jahr über, so daß diese Krippe einen zeitlosen, fröhlichen Wandschmuck abgibt. Rechts sehen Sie die Krippenszene noch einmal im Detail. Die kindlich-naiv geformten Figuren mit den bäuerlichen Trachten passen gut zum Stil der ganzen Krippe.

4 **Stellvertretend für die traditionelle Krippenkunst der Mittelmeerländer sehen Sie hier einen Tonleuchter aus dem 18. Jahrhundert, der aus Katalanien in Nordspanien stammt. Auch die im Alltag verwendeten Tonleuchter haben traditionsgemäß diese Form – in die Öffnung im Fuß des Leuchters kommen die Zündhölzer zum Anzünden der Kerze. In dem Ausschnitt auf der rechten Abbildung ist der Kontrast zwischen der glänzenden Glasur der Keramik und dem matten Anstrich der Figuren gut zu sehen.**

ke gesägt und wie bei einem Pfahlbau in vorgebohrte Löcher auf der Grundplatte gesteckt. Man kann den Stall auch beweglich konstruieren, indem man nur die beiden Eckpfeiler auf der Unterlage befestigt und die dazwischenliegenden »Pfähle« auf einen feinen Draht aufzieht. Für das Strohdach werden grobe Halme unterschiedlicher Länge in drei gestuften Schichten übereinandergeklebt. Alle diese Landschafts- und Bauelemente werden mit einem Universalklebstoff auf der Holzplatte befestigt, und das Ganze wird anschließend mit einer Schicht Glanzlack überzogen. Nach etwa 24 Stunden sind Lack und Klebstoff trocken, und man kann die Krippenfiguren wirkungsvoll in dieser Miniaturlandschaft anordnen. Bei unserem Beispiel wurde die Krippe mit dem Kind genau in die Mitte der radialen Holzmaserung plaziert. Die Figuren wurden bewußt mit einem Seidenmattlack überzogen, um einen Kontrast zu dem hochglänzenden Untergrund zu erzielen.

5 **Durch die bewußt sparsame Verwendung natürlicher Elemente gewinnt diese Weihnachtskrippe ihren Reiz. Stroh und Zweige sowie bunte Kieselsteine ergeben den stilvollen Hintergrund für die Figuren.**

Eine besonders originelle Idee für eine Zierkrippe im Kleinstformat haben wir Ihnen bereits auf der großformatigen Abb. (S. 126/127) vorgestellt. Für dieses kuriose kleine Kunstwerk benötigt man lediglich eine Streichholzschachtel mit Hölzern, dazu einige winzige Figürchen aus Ton oder Plastilin — und natürlich viel Geduld und Fingerspitzengefühl. Die Herstellung einer solchen liebenswerten Miniaturkrippe ist im Grunde kinderleicht: Man entfernt die Zündköpfe von den Streichhölzern und kleidet zunächst den Boden des Schächtelchens mit den Hölzern aus. Besonders wirkungsvoll wird die Imitation des Stallgebälks, wenn Sie ein oder zwei Hölzchen quer zu den anderen aufkleben. Dann schneidet man ein Stück dickes Papier oder dünne Pappe — von etwa der halben Größe der Schachtelgrundfläche — zu, schneidet die angedeutete Toröffnung spitz aus und beklebt das Ganze gleichfalls mit »Gebälk« aus Zündhölzern. Achten Sie darauf, daß Sie am Rand einige Millimeter Papier unbeklebt lassen; dieser frei bleibende Rand wird ganz dünn mit Alleskleber betupft und an den Wänden des Schächtelchens von innen festgeklebt. (Den Klebstoff sparsam auftragen und vermeiden, daß Klebespuren zurückbleiben!) Wenn der Klebstoff gut getrocknet ist, werden die Hölzchen gleichmäßig dünn lackiert und mit den Figürchen bestückt. Diese Miniaturkrippe eignet sich auch gut als originelles kleines Weihnachtsgeschenk.

Wie bereits erwähnt, ist es vor allem in den Mittelmeerländern Brauch, die Weihnachtskrippe in den Fuß bauchiger Tontöpfe einzufügen; Abb. 6 zeigt ein charakteristisches Exemplar. Das irdene Gefäß hat einen Durchmesser von 23 cm und ist auf einer Seite in halber Höhe in seiner Wandung ausgehöhlt und mit Stuckgips zu einer Art grobgemauertem Kellerraum ausgestaltet; dieser ergibt das ärmliche Quartier, in dem der Weihnachtsgeschichte zufolge die Krippe stand. Fen-

6 **Oben: Krippendarstellung in der Volkskunst des Mittelmeerraumes: eine aus Gips geformte Höhle ist Schauplatz der Weihnachtsszene. Rechts: Hier wird deutlich, daß die Krippe in einen Tontopf eingearbeitet ist.**

sterbögen, gemauerte Toröffnungen, Pfeiler und alle Innenwände sind aus Gips, der sich problemlos modellieren und nach dem Abbinden einritzen, behauen, schneiden und schaben läßt. Die Gipsflächen werden nach dem Formen mit Deckfarben bemalt. Diese Farben dürfen beim Auftragen zunächst etwas kräftiger gewählt werden, da sie nach dem Trocknen auf dem Gripsgrund sehr viel blasser wirken. Am schönsten machen sich natürliche Steinfarben, gegen die sich auch in der Tiefe des geheimnisvoll dämmerigen »Gewölbes« die Figuren der Heiligen Familie und der anbetenden Hirten gut abheben. Ochs und Esel, die Schafe der Hirten und kleine Gerätschaften aus Ton beleben die Krippenszene. Wer will, kann auch hier durch kleine Glühlämpchen besondere Effekte erzielen oder aber durch zwei verschieden bemalte oder beklebte Glühbirnchen den Eindruck wechselnder Tages- und Nachtzeiten erwekken.

Unter den geschickten Bastlern suchen manche nach immer schwierigeren Fertigkeitsproben, um so ihr Können zu testen und ihre Geduld unter Beweis zu stellen.

Das Schiff in der Flasche ist nur *ein* Beispiel — ebenso schwierig und nicht minder verblüffend ist die Krippe in der Glühbirne, die Sie in Abb. 7 sehen. Wer sich an diese reizvolle »Tüftelarbeit« wagt, wird mit einer Weihnachtskrippe belohnt, die sicherlich viel Staunen und Bewunderung hervorruft. Als erstes werden von einer Glühbirne (bevorzugt einer neuen) der Deckel auf dem Gewindesokkel abmontiert und der Glühfaden entfernt. Verschmutzte, gebrauchte Glühbirnen müssen mit Seifenlauge gereinigt werden und gut austrocknen, bevor man damit beginnen kann, vorsichtig die angerührte Gipsmasse einzufüllen (vermeiden Sie Spritzer an den Innenwänden). Die Glühbirne wird ungefähr bis zur Höhe ihrer weitesten Ausbuchtung mit Gips gefüllt. Nun müssen Sie sich mehrere Tage gedulden, bis der Gipssockel abgebunden hat und völlig trocken ist. Dann beginnt die eigentliche Feinarbeit. Zunächst wird der Gipssockel grün bemalt, dann werden die Einzelteile für den Stall, die Landschaftsele-

7 **Oben: Eine Miniaturkrippe in eine Glühbirne einzubauen, ist ein Geduldsspiel. Darunter: Noch verblüffender wirkt diese Krippe, wenn sie mittels des in der Fassung angebrachten Lämpchens erleuchtet wird.**

8 **Ein Plexiglaswürfel von 4 cm Seitenlänge ergibt den wirkungsvollen Rahmen für diese Krippe aus bemalten Tonfiguren. Obgleich für Weihnachtskrippen die natürlichen Werkstoffe vorzuziehen sind, stellt diese Komposition keinen Stilbruch dar. Unten: Um den Blick auf die weniger dekorative Rückseite und die Seitenansicht der Figuren zu kaschieren, kann man zwei Seitenflächen des transparenten Würfels mit weiteren Elementen schmücken.**

mente und die Figuren Stück für Stück mit der Pinzette eingeführt. Ein nichttropfender Universalklebstoff dient zur Befestigung der Stücke auf dem Gipssockel. Am meisten Mühe bereitet der Stallaufbau in der Glühbirne; wer es sich nicht ganz so schwer machen will, kann ebensogut statt des Stalltors einfachere Zierelemente einführen, die gerade noch durch die schmale Öffnung passen: kleine Bäumchen aus Moos und Zweigen, zu Mäuerchen aufgeschichtete Kieselsteinchen oder auch Büschel von Trokkengräsern usw. In unserem Beispiel läßt sich die »Krippe in der Glühbirne« auch noch mit einem kleinen Birnchen erleuchten, das in einer Lampenfassung angebracht wurde. Wenn man das Gewinde der fertig ausgestatteten Birne wieder auf die Fassung schraubt, wirkt die hell erleuchtete Glühbirne mit der Weihnachtskrippe wie Zauberei.

Unter den Werkstoffen, die für das Basteln einer Zierkrippe geeignet sind, stehen die Kunststoffe ohne Zweifel an letzter Stelle. Dennoch lassen sich auch mit transparenten Kunstharzen außergewöhnliche Effekte erzielen. In Abb. 8 zeigen wir Ihnen eine besonders originelle Krippenidee, die als zeitloses Schmuckstück auf den Tisch zu stellen ist. Mit fertigen Krippenfiguren aus Holz oder Ton ist unser »Krippenwürfel« im Handumdrehen vollendet, denn man bekommt den Plexiglaswürfel, der eigentlich als Wechselrahmen für Fotografien gedacht ist, fix und fertig im Fotogeschäft oder im Kaufhaus. Man braucht lediglich die Figuren darin wirkungsvoll anzuordnen, sie mit ein paar Tupfern Alleskleber auf dem Würfelboden befestigen — und schon hat man eine ganz persönliche Zierkrippe. Da man den Würfel von fünf Seiten einsehen kann, die Figurengruppe aber nicht aus allen Blickwinkeln gleich vorteilhaft wirken würde, empfiehlt es sich, den Durchblick zumindest auf zwei der Seitenflächen in irgendeiner Form zu kaschieren. Ein mit Holzstäbchen angedeutetes Stalltor auf der einen Seite verhindert z. B. den weniger attraktiven Blick auf die Figuren im Profil; auf der Rückwand kann man denselben Effekt mit einer aufgeklebten Engelsfigur erreichen. Besonders dekorativ wirkt der Würfel, wenn man ihn auf einen Plexiglasständer montiert (diese gibt es im Fachhandel für Schaufensterdekorationsartikel).

Die auf diesen Seiten gezeigten fertigen Krippen verstehen sich lediglich als Anregungen, die Ihnen die vielfältigen Möglichkeiten vor Augen führen sollen; vielleicht wecken unsere hübschen Krippenmodelle in Ihnen die Lust, gleich anzufangen und eigene Ideen für eine Krippe auszuprobieren.

So einfach geht es: Mit einem eingespannten Bleistift den Konturen der Vorlage folgen. Der zweite Bleistift, am langen Arm des Zeichengerätes befestigt, überträgt die vergrößerte Kontur.

WERKEN

Vergrößern und Verkleinern jetzt kein Problem mehr

▲ Die Teile aus getöntem Plexiglas werden in passender Länge eingekauft. Plexiglas ist beidseitig mit einer Schutzschicht versehen, auf der man die Bohrlöcher anreißen kann.

Löcher im Bohrständer (langsamste Umdrehung) vorbohren, bis die Spitze austritt. Um ein Ausreißen des Materials zu vermeiden, mit dem Handbohrer weiterarbeiten. Möglichst vorher in Plexiglas-Abfall Probebohrungen vornehmen! ▶

Dieses Gerät macht das Zeichnen leichter. Dabei ist es gleich, ob Sie Figuren, Schriften oder Ornamente vergrößert oder verkleinert auf eine Arbeitsvorlage übertragen wollen. Eine sinnvolle Technik ermöglicht Variationen in vier unterschiedlichen Größenverhältnissen.

Beim Materialeinkauf sollten Sie sich vier 55 cm lange, 4 cm breite Plexiglasstreifen besorgen. Dann fertigen Sie eine Pappschablone, auf der Sie die Bohrungen entsprechend unserer Skizze anreißen. Nach dieser Schablone werden alle vier »Storchenschnabel«-Schenkel genau gleich markiert und gebohrt (6½ mm ⌀). Lediglich die Bohrungen für die Rohrstangenhalter, Punkt A und B der Zeichnung, haben 12 mm Durchmesser.

Jetzt sägen Sie die beiden auf unserer Skizze in Punkt A verbundenen Schenkel auf 30 bzw. 42,5 cm Länge ab, wie in der Zeichnung zu sehen ist.

Die beiden gleichlang gebliebenen Schenkel werden mit einer 40-mm-Linsenkopf-Schraube, auf der Unterseite von zwei Muttern gesichert, verbunden.

Die Verbindungen, die in der Mitte der langen Schenkel liegen, werden von oben durch Flügelmuttern variabel gestaltet. Die Unterseite des linken Schenkels, (Zeichnung: Punkt F) befestigt man am Arbeitstisch. Und zwar mit einer Klemmzwinge, auf deren Oberseite man mit Zwei-Komponenten-Kleber den Flachkopf einer Messingschraube, M 5×40, fest geklebt hat.

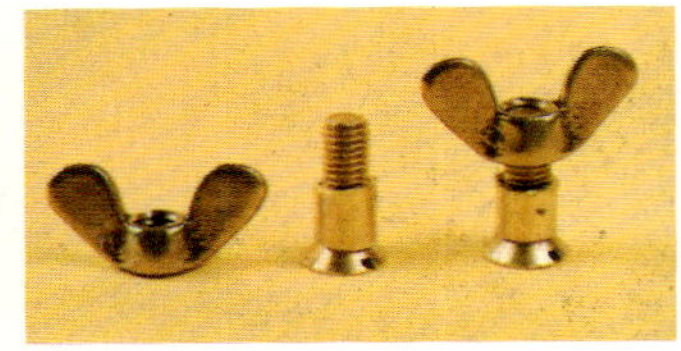

▲ **Messing-Senkkopfschrauben M 5 x 15 dienen als Gelenkstücke. 8 mm breite Messingrohrstücke werden stramm in die Plexiteile eingepaßt und erhöhen die Beweglichkeit des Gerätes.**

◀ **Damit die Messingrohrstücke winklig zugesägt werden können, bedient man sich einer Gehrungslade; gesägt wird mit einer scharfen Eisensäge.**

Rohrstangen-Halterungen von 8 mm Innendurchmesser nehmen die TK-Stifte auf (siehe Zeichnung, Punkt A und B). Gewindestück im jeweils unten liegenden Schenkel festkleben.
▼

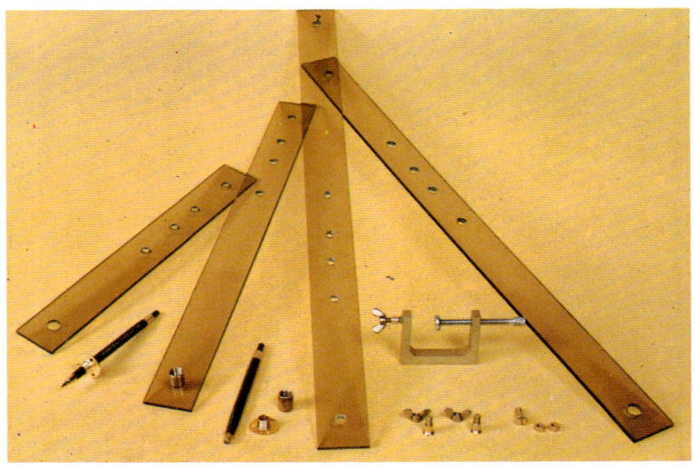

Hier haben wir alle »Zutaten« abgebildet. Die vier Plexiglasstreifen, die Messingschrauben samt Flügelmuttern, die Rohrstangenhalter für die TK-Stifte. Mit einer Klemmzwinge wird das Zeichengerät am Tisch befestigt.

MATERIAL

Plexiglas, farbig getönt
4 cm breit, 4 mm dick:
4 Stücke 55 cm lang
Senkkopfschrauben
1 Stück M 5×40
2 Stück M 5×15
3 Stück Flügelmuttern M 5
Linsenkopfschrauben
1 Stück 5×40
4 Muttern M 5
Messingrohr, Durchmesser 6,5 mm = ca. 10 cm lang
Rohrstangen-Halter mit Gewindeaufsatz, 8 mm Innen-Durchmesser: 2 Stück

Diese Maße sind wichtig:

Distanz e = 50,0 cm
Distanz d = 37,5 cm
Distanz c = 33,6 cm
Distanz b = 30,0 cm
Distanz a = 25,0 cm

Verhältnis e : d = 100 : 75
Verhältnis e : c = 100 : 67,2
Verhältnis e : b = 100 : 60
Verhältnis e : a = 100 : 50

MATERIALKUNDE

Beim Baustoffhändler in großer Vielfalt für Sie entdeckt:

BUNTE STEINE

Mit Steinen gestalten! Eine reizvolle Arbeit, besonders wenn es sich um Fußböden, Wände oder Wege handelt, die meist sträflich vernachlässigt werden. Natur- und Kunststeine erhalten Sie beim Baustoffhändler in vielen Farben und Formen. Auf den folgenden Seiten stellen wir Ihnen eine Auswahl vor.

Wasch-beton

Waschbetonplatten verlegt man vorwiegend im Freien, weil sie frostbeständig sind. Durch die gekörnte Oberfläche machen sie Wege, Treppen, Garageneinfahrten und Gartenplätze tritt- und gleitsicher (s. Kursus »Platten legen« S. IV/184).
Außerdem sind sie sehr attraktive Verkleidungen für Wände (Vorhangfassaden), Balkone und andere senkrechte Flächen.
Die Grobzuschläge aus Kies oder Split bestimmen das charakteristische Oberflächenbild dieser Platten. Sie werden gegossen. Man bekommt sie in vielen Größen und Arten. Auch Sondermaße können bestellt werden. Diese sind dann allerdings wesentlich teurer.
Die hübsche Oberflächenstruktur kommt so zustande: Das Bindemittel der Steine (Mörtel) wird noch vor dem Abbinden mit Hilfe einer Bürste herausgekratzt, bis die Steine zu einem Drittel ihres Durchmessers freiliegen.
Man verwendet bei der Herstellung Kies und Split. Kiese sind Gesteinstrümmer vom Grund fließender Gewässer, in denen sie viele Jahre transportiert und abgerundet wurden. Split dagegen stellt man durch Zerkleinerung von Natursteinen her. Beide Gesteinsarten, Split und Kies, werden in verschiedene Größenklassen eingeteilt, indem man sie durch Siebe unterschiedlicher Lochgrößen schüttelt. Das Maß für die Steingröße heißt Körnung. Die Körnung beträgt für Waschbetonplatten etwa 3–7 mm, dann 7–15 mm oder 15–30 mm.
Das Bindemittel der Steine, der Mörtel, läßt sich aufhellen oder verschiedenartig einfärben.
Waschbetonplatten können Sie auch selbst herstellen. Dann können Sie jede Form und Farbe wählen, die Ihnen gefällt.

1+2. Waschbetonplatten mit Flußkies in feiner und gröberer Körnung. Bindemittel: Grauer Portlandzement.
3. Weißer Eifelsplit, gebrochen. Die schneeweiße Innenfläche des äußerlich gelbbraunen Quarzkieses erhält dadurch eine dominierende Wirkung.
4. Bunter Flußkies in mittlerer Körnung. Das Geröll von unterschiedlichen Steinen macht eine Platte farbiger.
5. Rotbrauner Flußkies in sehr grober Körnung. Er gibt den Platten den gewünschten rustikalen Charakter.
6. Weißer Quarzkies in grober Körnung. Dieser Kies ist mehrmals gewaschen und von Hand verlesen worden.
7. Waschbetonplatte mit schwarzem Basalt. In Verbindung mit hellen Platten verlegt, kann man ein hübsches Schachbrettmuster herstellen.

Beton-werkstein

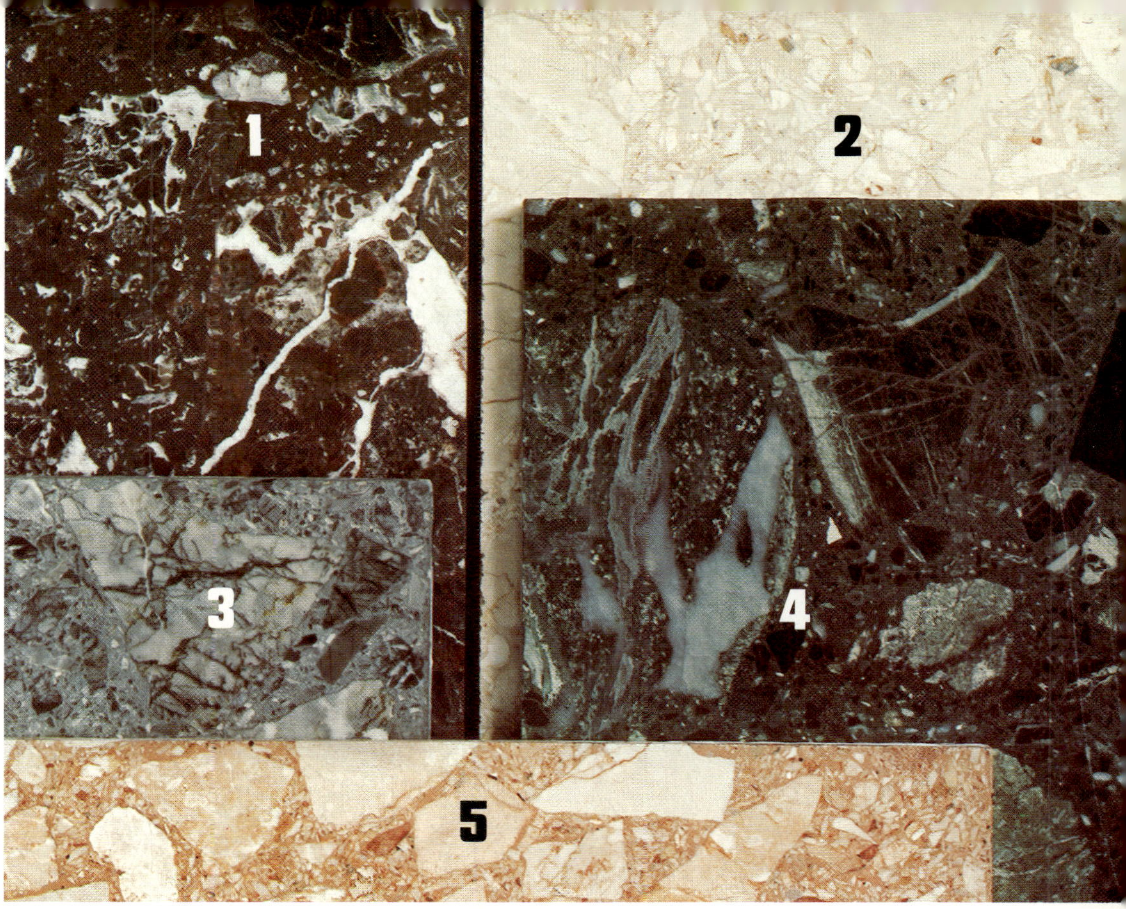

Agglomarmor, Schnittlinge und Terrazzolook

Wie Betonwerksteine aussehen, hängt immer von der Art und Größe des Zuschlags ab. Bei der Agglomarmor-Platte (Agglomerat = Anhäufung von Lavabrokken) besteht der Zuschlag aus Marmorstücken in größerer Körnung. Dadurch wirken die Platten beim flüchtigen Hinsehen wie echter, geschnittener Marmor. Das Bindemittel, in diesem Fall Zement, wird den natürlichen Steinfarben entsprechend eingefärbt. Beides, große Körnung und farbiger Zement, ergeben eine ruhige, einheitliche Oberfläche.
Agglomarmor wird in großen Blöcken gegossen. Nach dem Abbinden zersägt man sie in gleichdicke Platten, die beidseitig geschliffen werden.
Besonders die Italiener sind Meister in der Herstellung dieses Materials. Deshalb kommt Agglomarmor häufig direkt von der Apenninenhalbinsel.
Schnittlinge dagegen werden nicht aus Blöcken gesägt, sondern als Plattenware hergestellt. In Handarbeit werden die großen Marmorstücke in das Zementbett gelegt. Die Zwischenräume werden anschließend mit kleineren Körnungen ausgefüllt.
Agglomarmor und Schnittlinge verlegt man in Innenräumen, weil das Material nicht witterungsfest ist. Die Platten werden in vielen Abmessungen hergestellt, Sonderabmessungen können bestellt werden.
Bodenplatten sind 4 cm, Wandplatten 2 cm dick.

1. Agglomarmor: Grundfarbe schwarzrot, mit weißen Adern. Der dunkel eingefärbte Zement schluckt die Fugen.
2. Schnittling aus gelblichweißen Marmorstücken. Auch hier ist der Zement passend eingefärbt.
3. Schnittling: Grüngraue, geäderte Marmorstücke.
4. Grün-bunter Schnittling.
5. Agglomarmor in bräunlichroter Farbgebung.

*

Die Abbildungen 6–12 zeigen Betonwerksteine, die wie Terrazzo (Kunstmarmor) aussehen. Die meist quadratischen Bodenplatten werden aus Marmorabfällen und Zement gegossen. Man unterteilt sie nach Korngröße der Zuschläge und der Marmorart.
Einheimische Platten besitzen oft einen Betonrücken. Importe aus Italien, dem Land der Marmorbrüche, haben eine durchgehende Struktur. Diese Platten werden nämlich aus Gießblöcken herausgeschnitten. Egal, ob die Platten aus Italien oder dem Inland kommen, die Oberfläche ist bereits geschliffen. Das erspart das teure Schleifen am Bau, das bei einem Terrazzoboden unvermeidlich ist.

Platten im Terrazzo-Look können nur in Innenräumen verlegt werden, da Regenwasser ihnen sehr schadet: Wasser hinterläßt auf Marmor häßliche Flecken.
Wer die Platten selber verlegen will, muß einen unebenen Estrich (vgl. Kursus Seite II/194) unbedingt abspachteln: In der Höhe versetzte Platten sind gefährliche Stolperfallen.
Die Kunststeinplatte (Nr. 6, unten links) eignet sich allerdings für den Außenbereich. Man verwendet sie für Wege, Terrassen, Stufen oder Sitzplätze.
Diese Platten sind recht preiswert und in vielen Arten und Farben, meist in Pastelltönen, zu bekommen. Außerdem gibt es sie in verschiedenen Größen. Die Herstellung: Sie werden unter Zusatz von Bindemitteln aus gemahlenem Naturstein oder aus eingefärbtem Beton gegossen.
Damit sie als Wegeplatten auch bei Nässe tritt- und rutschsicher sind, wird die Oberfläche nicht glatt geschliffen, sondern sogar etwas angerauht.
Manche dieser Platten haben auch Oberflächen, die wie naturgespalten oder behauen wirken.
Wichtig: Beim Kauf dieser Platten sollten Sie sich immer die Garantie für Frostbeständigkeit geben lassen! Platten, die bei den nächsten Minusgraden zerspringen, sind immer ein Ärgernis.

Marmor

Schon in vorchristlichen Zeiten gehörte der Marmor zu den begehrtesten Natursteinen. Bis heute hat sich nichts an dieser Wertschätzung geändert. Wissenschaftlich gesehen ist Marmor ein Umwandlungsgestein, das bei Druck- und Temperaturveränderungen als Gebirgsgebilde entstand. Vulkanische Hitze sorgte dafür, daß die Ablagerungen von gewöhnlichem Kalkstein kristallin wurden.
Im Marmor findet man häufig geschwungene Streifen oder verkantete Flecken in verschiedenen Einfärbungen. Das waren Fremdeinschlüsse im ursprünglichen Kalkstein.
Marmor wird nur in vulkanischen Gegenden gefunden; bei uns deshalb selten. Die Exportländer sind hauptsächlich Italien, Spanien und Portugal.
War in Urzeiten der Kalk weiß, wurde auch der spätere Marmor weiß. Wies das Kalkgestein Eisenoxyde auf, kam es zu einer gelbroten Verfärbung. Kohle gab die schwarze, dunkle Farbe – Serpentin (dunkelgrünes Mineral) die grüne.
Die Kalkherkunft weist Marmor auch nicht gerade als einen harten Stein aus. Deshalb bekommen ihm große Temperaturschwankungen und verunreinigte Niederschläge auch nicht. Man verwendet dieses Material darum nur in Innenräumen.
Marmorplatten gibt es in gesägter, feingeschliffener und polierter Ausführung. Für Wandverkleidungen eignen sich auch Spaltplatten, die eine sehr rauhe Oberfläche haben.
Bodenplatten bekommt man in verschiedenen Abmessungen. Große Platten sind aber immer wesentlich teurer als kleine.
Bodenplatten sind etwa 2 cm, Wandplatten etwa 1 cm dick.
Marmor für Tischplatten oder Fensterbretter können Sie sich in jeder gewünschten Größe und Dicke zuschneiden lassen.

1. Hellgrundiger Marmor, der mit besonders zarten, rötlichen Adern durchsetzt ist. Er kommt aus Crevola/Italien.

2. Dieser rotbraune Marmor mit der schattierten Oberfläche wirkt besondes dekorativ. Der Stein stammt aus Verona in Italien.

3. Rosafarbener Marmor, mit dunklen Adern durchzogen. Ursprungsort: Borba/Portugal.

4. Weiß geaderter Marmor in braunroter Färbung. Er kommt aus Norditalien.

5. Markant grau-weiß geflammter Marmor aus Spanien.

6. Dieser weiße Marmor ist sehr bekannt. Er kommt aus Carrara in Mittelitalien.

7. Beigefarbener Marmor mit sehr zarten, rötlichen Adern aus Mittelitalien.

Sand- und Kalksteine

1. Dieser rote Weser-Sandstein hat eine bruchrauhe Oberfläche. Die rustikalen Platten können innen und außen verlegt werden. Um zu verhindern, daß sie schnell abgerieben werden, weil sie sehr weich sind, kann man sie mit härtendem Fluat behandeln.
Sandsteine sind Ablagerungs- oder Sedimentgesteine. Sie bestehen hauptsächlich aus Quarzkörnern, die durch ein Bindemittel, in diesem Fall roter Ton, zusammengekittet sind.
2. Solnhofener Platten werden hauptsächlich im Haus verlegt, da sie, wie alle Kalksteine, nicht immer wetterbeständig sind.
Die Platten (hier mit bruchrauher Oberfläche) werden aus Jurakalk gebrochen. Ihre Farbgebung ist meistens hell- bis dunkelbeige. Selten sind die Platten bräunlich. Beim Schleifen und Polieren zeigen sich oft Streifen, Flammen oder auch Wolken, hervorgerufen durch unterschiedliche Ablagerungen. Diese Zeichnungen machen die Platten häufig erst recht interessant.
3. Diese Platte besteht aus grünschwarzem Basalt und hat eine angeschliffene Oberfläche. Basalte sind sehr feinkörnige und dichte Ergußsteine mit vulkanischem Ursprung. Der Stein stammt aus dem Tertiär, der geologischen Neuzeit. Bodenplatten aus Basalt wirken besonders schön und edel.
Basalt ist bei uns weit verbreitet und kommt oft in Form von Säulen vor. Auch die bekannten Pflastersteine werden aus Basalt geschlagen. Der äußerst feste und schwere Stein läßt sich nur sehr mühsam bearbeiten.
4. Bodenplatten aus dem hellen Travertin sehen nicht nur ausgesprochen gut aus, sie sind auch sehr haltbar.
Travertin ist hellbeige bis bräunlich und hat ein lockeres Gefüge. Er ist weich, aber trotzdem widerstandsfähig. Dieses Gestein, ein Sintergestein, entstand aus Kalkablagerungen, die sich unter Wasser bildeten. Zuerst baute sich ein zellig-poröser Kalktuff auf. Sind die Poren dann später mit Kalk ausgefüllt, heißt dieser fester gewordene Stein Travertin.
Man findet den Travertin überwiegend in den Abruzzen/Italien.
5. Quarzit entstand aus Sandstein. Er ist sehr witterungsbeständig, da sich die einzelnen Quarzkörner unter Druck verbunden haben. Deshalb läßt er sich auch nur schwer bearbeiten.
Quarzit verwendet man überwiegend für Böden und Treppen. Die absolut ebenen Platten sind immer griffig und gleitsicher.
6. Nach diesem Stein, dem Dolomit, wurde ein ganzes Gebirge (Dolomiten) benannt, weil er dort gefunden wird.
Er besteht hauptsächlich aus dem gesteinsbildenden Mineral Dolomit. Ursprünglich entstand das Gestein aus Kalkstein und Magnesium (chem. Grundstoff).
Dolomit kommt in weißgrauer und grünlicher Farbe vor. Er ist härter als Kalkstein. Weil er widerstandsfähig gegen Witterungseinflüsse ist, kann man ihn im Freien verlegen.

Dunkler Schiefer, bunter Granit

Schiefer (1 bis 3) wird bei uns im Tage- oder Tiefbau gewonnen. Er entstand aus Tonschlammablagerungen, die sich in Urmeeren gebildet haben. Unter dem Druck von oben und seitlichem Faltendruck bei der Gebirgsbildung verfestigten sich die Tonablagerungen im Laufe von Millionen Jahren zu Platten.
Das besondere Merkmal von Schiefer: Er läßt sich sehr gut spalten. Der herkömmliche Stein ist grauschwarz. Der Color-Schiefer, den es in bräunlicher, violetter und rötlicher Farbe gibt, wurde durch kohlige Bestandteile gefärbt. Diese Arten findet man in Frankreich und Südafrika. Sie sind bei uns aber sehr wenig bekannt.
Man bekommt Schieferplatten in vielen Größen, selbst in den Abmessungen großer Tischplatten. Die Oberflächen sind entweder geschliffen oder spaltrauh. Spaltrauhe Platten verlegt man meistens im Freien. In verschiedenen Teilen Deutschlands werden die Außenwände der Häuser mit Schieferschindeln verkleidet.
Schiefer kann übrigens »nur« 30 Millionen, aber auch 1000 Millionen Jahre alt sein. Kenner können das jeweilige Alter anhand von eingeschlossenen Tieren oder Pflanzen bestimmen. Diese hinterlassen einen Abdruck, der sehr deutlich zu sehen ist. Der hier gezeigte unbearbeitete Schiefer (3) hat Abdrücke von Palmfarnen, die auf die Jurazeit hinweisen.
Die Platten 4 bis 7 sind verschiedene Granite, deren Oberflächen glatt poliert wurden. Granit gehört zu den Erstarrungsgesteinen, die sich in der Tiefe der Erdrinde beim Erstarren des vorher glutflüssigen Magmas gebildet haben. Deshalb bezeichnet man Granit auch als Tiefengestein.
Granit besteht aus Feldspat (eine Mineralgruppe, die mit etwa 50% am Aufbau der Erdrinde beteiligt ist), Quarz und Glimmer. Den kristallinen Aufbau kann man bei dieser Gesteinsart sehr genau erkennen.
Granit ist sehr hart und widerstandsfähig gegen Witterungseinflüsse.
Die Platten werden in verschiedenen Dicken aus großen Blökken hergestellt. Wie bei allen anderen Steinen auch, werden die einzelnen Platten mit Stahlseilen von dem Block getrennt. Wegen der gleichmäßigen Struktur lassen sie sich leicht teilen.
Polierter Granit ist der »vornehmste« Stein für Boden- und Wandplatten. Der Preis liegt noch über dem des Marmors. Übrigens: Die Insel Bornholm und der höchste Berg des Harzes, der Brocken, bestehen ganz und gar aus dem harten Granit.

AUTO

Elastische Dichtungsringe aus Silikonkautschuk

Bei einem abgenutzten Dichtungsring am Tankdeckel kann fortwährend Benzin aus dem Tank verdunsten und sich, vermischt mit Staub und Schmutzpartikeln, als unschöner dunkler Fleck auf der Karosserie absetzen.

Für defekte Dichtungsringe aus elastischem Silikonkautschuk findet man auf dem Markt oft keinen passenden Ersatz. Da Silikon auch in der Heimwerkstatt ohne Schwierigkeiten bearbeitet werden kann, können Sie z.B. eine elastische Tankdeckeldichtung nach unserer Anleitung selbst herstellen.

Vor der Herstellung eines passenden Dichtungsrings für Ihren Tankdeckel müssen zunächst der Innen- und Außendurchmesser sowie die Dicke der auszuwechselnden Abdichtung ausgemessen werden. Und gleich jetzt ein wichtiger Hinweis: Damit die Dichtungsverbindung zwischen Einfüllöffnung des Tanks und der aufschraubbaren Verschlußkappe mit dem neuen Dichtungsring auch wirklich einwandfrei abschließt, müssen dessen Maße um einige Millimeter größer gewählt werden als die des abgenutzten Rings. Außen- und Innendurchmesser bestimmt man am einfachsten anhand der Maße des Tankdeckels, der am äußeren Rand geringfügig überstehen sollte.

Wenn Sie die Dicke der Abdichtungsscheibe 1,5 mm höher ansetzen als die der defekten Dichtung (in unserem Fall z. B. ersetzten wir einen Dichtungsring von 2,5 mm Stärke durch einen neuen, 4 mm dicken Ring), können Sie sichergehen, daß der Defekt behoben ist. Durch die Elastizität des Silikons wird die Dichtungsscheibe beim Aufschrauben des Deckels zusammengepreßt und die Dichtungsfunktion somit zufriedenstellend erfüllt.

Fertigen Sie nun nach den ermittelten Maßen eine Negativform aus Holz oder Hartfaser an, und kleiden Sie diese mit Wachs oder einer Plastikfolie aus, die durch die Einwirkung des Silikonharzes nicht zersetzt wird. Dieselbe Art von Folie wird über die in die Form gestrichene Silikonmasse gebreitet, um die Oberfläche des Formteils zu glätten.

Der selbsthergestellte neue Dichtungsring aus elastischer Silikonmasse läßt den Tankdeckel wieder dicht abschließen; Verschmutzungen und schleichende Benzinverluste können so vermieden werden.

1 Zur Herstellung der Holzform für den Dichtungsring dient ein elektrischer Holzspiralbohrer mit verstellbarer Stichsäge. Die Form wird aus einer Furnierholzplatte in der gewünschten Dicke des Rings (z. B. 4 mm) gearbeitet.

2 Das Furnierholz wird mit einigen Nägeln auf einer zweiten Arbeitsplatte befestigt. Zunächst schneidet man aus dem Furnierholz einen Kreis, entsprechend dem Außendurchmesser des Dichtungsrings, aus.

3 Zum Aussägen des Innenkreises muß die Stichsäge neu eingestellt werden. Es empfiehlt sich, die stehenbleibende Innenscheibe mit einem Nägelchen auf der Arbeitsplatte zu fixieren.

4 Schon hat man praktisch die fertige Hohlform: einen kreisrunden Ausschnitt mit dem gewünschten Außendurchmesser und eine Holzscheibe, entsprechend dem Innendurchmesser des Dichtungsrings.

5 Nun wird das Ganze mit Wachspapier oder einem Stück Plastikfolie als Trennschicht unterlegt und die improvisierte Hohlform erneut mit kleinen Nägeln auf der Platte befestigt.

6 Die Hohlform wird mit der fertig im Handel erhältlichen Silikonmasse gefüllt, die bereits bei Raumtemperatur an der Luft härtet. Die Dosierspitze an der Tube dient zum Einstreichen der Kunstharzmasse.

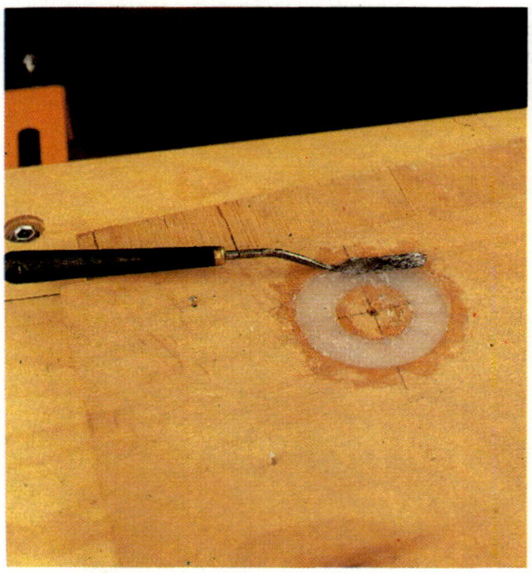

7 Mit einem kleinen Spatel oder Formlöffel wird die Masse noch glattgestrichen und der Überschuß abgehoben. Die Dicke des Dichtungsrings entspricht dann exakt der Stärke der Platte (4 mm).

8 Über die sauber geglättete Silikonmasse wird ein zweites Stück silikonresistenter Plastikfolie gebreitet, um sicherzugehen, daß die Oberfläche des Werkstücks beim Härten glatt bleibt.

9 Nach 24 Stunden kann der Silikonring aus der Form gehoben und als neuer Dichtungsring in den Tankdeckel eingesetzt werden. Er ist elastisch, resistent gegen Benzin und dichtet einwandfrei.

SPIELZEUG

Alte Burg für junge Rittersleut

Das ist praktisch: Türme, Mauern und Rittersleut' werden einfach im Sockel verstaut. Eine transportable Burg.

Arnim von Schreckenstein hat leichtes Spiel mit dem gelben Ritter – gleich wird er ihn mit seiner Lanze aus dem Sattel heben. Unterhalb der Burg ist ein heißer Kampf entbrannt, doch die Schreckensteiner fürchten sich nicht: Viel Feind, viel Ehr! Unsere Burg ist so richtig für »fahrende« Ritter: Der Berg ist gleichzeitig Transportbehälter. ⟶

Alle Maße für unsere Ritterburg finden Sie in der Materialliste. Säge, Stecheisen, Hammer und Schraubenzieher sind alles, was Sie an Werkzeug benötigen. Dazu Spraylack, Leim, Filzstift und feinen Sand.

Berg und Aufgang

Zunächst die Seitenteile leimen und schrauben und dann das Oberteil einpassen (die kurzen Seiten sind entsprechend der Materialdicke des Oberteils höher). Von unten wird ein Rahmen aus Kiefernleisten angebracht. Der Aufgang braucht nur verleimt zu werden. An der Grundplatte den Deckel (30 × 25 cm) mit Klavierband verschrauben und entsprechend der Zeichnung mit einer Leiste sichern. Mit Stecheisen und Raspel rükken Sie der Bergwand aus Dämmplatte so lange zu Leibe, bis sie aussieht wie ein roher Felsen. Dann den »Felsen« mit Nitrolack besprühen und den noch nassen Lack mit feinem Sand

1 Der Berg, auf dem Burg Schreckenstein steht, ist innen hohl. Die Sperrholzteile zu einer stumpfen Pyramide zusammensetzen (leimen und schrauben) und unten die Rahmenleiste anbringen. Alle Seitenteile mit Dämmplatte bekleben. Anschlüsse eventuell verspachteln.

2 Der Aufgang wird ähnlich wie der Berg aus Dämmplatten und Sperrholz zusammengebaut. Aus Stabilitätsgründen noch zusätzlich zwei Stützstreben einleimen. Lassen Sie die Dämmplatte unten ein wenig überstehen und schleifen Sie danach die Standkanten plan.

3 Aus der Grundplatte einen 30 x 25 cm großen Deckel aussägen und diesen mit Klavierband befestigen. Die fertige Grundplatte unter den Berg leimen und schrauben, danach den Aufgang anbringen.

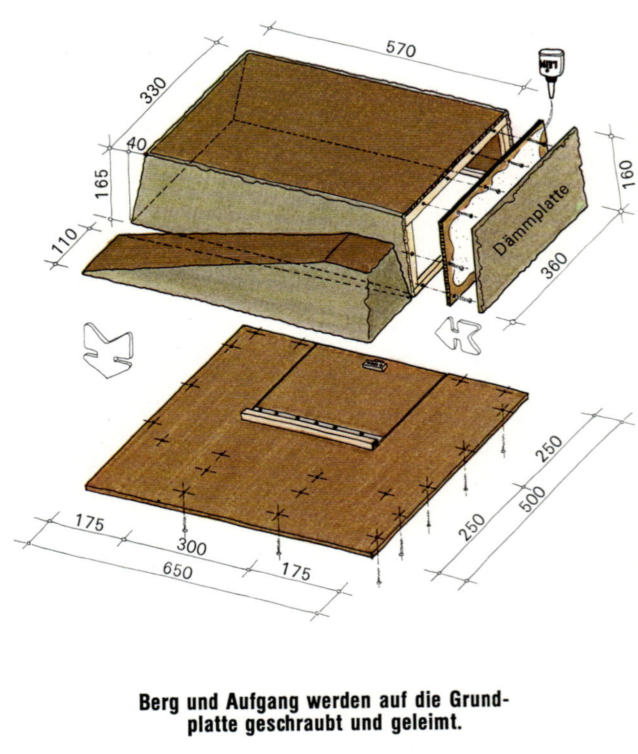

Berg und Aufgang werden auf die Grundplatte geschraubt und geleimt.

Alle Maße auf dieser Zeichnung sind in Millimetern angegeben.

MATERIALLISTE (Maße in cm)

	Stück	Länge	Breite	Dicke	Material
Berg					
Obere Platte	1	57	33	0,8	Sperrholz
Seiten (lang)	2	65	15,3	0,8	Sperrholz
Seiten (kurz)	2	36	16,5	0,8	Sperrholz
Grundplatte	1	65	50	0,8	Sperrholz
Seiten (lang)	2	65	16,5	1	Dämmpl.
Seiten (kurz)	2	36	16,5	1	Dämmpl.
Rahmenleiste	1	300	2	2	Kiefer
Klavierband	1	30			Messing
Aufgang					
Schräge Platte	1	57	11	0,8	Sperrholz
Gerade Platte	1	11	10	0,8	Sperrholz
Seiten	2	65	16,5	0,8	Sperrholz
Kleine Seite	1	16,5	11	0,8	Sperrholz
Seiten	2	65	16,5	1	Dämmpl.
Kleine Seite	1	16,5	11	1	Dämmpl.
Tor mit Zugbrücke					
Rohr	2	14	ø4		PVC
Scheiben	4		ø3,4	1,2	Spanpl.
Turmkranz	2	15	1	0,1	Pappe
Dachspitzen	2	4	ø3	0,1	Pappe
Mauer	1	11,3	10	1,2	Spanpl.
Bodenblech	1	18	4	0,1	Blech
Zugbrücke	1	8	8	0,6	Sperrholz
Ketten	2	12			
Gewichte	2				Bleistücke
Kettenrollen	2		ø1		Rädchen
Drahtstifte	2				
Scharniere	4	0,5	0,2		Klavierbd.
Tore	2	8	3,3	0,4	Sperrholz
Großer Turm					
Rohr	1	25	ø8		PVC
Scheiben	2		ø7,4	1,2	Spanpl.
Zinnen	1	23	3,5	0,1	Pappe
Spitzes Dach	1	7	ø4	0,1	Pappe
Drahtstift	1				
Mittlerer Turm					
Rohr	1	18	ø6		PVC
Scheiben	2		ø5,4	1,2	Spanpl.
Turm-Kranz	1	16	1	0,1	Pappe
Spitzes Dach	1	5	ø5	0,1	Pappe
Drahtstift	1				
Kleiner Turm					
Rohr	1	14	ø4		PVC
Scheiben	2		ø3,4	1,2	Spanpl.
Turmkranz	1	15	1	0,1	Pappe
Dach	1	4	ø4	0,1	Pappe
Haus					
Dach	2	20,8	4,5	0,6	Sperrholz
Turm	1	6,5	ø3	0,1	Pappe
Turmdach	1	3	ø2,5	0,1	Pappe
Zinnen	2	20,8	2	0,1	Pappe
Seiten	2	20,8	13	0,6	Sperrholz
Seiten	2	13	6	0,6	Sperrholz
Böden	2	20	4,8	1,2	Spanpl.
Pferdestall					
Dach	1	12	5,5	0,6	Sperrholz
Seiten	2	7	5	0,6	Sperrholz
Rückwand	1	10,8	6,4	0,6	Sperrholz
Mauern					
Große Mauer	1	36,5	4	1,2	Splanpl.
Mittl. Mauer	1	26	4	1,2	Spanpl.
Mittl. Mauer	1	24	4	1,2	Spanpl.
Kleine Mauer	1	12,5	4	1,2	Spanpl.

4 Der Burghof wird mit Nitrolack gespritzt. Auf den feuchten Lack feinen Sand streuen. Auf die glatten Stellen »Filzschreibersteine« zeichnen.

5 Der Berg aus Dämmplatte wird mit Stecheisen und Raspel aufgerauht. Dann mit Nitrolack besprühen und den noch feuchten Lack mit feinem Sand bestreuen. So wird der Felsen täuschend echt.

6 Wer zinken kann, für den sind die Mauern kein Problem. Die Zinnen sollen ein wenig nach vorn hin abfallen. Die Anschlüsse zu den Türmen müssen Sie einpassen. Danach erfolgt wieder die übliche Lack-Sand-Behandlung. Die Stecknägel nicht vergessen.

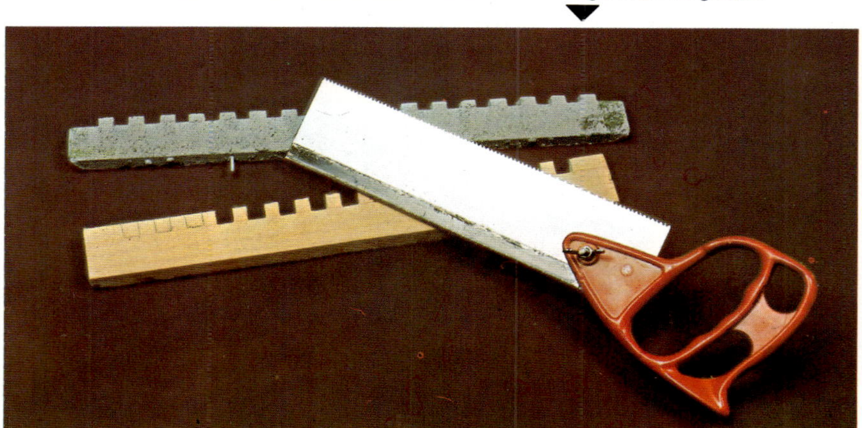

7 Das Burgtor mit Zugbrücke. Die Türme sind aus PVC-Rohr. Tore und Zugbrücke mit Klavierbandscharnieren befestigen.

bestreuen. Die Sandkörner bleiben kleben. Nach dem Trocknen nochmals leicht übersprühen. Der Burghof wird ebenfalls gelackt, aber nur teilweise »gesandet«. Die Pflastersteine mit Filzstift aufmalen.

Burgtor mit Zugbrücke

Die Burgtürme sind aus PVC-Rohr (⌀ 4 cm) und werden oben und unten mit einer Scheibe aus Spanplatte verschlossen. Dann oben aus einem Pappstreifen die Kränze umleimen und die Dachhauben (aus Pappe) aufsetzen. In die Seiten einen Schlitz für die Mauer einsägen. Die Kettenrollen laufen auf seitlich eingeschobenen Drahtstiften. Dann auf die Blechplatte kleben und Tür und Zugbrücke anbringen.

Türme und Mauern

Die Rohre mit Spanscheiben schließen und die kleinen Türme – genau wie die Tortürme – mit Kranz und Dach aus Pappe versehen. Beim großen Turm wird der Kranz zu einem Wehrgang erweitert, dafür hat das Dach einen kleineren Durchmesser. Die Mauern aus Spanplatte zinken. In alle Teile unten Drahtstifte zum Einstecken einleimen.

Haus und Stall

Stall und Hauswände sind aus Sperrholz; Dach, Türmchen und Zinnen aus Pappe. Zum Schluß werden die Fenster aufgeklebt und die Fahnen gemalt. Das Bäumchen ist ein kleiner Zweig Buchsbaum. Die »Äste« mit Leim bestreichen und den Baum in Styroporgranulat eintauchen. Wenn Sie die »Blätter« mit Lack besprühen, schrumpfen die Kugeln zusammen und sehen tatsächlich wie Blätter aus. Ritterfiguren gibt es überall im Spielwarenhandel. Sie können sie aber auch selbst aus Zinn gießen. Die Burg Schreckenstein ist jetzt fertig und der Fürst kann die Herolde aussenden, um allen fahrenden Rittern kundzutun, daß ein Turnier ansteht. Wer wagt es: Rittersmann oder Knapp?

Die Bauzeichnung. Die Maße für unsere Burg stehen in der Materialliste.

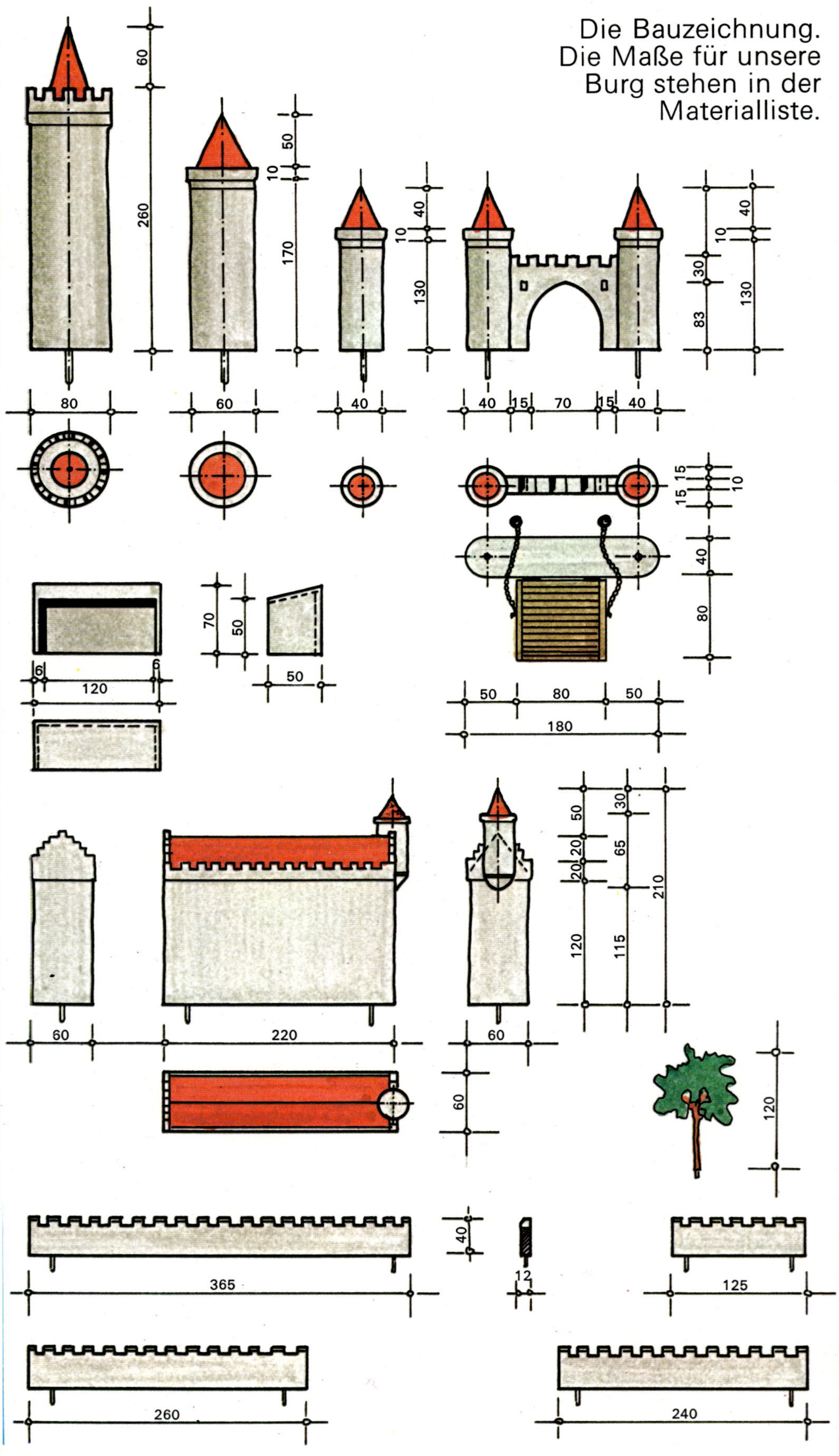

8 Das fertige Burgtor mit Zugbrücke. Turmkranz und Spitzen sind aus Pappe. Die Rollen der Zugbrücke laufen auf seitlich eingesteckten Drahtstiften. Das antike Gemäuer ist wieder aus Lack und Sand entstanden.

10 Nach geschlagener Schlacht oder wenn Klein-Uwe ins Bett muß, verschwindet die Ritterburg im Berg. Da ruhen sich Ritter und Knappen aus, warten auf neue Abenteuer und Turniere, die es zu bestehen gilt.

9 Der Eckturm neben dem Rittersaal wird aufgesteckt und damit ist unsere Ritterburg fertig. Die Fensterrahmen werden aus Papier ausgeschnitten und dann auf blaues Cellophanpapier geklebt.

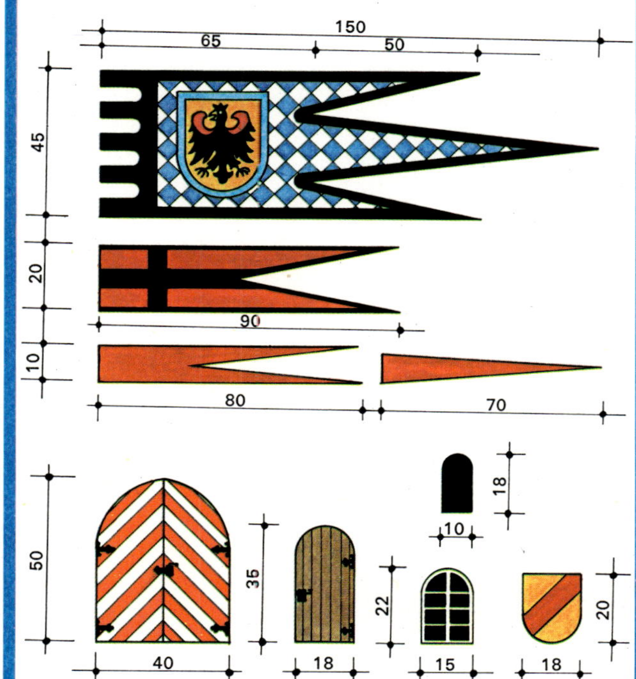

Fahne, Wimpel und Wappen derer von Schreckenstein werden aus Zeichenkarton hergestellt, die Fenster aus Papier und Cellophanpapier und die Tore aus Karton oder Sperrholz.

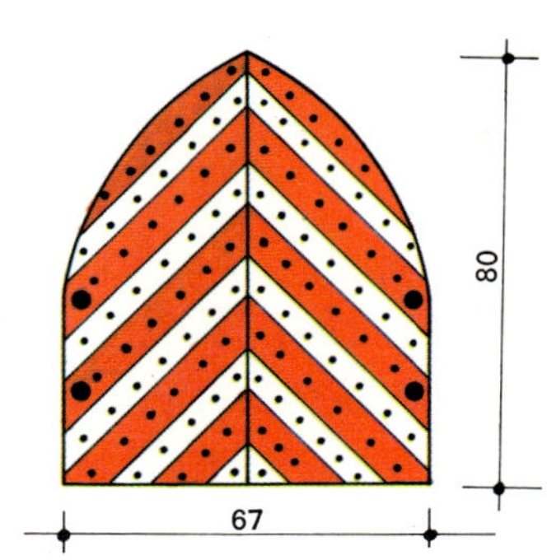

Wie teilt man Steine?

Wenn Sie in Ihrem Garten eine Ziermauer errichten oder einen Weg mit Steinen auslegen wollen, kann es – ebenso wie bei vielen anderen Maurerarbeiten im Freien – erforderlich sein, zunächst den einen oder anderen Stein zu zerteilen, damit Sie ihn an der vorgesehenen Stelle einpassen können. Im nachfolgenden Kapitel möchten wir Ihnen verraten, wie Sie dabei am besten vorgehen.

1 Eine poröse Unterlage, z. B. ein Sack, absorbiert die Schläge sehr gut. Legen Sie den Stein auf diese Unterlage, und reißen Sie mit einem Metallwinkel die Flächen und Kanten ungefähr an. Zum Markieren der Linien können Sie einen Meißel, Stichel oder Filzschreiber verwenden.

2 Jetzt nehmen Sie Hammer und Meißel zur Hand und beginnen, entlang den markierten Linien mit möglichst kontinuierlichen Schlägen eine Vertiefung einzuarbeiten.

3 Nachdem Sie die Vertiefung auf der glatten Seite des Steines vorgenommen haben, werden Kanten und Rückseite in derselben Weise bearbeitet, bis die Bruchstelle um den ganzen Stein herum markiert ist.

4 Dabei empfiehlt es sich, mit dem Meißel in Richtung des abzutrennenden Teils zu arbeiten, da Risse oder Absplitterungen dann nur dort entstehen können.

Wir müssen vorausschicken, daß — selbst bei genauer Befolgung unserer Anleitung — ein Bruch des Steins an einer nicht gewünschten Stelle niemals ganz ausgeschlossen werden kann. Dies ist nicht zuletzt darauf zurückzuführen, daß in vielen Fällen das ungeeignete Material verwendet wird. Es ist aber ebensogut möglich, daß ein äußerlich scheinbar kompakter und fehlerfreier Stein im Innern einen Riß oder Sprung aufweist oder daß der Stein durch die Einwirkung der Hammerschläge an einer nicht vorgesehenen Stelle bricht. Doch wenn Sie genau nach den Anleitungen auf unseren Fotos vorgehen, ist es fast sicher, daß Ihre Arbeit erfolgreich sein wird.

Natürlich sollten Sie nur Steine verwenden, die äußerlich keinerlei Mängel oder Fehler aufweisen. Am besten eignen sich Kalk- oder Granitsteine.

Beim Markieren des abzutrennenden Teils muß systematisch vorgegangen werden; die Markierungslinie sollte möglichst tief eingearbeitet werden (um so tiefer, je weicher der Stein ist).

Während des Markierens können sich Steinsplitter lösen. Um zu vermeiden, daß von der Seite, die verwendet werden soll, etwas absplittert, empfiehlt es sich, stets in Richtung des abzutrennenden Teils zu meißeln.

5 Nachdem Sie diese Bruchlinie um den ganzen Stein herum so tief wie möglich eingebracht haben, genügen einige kräftige Hammerschläge auf den Teil des Steins, der abgetrennt werden soll, damit dieser genau an der markierten Linie abbricht. Zum Schluß kann die Bruchlinie noch begradigt und ausgeglichen werden, wie auf dem großformatigen Foto links zu sehen ist.

Gedämpftes Licht aus Holzfurnier-Lampen

Bis heute hat die Lampe aus dünnem, transparentem Holzfurnier, die in den vierziger Jahren von skandinavischen Designern auf den Markt gebracht wurde, nicht an Beliebtheit verloren. In zahllosen einheimischen oder aus Skandinavien importierten Ausführungen verbreitet sie mit ihrem milden Licht auch in sachlicher Umgebung eine behagliche Atmosphäre. Für den Bastler bietet die Herstellung solcher Lampen aus Furnier eine reizvolle Aufgabe. Hier zeigen wir Ihnen, wie's gemacht wird.

Es scheint nicht weiter verwunderlich, daß die Idee zu einer Lampe, deren Schirm aus einem Geflecht gemaserter, durchscheinender Furnierstreifen besteht, aus dem Norden Europas stammt, aus einer Region also, in der der lichte, freundliche Ton naturbelassener Nadelhölzer den Grundton einer wohnlichen Atmosphäre darstellt. Die Hölzer von Tanne, Fichte, Kiefer und Lärche liefern die für diesen Zweck am besten geeigneten Furniere, da diese weich und biegsam bei der Verarbeitung sind und aufgrund ihrer besonderen Transparenz und Helligkeit das durchfallende Licht angenehm warm schimmern lassen. Im wechselnden Spiel von Licht und Schatten ergibt das Flechtmuster der zarten Furnierstreifen eine wunderschöne Streuung. Neben ihrem wohltuend gedämpften Licht bieten diese Lampen den zusätzlichen Vorteil ihres sehr geringen Gewichts; ihre Anbringung wird dadurch in jedem Fall problemloser als die der ungleich schwereren Metall- oder Glasleuchten. Trotz ihrer Leichtigkeit sind solche Lampenschirme aus Holzfurnier erstaunlich stabil und haben im allgemeinen eine hohe Lebensdauer. Allerdings sollte man darauf achten, daß das verwendete Furnier in geeigneter Weise gegen Austrocknung behandelt wurde, da der Lampenschirm durch den Feuchtigkeitsverlust der Holzfasern sonst unweigerlich spröde wird und leicht bricht.

Die Verarbeitung der Furnierblätter ist denkbar einfach und erfordert im Grunde lediglich zwei Arbeitsgeräte: Eine kleine Laubsäge und ein Schneidewerkzeug (z. B. ein Klingenschneider) reichen für sämtliche Arbeitsvorgänge vom rohen Furnierblatt bis zum fertigen Leuchtkörper aus.

Man bekommt das Furnier in einzelnen 20–40 cm breiten Blättern in Holzhandlungen, Bastlergeschäften oder im Fachhandel für den Modellbau. Die Furnierblätter haben im allgemeinen eine genormte Stärke von 0,6 mm; es gibt jedoch auch dickere Messerfurniere mit einer handelsüblichen Stärke von 1,5 cm und in selteneren Fällen noch andere Furnierdicken. Da die Furnierblätter in der Regel in Paketen zwischen 16 und 49 Stück gehandelt werden, in denen sie so übereinanderliegen, wie sie aus dem Stamm herausgeschnitten wurden, empfiehlt es sich, die Blätter sorgfältig auf einheitliche Maserung und einwandfreien Zustand hin auszusuchen.

Bei der Auswahl der Furnierblätter für die neue Lampe achte man insbesondere auch darauf, daß auf den Blättern keine Spuren von Pilzbefall, z. B. des häufig auf Nadelhölzern angesiedelten Blaufäulepilzes, zu sehen

Geschickte Hände brauchen zum Herstellen dieser formschönen Deckenleuchte kaum mehr als eine Viertelstunde. An ihrem warmen, gedämpften Licht hat man lange seine Freude.

sind. Die graublauen Verfärbungen, die durch diesen Fäulnispilz auf der Furnierfläche hervorgerufen werden, behandelt man, sollte man sie beim Kauf übersehen haben, am besten mit einer elf- bis zwölfprozentigen Wasserstoffsuperoxydlösung. Man tränkt damit einen Wattebausch und reibt vorsichtig über die befallenen Stellen. Bei dieser Arbeit müssen unbedingt Schutzhandschuhe getragen werden; außerdem sind für das Oxydationsmittel ausschließlich Glas- oder Porzellangefäße zu verwenden. Hat man auf diese Weise alle von Blaufäule befallenen Flächen behandelt, läßt man das Furnier trocknen, spült anschließend mit klarem Wasser nach, läßt es trocknen und poliert dann die Furnierblätter leicht nach, da die poröse Holzoberfläche durch die Einwirkung der Flüssigkeiten stark aufgerauht wird.

Nach Abschluß dieser Vorarbeiten kann man ans Zuschneiden der Furnierstreifen gehen. Man legt dazu die Fur-

1 **Insgesamt benötigt man zwölf Furnierstreifen mit einer Breite von 15 mm. Schneiden Sie sechs Streifen in einer Länge von 75 cm und sechs weitere in einer Länge von 63 cm zu.**

2 **Aus 6 mm starkem Sperrholz werden zwei runde Platten (Durchmesser: 15 cm) ausgesägt. Eine davon wird ringförmig ausgesägt (Innendurchmesser des Rings: 9 cm).**

3 **Die sechs kürzeren Furnierstreifen werden zu einem regelmäßigen Sterngebilde auf der ringförmigen Sperrholzplatte übereinandergeklebt.**

4 **Ebenso verfährt man mit den sechs längeren Furnierstreifen, die wiederum in Zweiergruppen zu langen Streifen zusammengesetzt und sauber in die Zwischenräume des Grundsterns eingepaßt werden.**

5 **Auf der Rückseite des geklebten Sterns schneidet man nun eine Öffnung in das Furnier, indem man mit der Klinge den Innenkreis der Grundplatte nachzieht. Die Kanten werden mit Schmirgelpapier geglättet.**

6 **Dann werden zunächst die kürzeren Streifen einzeln aufgebogen und auf der oberen Deckplatte verklebt; in diese Sperrholzplatte hat man zuvor eine Öffnung von 12 mm Durchmesser gebohrt.**

Material

12 Furnierstreifen	Breite 15 mm
je 6 Streifen	Länge 75 cm
je 6 Streifen	Länge 63 cm
2 Sperrholzplatten jeweils	Stärke 6 mm, 15 x 15 qcm
Lampenfassung und Kabelzuleitung	
Klebstoff (Kontaktkleber)	

nierblätter auf eine große, etwas elastische Unterlage, wie z. B. einen Bogen Karton. Dadurch kann ein unnötiges Abstumpfen der Klinge oder Messerschneide, die man zum Zuschneiden verwendet, vermieden werden.
Mit einem weichen Bleistift zeichnet man die Schnittlinien für die Streifen in der gewünschten Breite auf das Furnierblatt und fährt diese Linien unter Zuhilfenahme eines langen Lineals mit dem Messer oder der Klinge in einem Zug und unter kräftigem Druck nach. Lassen Sie sich Zeit für das Zuschneiden, und folgen Sie behutsam der Maserung beim Durchziehen der Klinge. Achten Sie vor allem darauf, daß der auf die Klinge ausgeübte Druck bis zum Ende des Schnitts ganz gleichmäßig bleibt; andernfalls erhalten Sie fransige Ränder oder unsaubere Streifenenden.
Sollten sich jetzt einzelne Furnierstreifen noch nicht voneinander trennen lassen, ist es ratsam, den ganzen Schnitt zu wiederholen — auf keinen Fall darf man versuchen, die empfindlichen dünnen Streifen auseinanderzureißen!
Die Art des Klebstoffs spielt bei diesen Furnierarbeiten eine wichtige Rolle: Er sollte säurefrei sein, schnell trocknen und sehr fest kleben. Außerdem darf er die Furnierstreifen nicht färben oder in Form von unansehnlichen Flecken durchschlagen. Wir empfehlen in diesem Fall die Verwendung von Kontaktkleber (z. B. »Pattex«, »Nobelux« usw.), der dünn auf beide zu vereinenden Flächen aufgestrichen wird und ohne weiteres Zusammenpressen oder Aufeinanderdrücken der Furnierstreifen in 15—20 Minuten trocknet. Auch die Verwendung eines schnelltrocknenden Kunstharzleims ist bei der Herstellung der Lampenschirme möglich.
Um unangenehme Überraschungen zu vermeiden, ist es unbedingt ratsam, vor dem Bau des Lampenschirms ein Modell aus Abfallstreifen anzufertigen. Sie können sich das Modell, das Sie basteln wollen, auch auf Papier entwerfen, an einem kleinen Muster ausprobieren und dann ausarbeiten.

7 **Nun werden auch die längeren Furnierstreifen zum Kreis aufgebogen und auf der Deckplatte festgeklebt (die Enden der Diagonalen zum Kreis schließen und verkleben).**

8 **Durch die verklebten Furnierschichten bohrt man mit dem Schneidgerät ein Loch, das der Öffnung der darunterliegenden Deckplatte entspricht (ca. 12 mm Durchmesser).**

9 **Der Lampenschirm ist nun so weit fertiggestellt, daß man das Kabel durchziehen und mit der Lampenfassung verbinden kann. Der Lampenschirm liegt direkt auf der Fassung auf.**

Ein Servierwagen zum Zusammenklappen

Für solch einen Servierwagen auf Rollen gibt es tausend nützliche Verwendungszwecke. Er kann zum Abstellen von Geschirr oder Schüsseln neben dem Eßtisch dienen, als Helfer beim Abtragen, zum Servieren von Kaffee im Garten oder als praktische Hausbar. Der besondere Vorteil dieses »stummen Dieners«: Man braucht nur acht Schrauben zu lockern, um ihn im Handumdrehen zusammenzuklappen und auf kleinstem Raum zu verstauen. Mit fertig zugeschnittenen Holzteilen kann unser Servierwagen in wenigen Arbeitsstunden nachgebaut werden.

Der Bau dieses Servierwagens auf Rädern erfordert keine allzugroße Mühe oder besondere Spezialkenntnisse im Schreinern. Er besteht im Prinzip nur aus einem zusammenklappbaren Holzrahmen aus fertig zugeschnittenen Vierkantleisten, auf den vier Rollen aufmontiert sind, und aus zwei großen Holztabletts aus Tischlerplatten, die mittels Flügelmutterschrauben mit dem Holzgestell verschraubt werden. Die Holztabletts lassen sich auch leicht herausnehmen und im Bedarfsfall ohne das Fahrgestell verwenden. Der Leistenrahmen, der aus Vierkanthölzern mit einem Profil von 4,7 x 3 cm gefertigt ist, wird von zwei symmetrischen Seitenteilen gebildet, die wiederum aus je einem 66,6 cm langen Längsträger und zwei kürzeren, diagonal angesetzten Querbalken bestehen und in aufgeklapptem Zustand in etwa X-Form aufweisen. Die beiden symmetrischen Längsträger sind an einem Ende durch ein Rundholz miteinander verbunden. Dieses fungiert als Griff, an dem der Servierwagen geschoben oder wie ein Wägelchen gezogen werden kann.

Ihre Stabilität erhält diese Rahmenkonstruktion durch die beiden gleich großen Tabletts, die aus 8 mm starken Tischlerplatten wie flache Holzkästen verleimt und vernagelt werden und in der Gesamtkonstruktion Querachsenfunktion erfüllen. Durch kräftiges Anziehen der acht Flügelmutterschrauben, die Leistenrahmen und Servierflächen miteinander verbinden, bekommt man eine den, bekommt man eine sehr stabile Wagenkonstruktion, deren »Fracht« auch während der Fahrt gesichert ist.

Für den Rahmen unseres Servierwagens haben wir Schnittholz aus massiver echter Kiefer verwendet, dessen lebhafte Maserung sehr dekorativ wirkt und zu den leuchtend bunt bemalten Wagenflächen (orange und grün in unserem Beispiel) einen reizvollen Kontrast bildet. Sie können jedoch auch starke Fichtenleisten oder jede andere für den Möbelbau geeignete Holzart verwenden. Wer weniger schön gemaserte Reststücke für den Bau des Wagens nutzen will, kann den Rahmen natürlich auch passend zu den Farben der Servierflächen bunt lackieren. Sehr edel wirkt unser Serviermöbel auch einfarbig schwarz, weiß oder grau.

Bevor man mit dem Zusammenbau der einzelnen Teile beginnt, empfiehlt es sich, sämtliches erforderliche Material und Zubehör anhand unserer Materialaufstellung am Schluß dieses Kapitels fertig vorzubereiten. Die Tischlerplatten für die beiden rechteckigen Tabletts ebenso wie die dünnen Sperrholzleisten für die Seitenflächen und die Kiefernleisten für den Rahmen lassen Sie am besten beim Schreiner nach den angegebenen Maßen fix und fertig zuschneiden. Wenn Sie die Bauteile und das Zubehör (wie in Abb. 1 gezeigt) zusammengestellt und die gleichfalls am Ende des Kapitels abgebildete Werkzeichnung (Seitenansicht) in allen Einzelheiten studiert haben, dürfte der eigentliche Zusammenbau für den Hobbyschreiner ein Kinderspiel sein. Die Tischlerarbeit beschränkt sich nämlich auf das Abschrägen der unteren Leistenenden, an denen die Rollen befestigt werden, auf das Anbohren von Leistenrahmen und Seitenflächen der Holztabletts zur Befestigung der Flügelmutterschrauben und auf das Ausarbeiten der beiden Bohrlöcher zum Einstecken des Rundholzgriffs. Einige Gründlichkeit erfordert schließlich die Behandlung der Holzoberflächen. Vor dem endgültigen Zusammenbau müssen alle Kanten, Schnittflächen und Oberflächen sorgfältig geglättet, d. h. geschmirgelt und abgeschliffen werden, Risse und Löcher gegebenenfalls mit Holzkitt ausgefüllt und vor dem Beizen bzw. Lackieren vom Schleifstaub befreit werden. Zum Glätten der Holzteile sollte man zwei verschiedene Schleifpapiersorten benützen: zum Vorschleifen ein Papier mit mittlerer Körnung, für den darauffolgenden Feinschliff feines Glaspapier. Auch beim Lackieren des fertigen Servierwagens oder einzelner Teile empfiehlt es sich, die erste Farbschicht mit einem feinen Sandpapier aufzurauhen, um eine bessere

1 Hier sehen Sie alles, was Sie an Material und Zubehör für den Bau eines zusammenklappbaren Servierwagens auf Rollen benötigen: 6 Vierkantleisten (4,7 x 3 cm), 2 Platten aus Tischlerholz für die Servierflächen, 8 Leisten aus Tischlerholz (4 längere und 4 kürzere), 4 Scharniere (Höhe: 3 cm) mit langer Gelenkplatte, 4 Rollen zum Aufschrauben, 8 Flügelmutterschrauben, 1 Rundholz (Durchmesser: 2 cm), Kunstharzlack und Holzfärbemittel, Schleifpapier mit feiner und grober Körnung.

2 Zunächst werden die Seitenteile des Leistenrahmens in der gewünschten Position aneinandergelegt und die Leisten für die Längsseiten der Servierbretter mit Drahtstiften darüber fixiert. Dadurch werden die Bohrlöcher für die Verschraubung mit den 8 großen Flügelmutterschrauben angerissen.

3 Mit dem Zollstock werden die Maße (siehe Werkzeichnung) überprüft, mit dem Eisenwinkel die Rechtwinkligkeit ausgemessen und die Ansatzpunkte für die Querleisten markiert.

4 Mit dem Bleistift werden längs der Seitenleiste des unteren Servierbretts die Schnittlinien zum Abschrägen der Beine des Serviertischs aufgezeichnet.

5 Mit jeweils zwei starken Klammern werden nun die Querverstrebungen an der Längsverstrebung provisorisch befestigt. Dabei richtet man sich nach den dort markierten Ansatzlinien.

6 Für die Stabilität der fertigen Konstruktion ist es unbedingt erforderlich, alle der Werkskizze zu entnehmenden Markierungen exakt mit Hilfe des Eisenwinkels anzuzeichnen.

7 Mit dem Zirkel wird am oberen Ende der beiden Längsverstrebungen der kreisförmige Ausschnitt für das Rundholz vorgezeichnet.

8 Dann wird die provisorische Konstruktion wieder zerlegt; die Löcher für die Flügelmutterschrauben werden mit einem Bohrer ausgebohrt, der 0,5 mm stärker ist als der Schraubenschaft.

9 Wenn man jeweils zwei Holzleisten zur gleichen Zeit mit Bohrlöchern versieht, kann man sich einige Arbeitsgänge ersparen. Eine Schreinerzwinge sorgt für Deckungsgleichheit.

10 Mit Hilfe des Feinfräsers oder des Zentrumsbohrers werden die beiden Löcher für das Rundholz ausgestochen. Einen Holzklotz unterlegen, damit das Holz dabei nicht ausfasert!

11 Die als Tischbeine fungierenden unteren Enden der Vierkantleisten, auf die später die Rollen zu montieren sind, werden längs der zuvor angerissenen Linie abgeschrägt (s. Abb. 4).

12 Um einen festen Sitz der Rollenverschraubung zu gewährleisten, sollten die Bohrlöcher nicht in der vollen Stärke des Gewindes ausgebohrt werden. Je nach Schraubenstärke verwendet man einen 0,5 mm dünneren Bohrer.

13 Mit einer Raspel oder Schruppfeile werden die oberen Enden der langen Vierkantleisten, an denen der Griff befestigt wird, sauber abgerundet und anschließend geglättet.

14 Nun können die Querverstrebungen des Leistenrahmens mit der Längsverstrebung mittels Scharnieren beweglich verbunden werden. Die Scharniere mit langen Gelenkplatten werden entsprechend der Leistenstärke (3 cm) gewählt.

Haftung des zweiten Farbanstrichs zu ermöglichen. Bei all diesen Schleifarbeiten bedeutet die Verwendung einer elektrischen Bohrmaschine mit aufgestecktem Schleifzubehör eine erhebliche Arbeitserleichterung (man arbeitet mit höchster Umdrehungsgeschwindigkeit: 3200 bis 3600 U/Min.).
Für alle zu leimenden Verbindungen bei unserem Servierwagen (z. B. Verleimen der Seitenteile mit den Bodenplatten der beiden Tabletts, Verstärkung der Schraubverbindungen usw.) ist ein

TIP

Um kleine Schäden oder Arbeitsspuren (Klammerlöcher, Kerben, Kratzer usw.) in den Holzteilen des Werkstücks auszugleichen, werden die Teile mit Wasser überspült (nicht gebadet) und abgetrocknet. Das Holz quillt, und die »Schönheitsfehler« verschwinden nach dem Abschleifen der Oberflächen vollkommen.

15 Für einen festen Sitz der Scharniere sorgt die Schraubverbindung mit Gewindeschrauben. Die Holzschrauben werden nach kräftigem Anreißen des Bohrlochs mit der Ahle ohne Vorbohren eingedreht.

16 Die Servierbretter werden aus den Tischlerplatten und den zugeschnittenen Seitenwänden sauber vernagelt und verleimt und alle verbleibenden Fugen mit Holzkitt ausgefüllt.

17 Wenn der Kitt getrocknet ist, werden die überstehenden Reste abgeschliffen und die Servierbretter außen und innen mit grobem und feinem Schleifpapier sorgfältig abgeschmirgelt.

18 Nun sind die Vorarbeiten an den einzelnen Bauteilen unseres Werkstücks so weit abgeschlossen, daß der Servierwagen probeweise in seiner späteren Form zusammengebaut werden kann: So lassen sich noch kleinere Konstruktionsmängel feststellen und beheben.

schnelltrocknender Epoxydkleber besonders geeignet, da durch die Verwendung dieses modernen Kontaktklebstoffes die Teile bereits eine Stunde nach dem Verleimen abgeschmirgelt und weiterbearbeitet werden können. Aus demselben Grund eignet sich für den Farbanstrich ein schnelltrocknender Kunstharzlack, der es erlaubt, den zweiten und evtl. dritten Farbauftrag noch am selben Tag vorzunehmen. Ebenso wurde zur Behandlung des Kiefernholzrahmens eine spezielle Kunstharzfarbe verwendet, die in allen gebräuchlichen Holztönen erhältlich und wesentlich leichter zu verarbeiten ist als echte Beize. Durch die Holzfärbemittel nimmt das Holz den Ton der Farblösung an, ohne daß die Holzmaserung überdeckt wird. Wir wählten für unser Beispiel einen hellen Nußbaumton; mit diesen Holzfärbemitteln lassen sich ganz nach Belieben seidenglänzende oder matte Anstriche erzielen.
Das Zusammenbauen der fertig zugeschnittenen Holz-

19 Dann wird der Servierwagen erneut zerlegt; alle Holzteile werden gründlich abgeschmirgelt und nachgeschliffen, bevor der Farbanstrich bzw. die Behandlung mit Holzlack erfolgt.

20 Für das Glätten der Holzteile ist ein elektrischer Universalbohrer mit aufgesteckter Schleifscheibe von großem Nutzen. Beim Schleifen wird grundsätzlich in der Richtung gearbeitet, in der die Holzfaser verläuft.

21 Die Servierbretter werden nach dem ersten Farbanstrich erneut gründlich abgeschliffen, so daß nur noch Farbreste zurückbleiben, und die Oberflächen vom Schleifstaub gereinigt.

22 Nach dem Voranstrich ist der Untergrund für einen glatten, gleichmäßigen Farbauftrag vorbereitet. Besonders gut eignen sich schnelltrocknende Kunstharzlacke.

23 Die Massivholzteile, deren Maserung man zu erhalten wünscht, werden mit einem Klarlack oder einem transparenten Holzfärbemittel behandelt.

24 Nun können die Rollen montiert werden. Zum Verschrauben eignen sich lange Holzschrauben mit Vierkantkopf, die tief in die vorbereiteten Bohrlöcher in den Vierkantleisten eingedreht werden.

Bohrlöcher mit der Ahle anzureißen und erst dann die Hilfskonstruktion wieder auseinanderzunehmen und die eigentliche Bohrung an den Einzelteilen vorzunehmen. Die durch den provisorischen Zusammenbau evtl. verursachten Arbeitsspuren lassen sich nach der Endmontage leicht beseitigen.

25 Zum Verschrauben müssen die Rollen zunächst von den Befestigungstellern gelöst werden. Diese werden an den Holzleisten festgeschraubt; für das Montieren der Rollen wird ein verstellbarer Schraubenschlüssel verwendet.

teile dürfte (wenn Sie unseren detaillierten Bildanleitungen folgen) eigentlich auch weniger geübten Bastlern leicht von der Hand gehen. Einige der etwas schwierigeren Arbeitsgänge seien hier zur Vermeidung von Schönheitsfehlern zusätzlich erläutert. Eine »Tüftelarbeit«, bei der Sie besondere Sorgfalt aufwenden sollten, ist das Vernageln der Seitenteile auf den Bodenplatten der Servierbretter; hierbei ist darauf zu achten, daß die Nägelchen sich beim Einschlagen nicht verbiegen und aus den dünnen Holzleisten hervortreten. Die Bohrlöcher zum Verschrauben der Servierbretter mit dem umlaufenden Holzrahmen müssen jeweils genau in der Mitte der Kiefernleisten bzw. der Seitenflächen der beiden Holztabletts angebracht werden. Damit die Bohrlöcher auf beiden Seiten genau an der richtigen Stelle sind, ist es ratsam, die Seitenteile des Holzrahmens vor dem Zusammenbau provisorisch mit Klammern in der gewünschten Position zu fixieren, die langen Seitenflächen der Servierbretter mit Drahtstiften in der Lage zu befestigen, die sie beim Verschrauben mit den Flügelmutterschrauben später einnehmen sollen, die

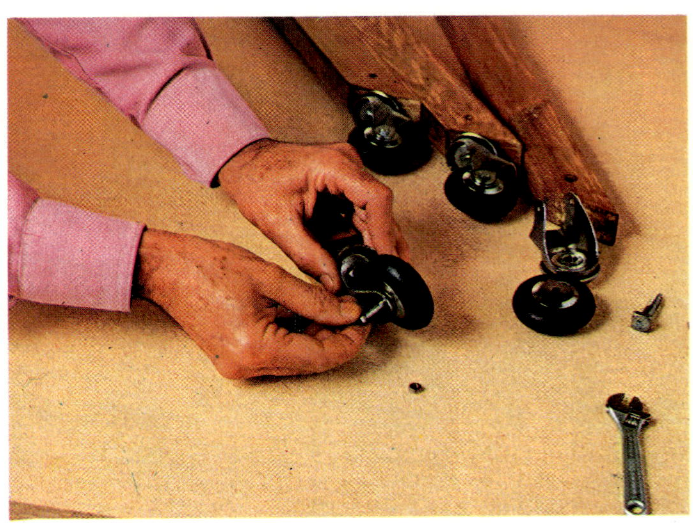

26 Hier sehen Sie noch einmal die bearbeiteten Bauteile unseres Servierwagens, in die er – falls Sie ihn auf engstem Raum verstauen wollen – auch wieder zerlegt werden kann. Sie brauchen nur die Flügelmutterschrauben zu lösen und den Rundholzgriff herauszuziehen.

27 Das Zusammensetzen der fertigen Bauteile ist im Handumdrehen geschehen. Der Rundholzgriff wird in die vorbereiteten Löcher gesteckt, und die beiden Tabletts werden mit dem Leistenrahmen verschraubt.

28 Achten Sie darauf, daß die 8 Flügelmutterschrauben ganz fest angezogen sind, da sie der gesamten Konstruktion Halt und Stabilität verleihen. Die Tabletts sind austauschbar.

29 Wenn alle Schraubverbindungen sorgfältig angezogen wurden, ist unser Servierwagen stabil genug, um auch sicher über unebenen Untergrund, wie z. B. eine Rasenfläche, gerollt zu werden.

Material

Schnittholzteile aus 8 mm starken Tischlerplatten

2 rechteckige Platten	je 70 x 38 cm
4 Leisten	je 68,4 x 5 cm
4 Leisten	je 38 x 5 cm

Schnittholzteile aus Kiefernholz, 4,7 x 3 cm im Profil

2 Vierkantleisten	je 118 cm
4 Vierkantleisten	je 43 cm
(Die angegebenen Längenmaße sind Rohmaße vor dem Zuschnitt)	
8 Flügelmutterschrauben	Ø 6 – 8 mm
4 Rollen	
4 Holzschrauben mit Vierkantkopf zum Befestigen der Rollen	
4 Scharniere mit langen Gelenkplatten (mit den dazugehörigen Schrauben)	je 3 cm breit
1 Rundholz für den Griff	Ø 2 cm

Außerdem feines und grobes Schleifpapier, Kunstharzlack und Holzlack auf Kunstharzbasis.

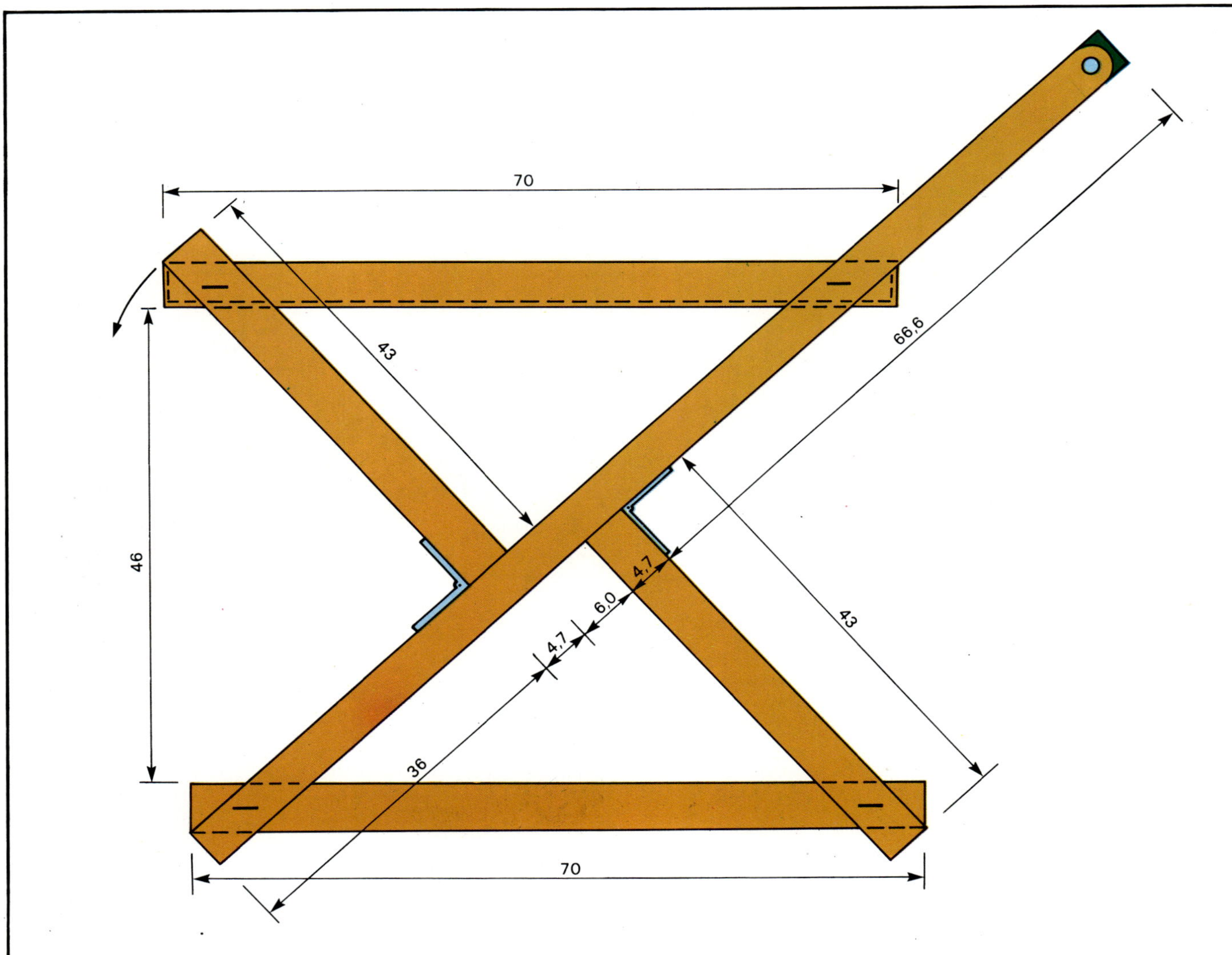

Die praktische Lösung für ein Zweibett-Zimmer:

Etagenbetten zum Ineinanderschieben

Je kleiner ein Raum ist, desto eher sollten Sie ihm mit »großen Ideen« zu Leibe rücken. Mit einem solchen praktischen Etagenbett können Sie beispielsweise in einem Kinderzimmer viel Platz zum Spielen schaffen.

Diese schlichten, formschönen Holzbetten aus massiver echter Kiefer oder Tanne lassen sich vom Hobbyschreiner in der eigenen Werkstatt ohne große Schwierigkeiten nachbauen — Sie brauchen dazu lediglich einige Grundkenntnisse im Tischlern und die gängige Heimwerkerausrüstung. Wenn Sie schon mit einigen einfachen Holzarbeiten ein wenig Erfahrung gesammelt haben, dürfte unser Vorschlag für die Grundausstattung eines Kinder- oder Jugendzimmers mit einfachen, aber wohldurchdachten Selbstbaumöbeln eine lohnende Aufgabe sein.

Der Einfachheit halber wählen wir für die Bettrahmen und -pfosten beider Betten Schnittholz aus demselben Zuschnitt. Da die Betten gerade in den Kinderzimmern einiges aushalten müssen, kommt es bei der Konstruktion vor allem auf Robustheit an. Lassen Sie sich deshalb beim Schreiner Bretter von mind. 3,5 bis 4 cm Stärke zu Latten zuschneiden, die nicht unter 10 bis 12 cm breit sein sollten.

Für die erforderliche Stabilität der Bettenkonstruktion sorgt auch eine kunstgerechte und belastbare Verbindung des Holzrahmens mit den Bettpfosten. Anstelle der arbeitsaufwendigeren klassischen Schlitz- und Zapfen-Verbindung schlagen wir eine saubere Endverbindung durch Überplatten vor, die durch Verdübelung mit vier Holznägeln und durch Verleimung mit einem starken Zweikomponentenkleber ausreichend gesichert wird. Achten Sie auf den winkelgerechten Sitz der Verbindungsstellen — so können Sie mit einfachstem Werkzeug (Säge und Stecheisen zum Ausstemmen) einen stabilen Rahmen für das Oberbett zimmern. Sie können für den Bau der Bettgestelle natürlich auch auf das breite Angebot an industriellen Fertigteilen zurückgreifen; Sie brauchen die Bausätze dann nur noch zu vernageln oder zu verleimen.

Der Bau des Unterbetts ist noch einfacher. Die Liege besteht aus einem Holzrahmen, der an den Ecken verleimt und durch zusätzliche Eckversteifungen stabil verbunden wird. Auf diesen über Eck angebrachten dreieckigen Metallplättchen werden die Rollen befestigt, auf denen das Unterbett jeden Morgen mühelos unter dem größeren Bett »versteckt« werden kann. Auf den Eckverbindungen ruht zugleich der Bettboden (Hartfaserplatte), der als Unterlage für die Schaumstoffmatratze dient.

Wählen Sie die Maße für die Bettgestelle so, daß der Rahmen des Oberbetts mind. um 10 cm länger wird als der des Unterbetts. Als Kopf- und Fußteile werden bei dem größeren Bett Hartfaserplatten (Stärke: 14 mm) direkt auf die Bettpfosten geschraubt. Sie können Kopf- und Fußteile nach Belieben bunt lackieren oder passend zur übrigen Einrichtung mit Stoff bespannen. Hierzu werden die Spanplatten zunächst mit einer rund 1 cm dicken Schaumstoffauflage versehen. Zum Verkleben eignet sich ein Kunststoffspezialkleber.

Der Clou bei unserem raumsparenden Etagenbett ist, daß das Fußende gleichzeitig als Stütze für einen aus demselben Holz rasch gezimmerten Arbeits- oder Spieltisch dient. Diese praktische Verbindung beider Wohnelemente erhöht die Stabilität des Bettrahmens wie auch die des Tischuntergestells. Die Tischplatte wird fest mit den Bettpfosten verschraubt und ruht lediglich auf beiden Seiten auf zwei U-förmigen Rahmenteilen, die aus den gleichen massiven Holzlatten gezimmert wurden wie die Bettgestelle.

Für den Tisch wurde die übliche Höhe von 73 cm gewählt. Kaufen Sie dazu ein paar robuste Drehstühle mit verstellbarer Sitzhöhe — und fertig ist ein kindergerechter Spieltisch für die Kleinen sowie ein Arbeitstisch zum Hausaufgabenmachen für die größeren Kinder.

Wenn Sie sich unser Foto genauer ansehen, finden Sie noch einige nützliche, leicht zu verwirklichende Ideen für die Einrichtung eines Kinderzimmers. Die Wände unseres Zimmers wurden mit einer weißlackierten Lochplatte aus Sperrholz oder Preßspan ausgekleidet. Diese fungiert zugleich als Pinnwand für Bilder und Kleinigkeiten. Da sie vom Kopfende des Bettes aus erreichbar ist, läßt sich mit einem (im Handel erhältlichen) lustigen Vielzweckbehälter aus Kunststoff ein raumsparender Ersatz für die herkömmlichen Nachtkästchen gleichfalls auf der Pinnwand befestigen.

MÜNZEN
Münzen sammeln lohnt sich

Für Sammler: Raritäten-„Safe"

Die alten Zigarrenkisten haben jetzt endgültig ausgedient: Unser Sammler-Tisch schafft Platz und damit die Ordnung, die für eine richtige Sammlung unerläßlich ist.

Dieser Couchtisch hat es in sich: Seine eingebaute Beleuchtung rückt Ihre Sammlung ins rechte Licht.

Auf die schönsten Stücke ihrer Sammlung sind echte Sammler besonders stolz. Für Sammlungen besonders kleiner Objekte haben wir jetzt den idealen Aufbewahrungsort erdacht: Einen Sammlertisch, der Ihre gesamte Kollektion aufnehmen kann. Die besten Stücke sichtbar, die übrigen sorgfältig verteilt auf 16 einzelne Schubladen. Schauvitrinen ist er weit überlegen, denn er läßt sich durch eingebaute Röhrenlampen von innen beleuchten, und er erfüllt außerdem einen praktischen Zweck: Wir haben seine Maße so angelegt, daß er als Couchtisch oder als Beistellfläche für den täglichen Gebrauch eingesetzt werden kann.

Besonderen Wert haben wir außerdem auf gediegenes Aussehen gelegt. Denn zu Kostbarkeiten gehört ein wertvoller Rahmen. Messingknöpfe an den Schubladen, Filz oder Samt als Objektunterlage, Mahagonirahmen und -schübe sowie Rupfentapete und Glasplatte vermitteln diesen Rahmen.

Aus Zeitgründen, und das können Sie auch aus den Arbeitsfotos erkennen, haben wir den »Safe« mit nur acht Schubladen gebaut. Die Bauzeichnung und die Materialliste sehen jedoch 16 Schubladen vor. Zusätzliche Möbelrollen machen den Sammler-Tisch darüberhinaus flexibel.

Dieser Tisch fordert das Können des Top-Heimwerkers

Soll Ihnen unser Bauvorschlag besonders gut gelingen, dann legen Sie größten Wert auf exaktes Arbeiten – speziell im Detail! So sollten Sie den Mahagoni-Rahmen nur mit der Gehrungslade schneiden und beim Vorbohren der Löcher in die milchigen Acrylglasstreifen darauf achten, daß Sie keine unnötigen Kratzer verursachen. Denn Beschädigungen im Kunstglas können Sie später nur noch sehr notdürftig ausbessern. Ganz wichtig ist außerdem, daß alle angegebenen Maße genau eingehalten werden, und die Filz- und Rupfenteile nur mit einer dünnen gleichmäßigen Schicht Kleister aufgeklebt werden. Ein dicker Tropfen schlägt durch den Stoff. Diesen Fleck kann man nachträglich nicht mehr beseitigen.

Haben Sie den Einsatz fertiggestellt, legen Sie ihn nur lose ein, sonst können Sie später defekte Leuchten nicht meht auswechseln. Sicherheitshalber überlassen Sie die Installation der Beleuchtungskörper Ihrem Elektriker.

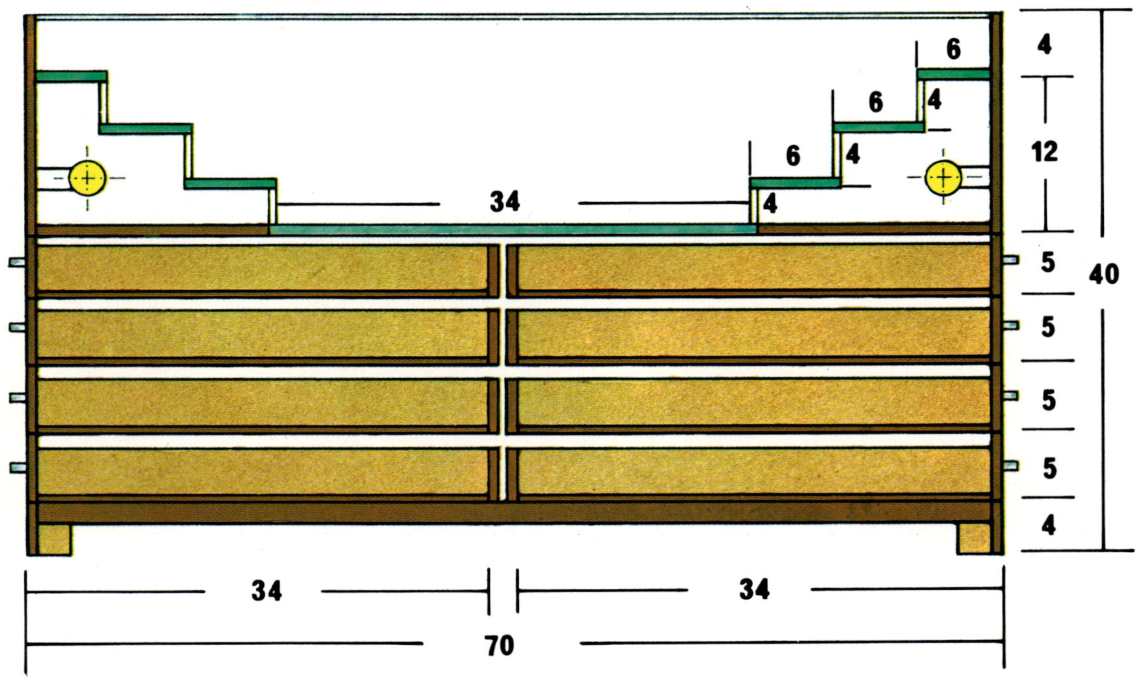

MATERIALLISTE

Rahmenstücke
Mahagoni
8 St. 40×4×2 cm
8 St. 70×4×2 cm

Füllungen
Spanplatte
3 St. 64×34×0,8 cm
1 St. 64×13×0,8 cm

Mittelboden
Spanplatte
1 St. 66×66×1,6 cm

Mittelwand
Spanplatte
1 St. 60×20×1,6 cm

Rahmen unten
Fichte
5 St. 66×5×4 cm

Schubkästen
Mahagoni
16 St. 30,8×4,8×2 cm
Fichte
32 St. 43,0×4,5×1,3 cm
16 St. 28,5×3,5×1,3 cm
Hartfaser
16 St. 43,0×28,5×0,3 cm

Laufleisten
Fichte
16 St. 42×2,3×1 cm
16 St. 42×0,6×1 cm

Einsatz
Spanplatte
1 St. 66×66×0,8 cm

Kunstglas
2 St. 53,5×5×0,3 cm
2 St. 54,3×5×0,3 cm
2 St. 40,8×5×0,3 cm
2 St. 41,6×5×0,3 cm
2 St. 28,3×5×0,3 cm
2 St. 29,1×5×0,3 cm

Zusatzmaterial
16 St. Schubladenknöpfe
70 St. Messingschrauben 2,5/20
24 St. Eisenschrauben 3/30
2 lfdm Kabel
3 St. Rupfentapete 64×34 cm
1 St. Rupfentapete 64×13 cm
1 St. Filz, ca. 1,3 m²
4 St. Röhrenlampen, 50 cm lang

Glasplatte
1 St. 70×70×0,6 cm

1 Leisten aus Mahagoni bilden den dekorativen Rahmen. Die auf Gehrung geschnittenen Ecken werden mit Holzdübeln und Leim fest verbunden.

2 Mit einer Gummirolle drücken Sie die Rupfentapete auf die gleichmäßig dünn eingekleisterte Seitenfüllungen aus 0,8 cm dicker Spanplatte.

3 Mit dünnen Drahtstiften befestigen Sie die bezogenen Seitenfüllungen am Mahagoni-Rahmen.

4 Mit einer Wäscheleine erreichen Sie die Spannung, die nötig ist, um alle Seitenteile fest zusammenzupressen. Die Winkel zwischen den Seiten müssen genau 90° betragen. Holzzwischenlagen benutzen!

5 Die Schubladen werden verleimt. Die äußeren Nuten der Seitenteile müssen ca. 1 mm breiter sein als ihre Führungsleisten. Der Boden wird in innen liegenden Nuten gehalten.

6 Holzleisten dienen als Führungsschienen für die Schubladen. Auch sie müssen ganz genau ausgerichtet sein, sonst klemmen die Schübe. Sie werden einfach mit Schrauben an den Innenwänden befestigt.

7 Auf dem Mittelboden aus Spanplatte werden die Leuchtstoffröhren festgeschraubt. Jeweils auf der Mitte einer Seite. Das Kabel wird durch ein Loch am Rand nach unten geführt.

8 Die Stufen werden aus den Einzelteilen der 0,8-cm-Spanplatte und den vorgeschnittenen Acrylglasstreifen zusammengesetzt. Messingschrauben verbinden die einzelnen Teile.

GARTEN

Die gute Idee

Ein Vogelhäuschen für den Garten

Immer mehr Vögel ziehen sich aus den Hausgärten zurück, weil sie nicht mehr ausreichend Nahrung und keine Nistmöglichkeiten finden. Binden Sie die gefiederten Sänger an Ihren Garten, indem Sie ihnen einen Nistkasten bauen.

Das Grundmodell für einen Vogelnistkasten, der in jeder Hinsicht den Bedürfnissen seiner kleinen Bewohner gerecht wird, ist ein ganz einfacher, roher Holzkasten mit einem ausreichend großen Schlupfloch.

Um solch einen Nistkasten selbst zu bauen, brauchen Sie nicht viel mehr als ein paar Holzbrettchen, zum Sägen einen Fuchsschwanz oder eine Bügelsäge, zum Bohren des Schlupflochs einen Bohrer oder eine Fräse und natürlich Hammer und Nägel — sowie ein wenig Geduld. Die Arbeit ist derart unkompliziert, daß sie auch kleineren Bastlern ohne große Hilfe durchaus gelingen kann.

Zwei knapp 70 cm lange, nicht zu dünne Holzbretter mit einer Breite von 12 bzw. 18 cm sind alles, was Sie neben ein paar Nägeln und etwas einfachem Schreinergerät zum Bau eines solchen Nistkastens benötigen. Wenn der Hausherr zu den Hobbyschreinern zählt, finden sich sicherlich unter den Holzresten seiner Werkstatt die passenden Stücke; sonst sind sie beim Schreiner als Abfallholz für wenig Geld zu haben. Schneiden Sie zunächst die einzelnen Teile des Vogelhäuschens nach unserer Skizze mit dem Fuchsschwanz oder der Bügelsäge zu. Da die von uns angegebenen Maße Idealwerte sind, ist es zweckmäßig, sie nicht abzuändern.

Geübtere Bastler werden womöglich sogar mehrere Nistkästen zugleich in Angriff nehmen wollen; so können Sie nämlich in Ihrem Garten oder im Umkreis Ihres Hauses ein wahres Vogelparadies errichten. Achten Sie bei der Anbringung der Nistkästen jedoch darauf, daß Sie diese im Abstand von mindestens 30 bis 40 m in den Bäumen aufhängen, damit jedem Bewohner noch ein ausreichend großes eigenes Revier gesichert ist. Vielleicht denken Sie auch daran, die Kästen auf verschiedene Vogelarten abzustimmen — in diesem Fall empfiehlt es sich, die Größe des Schlupflochs entsprechend zu variieren. Wählen Sie den Durchmesser des Zugangs zu Ihrer »Vogelvilla« ungefähr zwischen 25 und 35 mm. Natürlich sollte die Anbringung der Vogelhäuser, je nach der Vogelart, für die sie bestimmt sind, auch in unterschiedlicher Höhe erfolgen. Am besten hat sich die Befestigung der Kästen an Baumstämmen und in einer Höhe von ca. 3 m über dem Boden bewährt. Dabei sollte eine evtl. Beschädigung der Baumstämme durch Metallhaken o. ä. unbedingt vermieden werden. Es ist deshalb ratsam, das fertige Vogelhäuschen zusätzlich auf ein längeres Brett als zweite stabile Rückwand zu montieren, die oben und unten mit einer Schnur am Stamm oder an einem dicken Ast befestigt werden kann. Dadurch vermeidet man nicht nur, daß der Baum etwa Schaden nimmt, sondern diese Art der Anbringung bietet den weiteren Vorteil, daß sie besonders stabil ist und das Vogelhäuschen auch bei heftigem Sturm nicht hin und her schwingt. Vergessen Sie beim Anbringen der Kästen nicht, darauf zu achten, daß das Flugloch nach Osten weist. Zudem ist zu bedenken, daß die Vögel zum Anflug ausreichend Freiraum benötigen; bringen Sie den Kasten deshalb nicht in der Nähe von dichtem Astwerk oder anderen Flughindernissen an. Ein kleiner Ast zum Anfliegen unweit des Flugloches wäre jedoch wünschenswert.

Eine Innenausstattung für die Vogelkästen ist unnötig, ja sogar unerwünscht, da die Vögel es bevorzugen, sich mit den ihnen zur Verfügung stehenden Mitteln selbst »häuslich« einzurichten. Mit zusammengetragenen Grashalmen, Reisig und trockenem Blattwerk schaffen sie sich ihren eigenen »Wohnkomfort«. Natürlich kann man ihnen die

1 Zuerst werden die Schnittlinien auf den beiden Brettern (Breite 12 bzw. 18 cm) mit Bleistift maßstabgetreu aufgezeichnet. Halten Sie sich dabei an das in der Skizze vorgeschlagene Schnittschema; die beiden abgeschrägten Oberkanten der Seitenwände entstehen durch einen einzigen Schnitt.

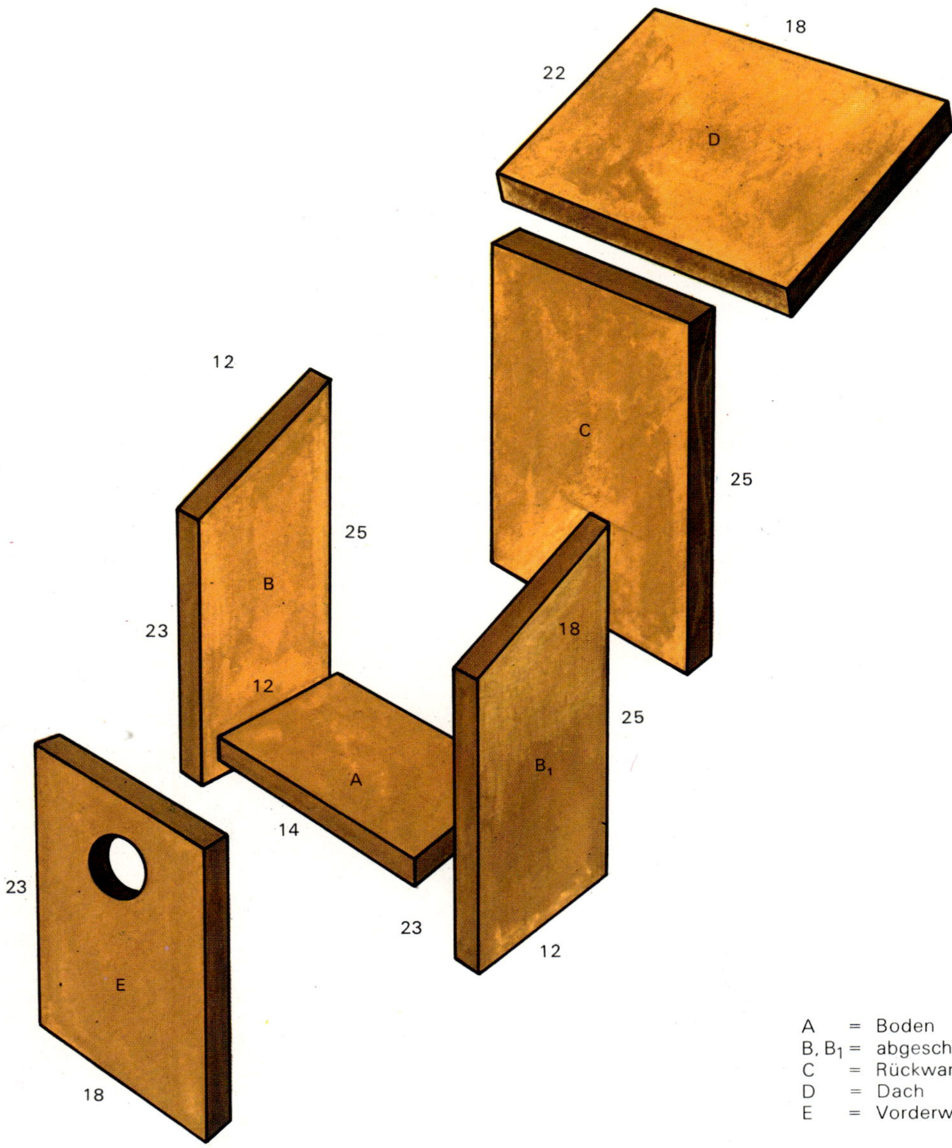

A = Boden
B, B_1 = abgeschrägte Seitenwände
C = Rückwand
D = Dach
E = Vorderwand

Zuschnitt der Bretter

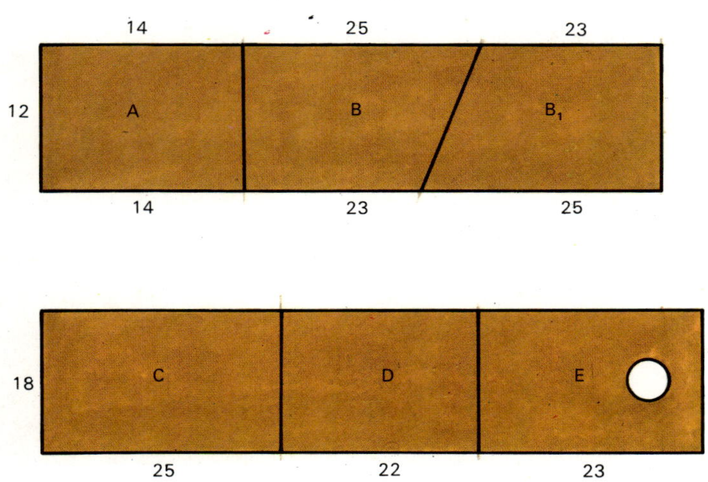

Bei Serienanfertigung mehrerer
Vogelkästen jeweils mehrfach

Überstehendes Holzbrett, auf das der Kasten mit der Rückwand aufgeleimt wird; oben und unten Einkerbungen zum Befestigen des Bretts an einem Baumstamm.

2 Längs der aufgezeichneten Schnittlinien werden die Teile zugeschnitten. Die in unserem Bild dargestellte Tischkreissäge ist für das Aussägen der Einzelteile nicht unbedingt erforderlich. Ein Fuchsschwanz oder eine Bügelsäge reicht völlig aus.

3 Vor dem Zusammenbauen der Einzelteile wird aus der Vorderwand an der markierten Stelle ein rundes Schlupfloch ausgesägt (ø 25-35 mm), dessen Größe sich nach der Vogelart richtet, für die der Kasten bestimmt ist.

Will man den Nistkasten besser vor Witterungseinflüssen schützen, kann man seine Außenflächen gegen das Eindringen von Feuchtigkeit, Regen oder Schnee mit einem Pflanzenöl (z. B. Nuß-Öl oder Leinöl), einem Firnis oder einem wasserabstoßenden Anstrich behandeln. Man darf jedoch kein Produkt wählen, das einen starken Geruch ausströmt, da sonst der Nistkasten von den Vögeln nicht angenommen wird. Wenn Sie die Außenseiten präparieren, lassen Sie die frischen Lackflächen gut trocknen, damit die von den meisten Anstrichen ausgehenden Dämpfe vollständig verfliegen können. Am besten wäre es natürlich, das Vogelhäuschen unbehandelt zu lassen.

Arbeit dadurch ein wenig erleichtern, daß man die Vogelhäuschen mit etwas Sägespänen und Hobelabfällen füllt. In jedem Fall sollten die Innenwände des Häuschens unpoliert und unbehandelt bleiben, da die rauhe Holzoberfläche den Vögeln häufig beim Nestbau Material liefert und sie außerdem daran einen besseren Halt finden, um den Kasten mühelos wieder verlassen zu können.

Ist der Vogelkasten fertig und am Baum befestigt, muß man den Vögeln etwas Zeit lassen, sich an die Behausung zu gewöhnen und in aller Ruhe deren Sicherheit auszukundschaften. Beim Beziehen eines Quartiers werden die meisten Vögel nur ungern vom Menschen gestört; ein häufiges Aufsuchen der Kästen würde die künftigen Bewohner vertreiben. Es empfiehlt sich also, in gebührender Ferne »Posten zu beziehen« und sich — zumindest am Anfang — auf Beobachtungen mit einem Fernglas zu beschränken.

Die meisten Vogelarten können an schneefreien Wintertagen auch in den Städten ausreichend Nahrung finden; sobald eine geschlossene Schneedecke über den Gärten liegt, sind sie jedoch auf gestreutes Futter angewiesen. Als ideale Vogelnahrung für kalte Wintertage eignen sich Fett, Nüsse, Samen aus Tannenzapfen, Sonnenblumenkerne oder ausgestreute Vogelhirse, aber auch die sog. »Meisenbälle«, die es in einem kleinen Netz, fix und fertig zum Aufhängen neben dem Nistkasten, zu kaufen gibt.

Sind die auf dem Balkon oder im Garten angebrachten Vogelkästen erst einmal von ihren Bewohnern fest bezogen und die im Winter angebotenen Futterplätze in der gefiederten Nachbarschaft bekannt, kann man bei der Beobachtung ihres munteren Treibens viel Freude haben und manche ornithologischen Erkenntnisse sammeln.

4 Dann werden die Einzelteile zusammengesetzt und vernagelt. Die Nägel genau ansetzen und senkrecht einschlagen, damit weder innen noch außen am Vogelhaus Nagelspitzen herausragen.

5 Um das Vogelhäuschen gegen Witterungsschäden zu schützen, werden die Außenflächen mit einem speziellen Holzlack oder wasserabstoßendem Firnis behandelt. Er muß weitgehend geruchsfrei sein, wenn der Kasten von den Vögeln angenommen werden soll.

Der Klang dieses schönen Instruments wird Sie bezaubern. Es ist einfach zu bauen und genauso leicht ist es, darauf zu spielen. Ein Spaß für die ganze Familie.

Tönendes Schmuckstück: Finnen-Harfe

Auf dem Foto sehen Sie das Ergebnis unserer Werkarbeit: Es ist der Nachbau eines alten finnischen Nationalinstruments, der Kantele. Die neun Saiten sind so gestimmt, daß mit den eingestellten Tonlagen fast jede Melodie gespielt werden kann. Die Kantele wird mit den bloßen Fingern gezupft. Der Körper des Instruments besteht aus Rahmen, Boden

MATERIALLISTE

Boden und Decke	Kiefernholz	410×130× 5 mm
Längsseiten	Kiefernholz	710× 35×10 mm
Stirnseite, lang	Kiefernholz	200× 40×35 mm
Stirnseite, kurz	Kiefernholz	80× 50×35 mm
Steg	Messingblech	95× 12× 2 mm
Saitenbefestigung	9 Zitterwirbel 9 Nägel	
Sopransaiten	Stahl	3 m lang, ⌀ 0,25 mm
Kaltleim, Vierkantschlüssel		

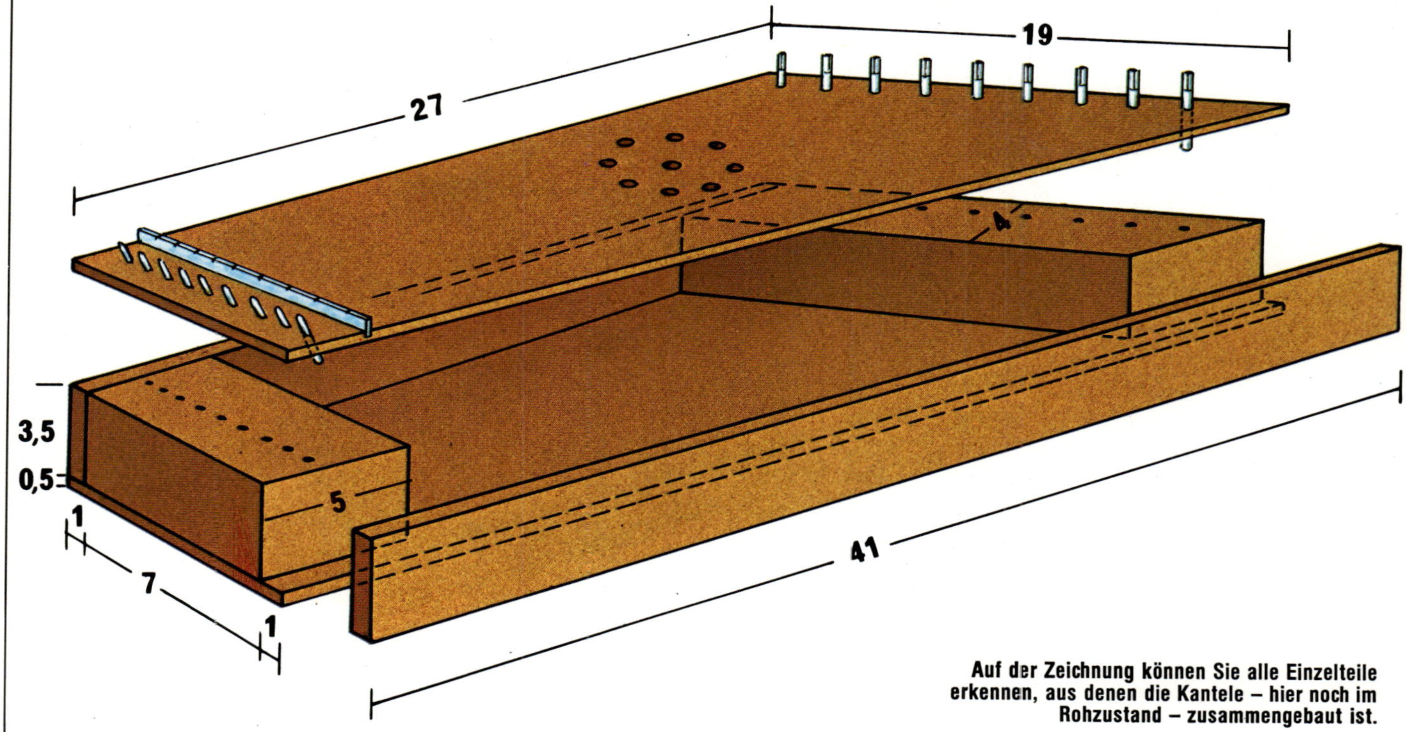

Auf der Zeichnung können Sie alle Einzelteile erkennen, aus denen die Kantele – hier noch im Rohzustand – zusammengebaut ist.

und Decke. In dieser Reihenfolge baut man die Kantele auch zusammen. Für den Rahmen benötigt man zwei Kiefernleisten (Längsseiten) und zwei Kiefernholzklötze (Stirnseiten), die entsprechend der Zeichnung zurechtgeschnitten und verleimt werden. Die Leimstellen mit Schraubzwingen zusammenpressen. Nach dem Abbinden kann der Rahmen glattgeschliffen werden (Körnung 100).

Bevor Sie Boden und Decke aufleimen, müssen Sie die Lochrosette in die Decke bohren. Den Mittelpunkt der Lochrosette erhalten Sie, wenn Sie auf der längeren Seite der Decke 21 cm von links und im rechten Winkel dazu 7 cm abmessen. Der Radius, auf dem sich die acht Rosetten befinden und deren Abstand voneinander beträgt 2 cm (⌀ jeder Rosette 6 mm). Am fertigen Körper werden nun alle Ecken und Kanten gebrochen und nachgeschliffen.

Als nächstes werden die Löcher für die Spannwirbel gebohrt. Die Löcher befinden sich 1,5 cm parallel zur rechten Schrägseite und in einem Abstand von jeweils 2 cm. Die Wirbel mit einem Vierkantschlüssel eindrehen. Auf der gegenüberliegenden Seite etwa 3 mm dünne Nägel schräg in das Holz einschlagen, über die später die Saiten gestreift werden. Der

Ein schönes Zupfinstrument, das Ihnen und Ihren Kindern Spaß machen wird

Abstand voneinander beträgt 9 mm, wobei die äußeren Nägel 10 mm von den Außenkanten entfernt sind. Die Köpfe der Nägel abkneifen und die Schnittstellen abrunden.

So wird das Instrument gestimmt: Die Tonfolge der einzelnen Saiten ist, begonnen bei der längsten und tiefsten, d', e' (fis), g', a', h' (dis), d', e'. Die Saiten werden mit dem Vierkantschlüssel behutsam und vor allem nicht zu schnell angespannt.

Für den Messingsteg, 3,5 cm parallel zur linken Seite, einen 2 mm breiten und 3 mm tiefen Schlitz in die Decke sägen. Nachdem der Steg in das Holz eingelassen ist, kann das Instrument bespannt werden.

Die Saiten an einem Ende mit Ösen versehen, über die Nägel streifen und das andere Ende in die Wirbellöcher stecken. Unter Zugabe von 40 mm schneidet man die Saiten ab. Wieder abnehmen, jetzt zuerst um die Wirbel wickeln, bis sich die Saiten gerade noch über die Stifte legen lassen. Mit dem Vierkantschlüssel spannt man nun alle Seiten leicht an.

Die Kantele kann gestimmt werden.

Selbstgefertigte Fotoalben

Fotografien sind wertvolle Erinnerungsstücke und werden in den meisten Fällen ein Leben lang aufbewahrt und gesammelt. Mit dem Aufbewahren allein ist es jedoch meist nicht getan. Oft landen die geschätzten Erinnerungsstücke lose in Schachteln, sind nie im rechten Augenblick bei der Hand und werden vergessen oder verloren. Gekaufte Fotoalben helfen in der Fotosammlung Ordnung schaffen, sind allerdings kostspielig und häufig nicht maßgerecht oder entsprechen nicht dem persönlichen Geschmack. Bei selbstgefertigten Fotoalben, wie wir sie Ihnen hier vorstellen, können Sie die Farbtöne der Einlageblätter selbst bestimmen und schöne Einbanddecken nach eigenen Vorstellungen gestalten.

Links: Mit Falzbein und Lineal werden die Seiten für das Album im Abstand von etwa 1,5 cm vom Rand gebrochen.

Grundform

Für das Album werden 18 bis 20 Blätter Fotokarton benötigt, die in der gewünschten Größe zugeschnitten werden. Je nachdem, ob das Album Längs- oder Querformat haben soll, werden nun die Kartonblätter an der Längs- bzw. Schmalseite im Abstand von etwa 1,5 cm vom Rand »gebrochen«, d. h. man gräbt mit dem Falzbein längs des aufgelegten Lineals eine tiefe Rille in den Karton ein.
Vom gleichen Karton sind noch eine Anzahl 1,5 cm breiter Streifen von der Länge der gebrochenen Kartonseite zu schneiden, die als Zwischenlage etwa nach jedem zweiten Blatt mit in den Rücken eingelegt werden, damit die Fotos im Album gleichmäßig auftragen und die Seiten nicht aufklaffen.
Für die beiden Einbanddeckel schneiden wir zwei Kartonstücke zu, die 0,5 cm länger und breiter sind als die Albumblätter. Nun wird von jedem Deckel ein Streifen von der Breite der Zwischenlagen abgeschnitten. Daneben schneidet man ein großes Stück Packpapier in den folgenden Maßen zu: die Breite entspricht der Kantenlänge der Einbanddeckel (Rückenlänge des Albums), die Länge errechnet sich aus der Rükkenbreite plus der Breite beider Deckelstreifen plus zusätzlichen 2,5 cm auf jeder Seite. Für die Abmessung der Rückenhöhe mißt man die aufeinandergelegten Fotokartons mit den Zwischenlagen und zählt 8 mm dazu. Die Maße für den Rücken werden

Links: In derselben Breite wie der gebrochene Seitenrand werden aus Karton Zwischenstreifen zugeschnitten, die nach jeder zweiten Seite in den Rücken eingelegt werden.
Unten: So werden die Einbanddeckel auf Packpapier aufgeleimt.

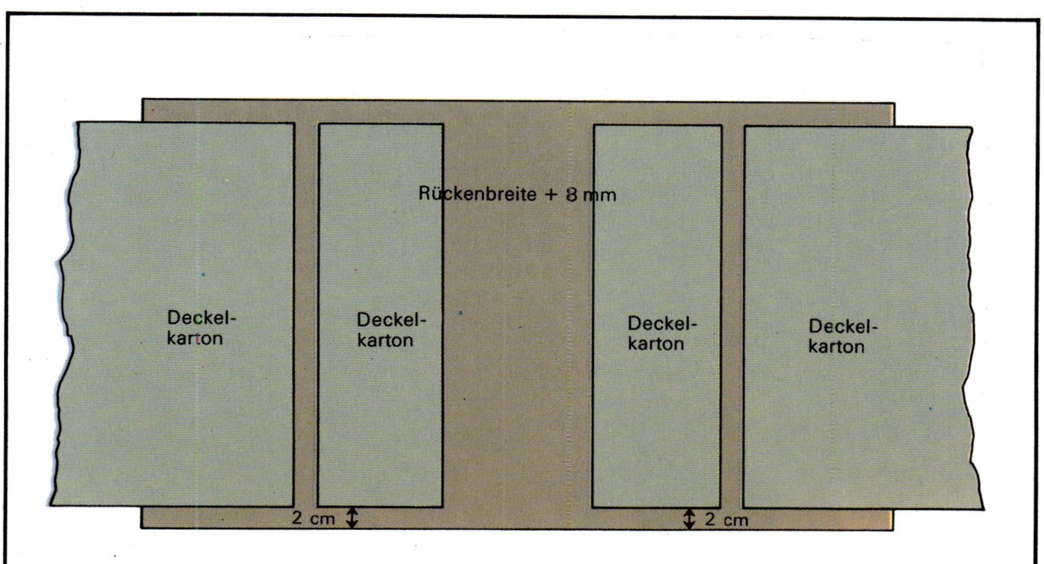

Von oben nach unten: Nach dem Lochen werden die Seiten und Zwischenstreifen sauber aufeinandergelegt; durch die beiden Löcher wird eine Kordel gezogen, die die Seiten mit dem Einband verbindet und fest zusammenhält. Ganz unten: Hier sehen Sie die fertige Schnürung: Die Kordelenden werden zur Schleife gebunden.

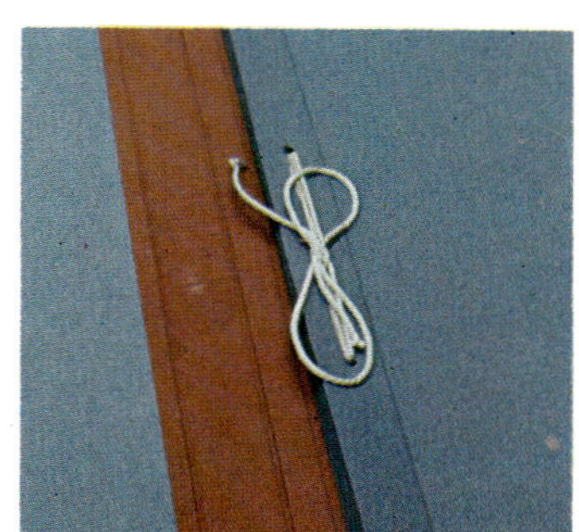

Links außen: Die in der Mitte gefalteten Doppelblätter werden paarweise ineinandergesteckt; sie bilden die »Lagen« unseres Albums. Links: Die Zwischenstreifen werden längs in der Mitte gefaltet und über jede Lage geschoben. Unten: Auf die oberste und die unterste Lage werden die Vorsätze geklebt, die ebenfalls aus gefalteten Doppelblättern bestehen. Ganz unten: So sieht der fertig geheftete Albumrücken aus; drei Heftbandstücke wurden mit Zwirn über die Lagen genäht.

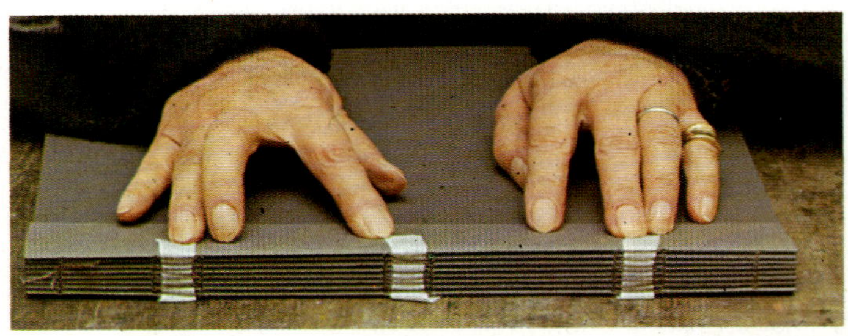

auf dem Packpapier mittels zwei paralleler Bleistiftlinien festgehalten und die Deckelstreifen längs dieser Linien rechts und links aufgeklebt; schließlich werden auch die Deckel im Abstand von je 0,5 cm beiderseits der Streifen aufgeleimt. Nun werden die Einbanddeckel bezogen.

Für den Leinenrücken schneiden wir einen Stoffstreifen von der auf dem Packpapier markierten Rückenbreite zu, lassen jedoch auf beiden Seiten einen 2 cm breiten Rand überstehen, der eingeschlagen wird. Die Innenseite des Rückens wird mit einem Gewebestreifen beklebt, der dieselbe Breite hat wie der äußere, jedoch 0,5 cm kürzer ist als die Rückenlänge. Gepreßt wird die volle Fläche, bis der Leim getrocknet ist.

Für den Deckelbezug wählt man nun ein geeignetes Schmuckpapier und beklebt dabei die Außenseiten des Deckels. Das Einbandpapier wird jeweils an den drei freien Deckelkanten umgeschlagen (Schrägschnitt für die Ecken); an der Rückenseite des Albums sollte der Bezug den Leinenstreifen ein wenig überlappen. Auf die Innenseite des Deckels wird ebenfalls ein Blatt Fotokarton geklebt. Während der Leim trocknet, wird wieder die volle Fläche gepreßt.

Das Lochen mit Locheisen und Hammer muß in Deckel und Blatteinlagen gleichmäßig nach einer Pappschablone erfolgen. Mit Hilfe einer durch die Löcher geführten Seidenkordel wird das fertige Album fest zusammengehalten.

Album mit Buchheftung

Für diesen Albumtyp wird Fotokarton in der doppelten Blattgröße zugeschnitten und in der Mitte gefalzt. Aus demselben Karton schneidet man 2 cm breite Streifen von der Länge der späteren Rückenlänge. Diese Streifen werden ebenfalls (in Längsrichtung) in der Mitte gefaltet und jeweils um zwei Seitenpaare gelegt, um dem Rücken die erforderliche Höhe zu geben. Dann legen wir die Doppelblätter gefaltet wie die Lagen eines Buches übereinander und heften sie mit einem nicht zu dünnen Zwirn (farblich möglichst passend zum Karton der Blatteinlagen) und drei Heftbandstreifen einzeln ab (siehe Abb.). Die Knotenstellen des Heftzwirns dürfen nicht in den Rücken zu liegen kommen.

Nach der Heftung schneidet man die überstehenden Leinenbänder bis auf einen kleinen Rest ab und preßt den Albumrücken in einer Behelfspresse. Nun kann der Rücken mit dünnflüssigem Leim bestrichen und mit einem Schirtingstreifen zur Verstärkung überklebt werden. Dann läßt man den verleimten Rücken gut trocknen.

Für die sogenannten Vorsätze, die leeren Blätter zwischen Deckel und Seiten, faltet man zwei Kartonstücke (derselben Größe und Farbe wie die Blatteinlagen) in der Mitte und klebt sie an der Rückenseite jeweils vorne und hinten auf unseren »Buchblock« auf. Die Fertigung des Einbands erfolgt in diesem Fall wie beim Buchbinden.

Andere Albumtypen

Neben den bisher erklärten Albumtypen gibt es noch einfachere Fertigungsweisen, bei denen die Blatteinlagen aus starkem Papier bestehen. Wieder werden Doppelblätter zugeschnitten, in der Mitte gefaltet und in der gewünschten Anzahl aufeinandergelegt. Bei diesen dünneren Blättern ist das Brechen des Randstreifens nicht erforderlich.

Die beiden Vorsätze bestehen wiederum aus zwei gefalteten Papierblättern, deren Höhe der des Albums entspricht. Sie werden am Mittelbruch mit einem etwa 3 cm breiten Schirting- oder Perkalinstreifen verstärkt.

Beim Heften der Lagen mit Zwirn und Heftband (wie im zuvor beschriebenen Modell) werden diese Vorsätze gleich mit gefaßt. Für die Rückenversteifung werden Schirting- oder Perkalinstreifen zwischen die Heftstellen geklebt.

Dann wählt man einen geeigneten Karton für den Einband und schneidet daraus die Deckel zu. Für das Album sollten die Deckel etwas größer als die Blatteinlagen zugeschnitten werden, damit diese ausreichend geschützt sind. Die Einbanddeckel werden nun auf die Vorsätze so aufgeleimt, daß sie an allen Seiten überstehen. Auch am Albumrücken muß der Einbanddeckel etwa 0,5 cm überstehen, damit das Album sich später leichter öffnen läßt. Dann wird das Album, wie oben beschrieben, gebunden.

Um zu verhindern, daß das Album später beim Einkleben der Bilder aufklafft, weil die Rückenhöhe nicht ausreicht, können wir es mit der doppelten Anzahl von Papierseiten herstellen und jede zweite Seite etwa 2 cm vom Rand brechen. Durch Herausreißen dieser angeritzten Seiten erhält im Lauf der Zeit der Rücken mehr Spiel.

Album mit austauschbaren Seiten

Hier lassen sich die Albumseiten einzeln herausnehmen und nach Belieben neue hinzufügen. Die Seiten dürfen deshalb am Rücken weder verklebt noch geheftet werden.

Für diesen Albumtyp wird von den Blatteinlagen jeweils ein 2 cm breiter Streifen abgeschnitten. Streifen und Seite werden nebeneinander auf ein Leinenband geleimt, so daß zwischen beiden etwa 0,5 cm Band unbeklebt bleibt. Durch diese bewegliche Verbindung bekommen die Albumseiten dann ausreichend Spiel.

Die seitlichen Streifen der Einlegeblätter werden jeweils zweifach gelocht; durch die Lochung werden später Ringe oder eine Kordel geführt, die das Album zusammenhalten. Um ein Ausreißen der Lochung zu verhindern, empfiehlt es sich, diese bereits bei der Herstellung mit solchen Verstärkungsringen zu umkleben.

Für diese Art von Album eignet sich ein fester Einband aus zwei Deckeln mit offenem Rücken. Die Einbanddeckel werden genau wie die Seiten gelocht, und das Ganze wird zusammengefügt.

Rechts: Besonders dekorativ wirken unsere Fotoalben, wenn die Einbanddeckel mit solch phantasievoll gemusterten Kleisterpapieren bezogen werden. Der Farbton der Blatteinlagen ist auf den Einband abgestimmt.

Rotes Album

Auf den beiden unteren Abbildungen zeigen wir Ihnen noch eine weitere Machart für ein Fotoalbum mit offenem Rücken. Das Besondere an diesem Album ist nicht nur die ausgefallene Farbe der Blatteinlagen, die genau auf die Musterung der Einbanddeckel abgestimmt wurde, sondern auch die dekorative Schnürung am Rücken, die mit einfacher Paketschnur oder mit einer Seidenkordel hergestellt werden kann. In diesem Fall müssen in Blätter und Deckel jeweils 5–7 Löcher gestanzt werden. Besonders reizvoll ist z. B. die »japanische Bindung«, für die die Kordel auch über den Rücken geführt wird. Das Album wird auf diese Weise fester zusammengehalten.

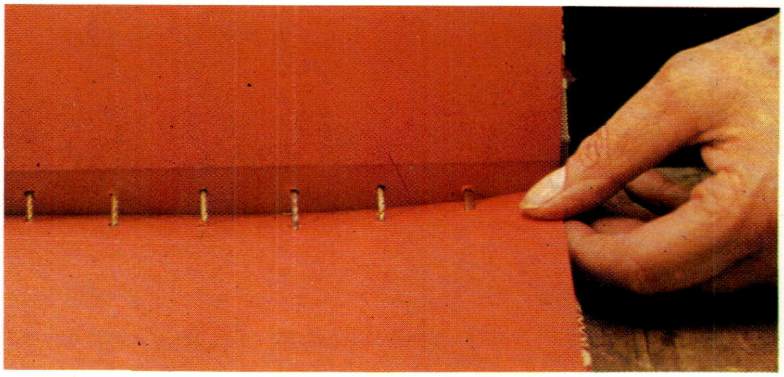

Eine lustige Spielerei aus Wäscheklammern

Bunte Kinderarmbänder

Kindern machen gerade Basteleien aus den einfachsten Gegenständen des Alltags großen Spaß. Diese originellen Armbänder werden aus den Federn von Wäscheklammern hergestellt.

Das Einhängen der Federn aus Wäscheklammern geht kinderleicht. Aus buntlakkierten Kettengliedern lassen sich hübsche Kombinationen herstellen.

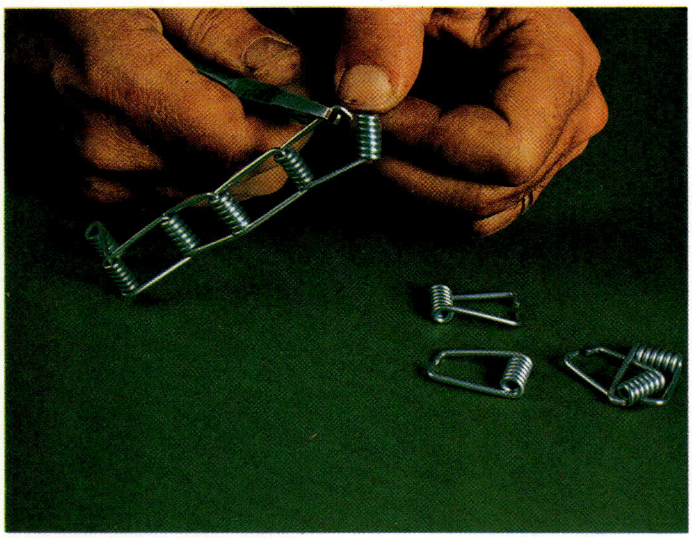

Eine Drahtzange erleichtert das Einhängen der Drahtenden in die Spirale der jeweils folgenden Feder: die Glieder werden so etwas zusammengedrückt.

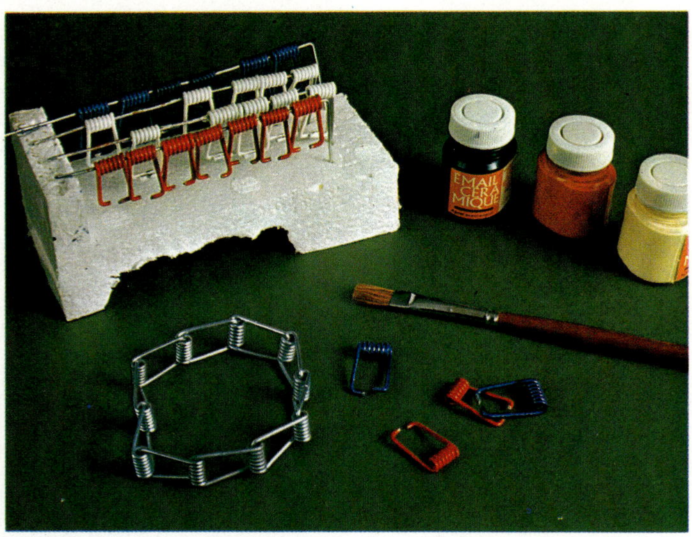

Mit einem weichen Pinsel und kalt aufzutragendem Emaillack (oder anderem Metallack) bekommen die Kettenglieder ein fröhliches Farbkleid.

Aus alltäglichen Gegenständen lassen sich überraschende Dinge zaubern, und solche kleinen Basteleien bereiten Kindern meist ebensoviel Freude wie aufwendiges Spielzeug.

Das Basteln mit Federn von Wäscheklammern könnte kaum simpler sein. Zuerst werden die beiden Klammerhälften aus der Feder entfernt (man kann auch defekte Wäscheklammern eigens für diesen Zweck sammeln) und die offenstehenden Enden gegenüber der Spirale mit einer Drahtschneidezange etwas gekürzt. Dies ist erforderlich, da die doppelt liegenden Drahtenden der Feder nur mit Mühe in die Spirale des nächsten Kettenglieds einzuhängen wären und das Armband am Ende starr und unbeweglich würde. Je nach der Breite des Kinderhandgelenks benötigen wir für ein Armband durchschnittlich 8 bis 12 solcher zurechtgeschnittenen Wäscheklammerfedern.

Hat man die entsprechende Anzahl von Kettengliedern vorbereitet, brauchen die offenstehenden Drahtenden jeweils nur in die Spirale des nächsten Glieds eingehängt zu werden; beim Zuschneiden und Einhängen der Glieder ist darauf zu achten, daß diese möglichst wenig aufgebogen werden. Nach dem Einhängen jedes Kettenglieds drücken wir die beiden Drahtseiten mit der Hand noch einmal kräftig zu, damit das rechteckige Kettenglied gut geschlossen ist.

Wem die Armbänder in der einfachen Drahtfarbe evtl. zu schmucklos sind, kann sie nunmehr mit einem deckenden Emaillack oder einem anderen auf Metall haftenden Lacküberzug bunt anmalen. Vorher müssen die Kettenglieder jedoch gründlich entfettet werden: Man taucht sie in eine wäßrige Sodalösung oder reibt sie mit Methylalkohol oder Waschbenzin ab. Der Farbauftrag sollte mit einem weichen Pinsel möglichst dünn erfolgen (die Farbe sorgfältig in die Spirale streichen). Durch zweifachen Farbauftrag wird die Lackschicht haltbarer, manchmal aber auch zu dick. In jedem Fall müssen die einzelnen Farbschichten mindestens 12 Stunden trocknen.

Eine zweite Möglichkeit für das Lackieren des Armbands ist, das fertige Werkstück in farbigen Lack einzutauchen, doch ist das Ergebnis bei diesem Verfahren nicht immer zufriedenstellend.

Zum Trocknen werden die lackierten Kettenglieder auf einen Draht aufgereiht. Beim Zusammensetzen der Ketten können Sie — ganz nach Wunsch der kleinen Trägerin — ein- oder mehrfarbige Kombinationen herstellen.

Die Polystyrole

Über dreiviertel der gesamten heute verarbeiteten Kunststoffe zählen zu den Thermoplasten. Innerhalb dieser Gruppe unterscheiden wir die drei »großen« Massenkunststoffe, die wohl auch noch in Zukunft den Kunststoffmarkt beherrschen werden: das Polyvinylchlorid (PVC), die Polyolefine und die Polystyrole. Diese letzte Gruppe soll hier behandelt werden.

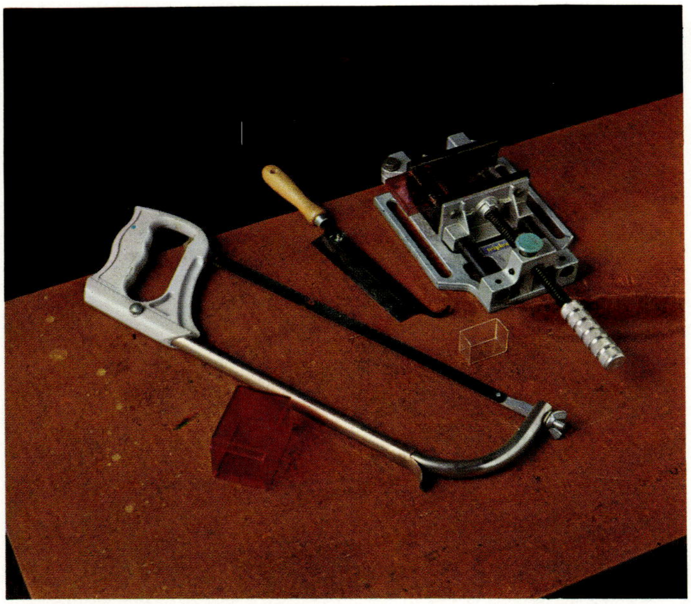

Polystyrol kann mit herkömmlichen Werkzeugen (Sägen, Feilen usw.) bearbeitet werden. Feinsägen und feine Halbrundraspel sind für diese Arbeit gut geeignet.

Zu der komplexen Gruppe der Polystyrole zählen neben dem Polystyrol dessen zahlreiche, technisch eher bedeutsamere Modifikationen, in der Fachterminologie Copolymerisate genannt, die den dritten Platz unter den Großprodukten des Kunststoffsortiments belegen.
Ausgangsprodukt für das Polystyrol ist Äthylbenzol, das in Gegenwart von Aluminiumchlorid aus Benzol und Äthylen gewonnen wird. Das Polystyrol (PS) ist transparent wie Glas, glänzend, klebbar und polierfähig, dabei hart, spröd und zerbrechlich.
Aufgrund seiner unbefriedigenden mechanischen Eigenschaften (Sprödigkeit) findet das Polystyrol, das zu den billigsten Kunststoffarten zählt, vorwiegend für Einwegverpackungen (z. B. für Joghurt, Milch usw., aber auch für Produkte der kosmetischen und pharmazeutischen Industrie), für kurzlebige Gebrauchsartikel (z. B. Lineale, Zeichendreiecke, Diakästchen usw.), Spielwaren und Werbeartikel Verwendung. Polystyrol ist leicht entflammbar und wenig wärmebeständig: Gegenstände aus Polystyrol verformen sich bereits in kochendem Wasser.
Von außerordentlich großer Bedeutung in der Industrie sind die Polystyrol-Schaumstoffe, für die Polystyrol-Kugeln durch eingeblasenen Heißdampf geschäumt und verschweißt werden. Die Schaumstoffe sind leicht entflammbar und wirken temperatur- und schalldämmend. Die leichten, zähfesten Schaumstoffe aus Polystyrol — im Handel unter dem Warenzeichen »Styropor« verbreitet — werden vor allem als Strukturschäume im Möbelbau, für Zwecke der Wärme-, Kälte- und Schallisolation und zur Verpackung zerbrechlicher Industriegüter verwendet.
Die Schaumstofftafeln oder -blöcke lassen sich mit einem scharfen Messer oder Allzweckschneider in jeder gewünschten Form zuschneiden und mit Spezialklebern verarbeiten. So lassen sich die Polystyrol-Schaumstoffe, die von vielen achtlos als Abfälle weggeworfen werden, für den Modellbau, für Isolierarbeiten im eigenen Haushalt sowie für Dekorations- und Bastelarbeiten sinnvoll nutzen. Beim Basteln mit PS-Schaumstoff erweisen sich mitunter selbst die für die Industrie ungünstigen Materialeigenschaften als positiv: Mit einem heißen Bügeleisen oder dem Lötkolben kann man Schaumstoffdekorationen mit Mustern versehen oder beschriften oder diese beliebig verformen; da PS durch Benzin, Benzol und Chlorkohlenwasserstoffe zersetzt wird, kann der Heimwerker mit Hilfe dieser Chemikalien die Schaumstoffblöcke ebenfalls beliebig verformen.
Da die Möglichkeiten, mit Schaumstoffteilen zu basteln, sehr vielfältig sind und das Material kostenlos zu haben ist, lohnt sich für jeden Hobbybastler der Versuch damit.
Der Kunststoffindustrie ist es gelungen, die industriell wenig befriedigenden Eigenschaften von Polystyrol zu verbessern, indem sie es mittels Copolymerisation mit anderen Kunststoffen kombinierte. So erhielt man beispielsweise das Styrol/Butadien-Copolymerisat (SB), einen milchig-trüben Werkstoff mit viel günstigeren mechanischen Eigenschaften. Aus dem zähen und unzerbrechlichen SB, das ebenso temperaturunbeständig ist wie das PS, werden Gehäuse für Rundfunk- und Fernsehgeräte, Büromaschinen und weitere industrielle Formteile hergestellt. Für den Heimwerker bietet das SB kaum Möglichkeiten als Werkstoff, doch kann ihm das Wissen um die Temperaturempfindlichkeit dieses Materials viel Ärger ersparen helfen.
Vielseitiger verwendbar noch ist das Copolymerisat mit Acrylnitril (SAN), das als Werkstoff schlagzäh, transparent, chemikalien- und temperaturbeständig ist. SAN wird u.a. für Bauteile, Schalttafeln, Gehäuse, Büro- und Zeichenartikel, Verpackungen, Kühlschrankteile und Automobilzubehör verwendet. Als Arbeitsmaterial für

Hier ist die Feinstruktur des Polystyrol-Schaumstoffs deutlich zu erkennen. Durch Zusatz eines Treibmittels entstehen unzählige kleine Kügelchen.

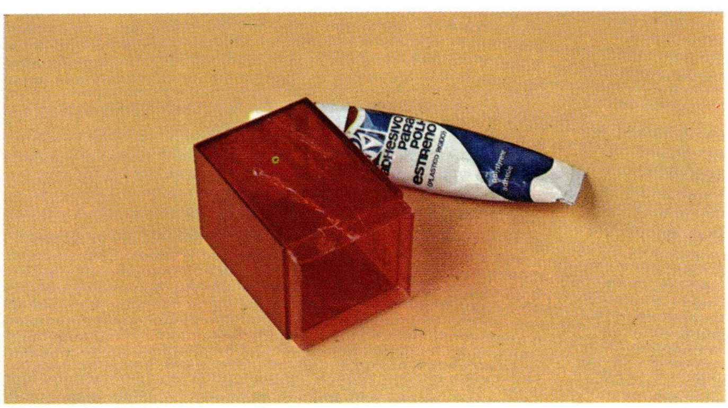

Zum Verkleben von Gegenständen aus Polystyrol kann Trichloräthylen verwendet werden; wirksamer sind spezielle Kunststoffkleber.

den Bastler spielt dieses Copolymer aus der Familie der Polystyrole ebensowenig eine Rolle wie das SB. Der Heimwerker wird sich darauf beschränken, kleine Umformungen oder Reparaturen an den zahllosen Gebrauchsgütern im Haushalt, die aus diesen Kunststoffen produziert sind, selbst vorzunehmen.
Eine wichtige Untergruppe der Polystyrole sind die sog. ABS-Polymere, die als Gemenge aus Acrylnitril, Butadien und Styrol eine sehr günstige Eigenschaftskombination aufweisen: Sie sind meist opak, leicht zu verarbeiten, sehr schlagfest, hart, temperatur-, licht- und wetterbeständig. Der Anwendungsbereich dieser Kunststoffe ist entsprechend breit. Er reicht vom Telefonapparat zum Phonokoffer, von Feuerlöschgehäusen zu Haushaltsgeräten und Rohrleitungen. Wie bei den bereits genannten Styrol-Polymeren eignen sich die ABS-Polymere nahezu ausschließlich für die industrielle Bearbeitung, begegnen dem Heimwerker aber wiederum in zahllosen Industrieprodukten für den Haushalt. Eine Ausnahme machen die Kunststoff-Furniere und Aufbügelfolien aus ABS-Polymeren, die in allen Farben und Mustern und in imitierter Holzmaserung im Handel sind. Ähnlich wie die PVC-Folien eignen sich diese Kunststoff-Furniere zum Beschichten von Kanten und Oberflächen, z. B. für das Überziehen von Küchenmöbeln, Arbeitsplatten oder Wandverkleidungen.
Eine weitere wichtige Eigenschaft der ABS-Polymere besteht darin, daß Werkstücke aus diesen Kunststoffen galvanisch metallisiert werden können. Durch die Möglichkeit des Metallisierens ergeben sich neue Verwendungszwecke, da dadurch nicht nur das Aussehen der Kunststoffprodukte verbessert wird, sondern auch deren Schlagfestigkeit und Wetterbeständigkeit erhöht werden. Für die Industrie ist die Galvanisierbarkeit bestimmter ABS-Kunststoffe von weitreichender Bedeutung; dem Heimwerker werden sie wiederum nur als Fertigprodukte begegnen.
Für alle Kunststoffe aus der großen Gruppe der Polystyrole, gleichgültig, ob es sich nun um Polystyrol-Schaumstoffe oder eines der hier vorgestellten Polymere handelt, lassen sich grundlegende Materialeigenschaften aufführen; sie sind für den Bastler auch dann von Interesse, wenn er die Kunststoffe nicht selbst bearbeitet, sondern die vielfältigen Fertigprodukte des täglichen Gebrauchs sach-

Polystyrol-Schaumstoff läßt sich mit einem scharfen Messer oder Allzweckschneider mühelos zuschneiden. Damit die Schnittlinien sauber werden und sich möglichst wenig Kügelchen lösen, wird die Klinge angefeuchtet.

Bestimmte Chemikalien wie Azeton oder Trichloräthylen zersetzen Polystyrol; mit ihnen lassen sich die Schaumstoffteile beliebig verformen. Wo die Lösungsmittel den Kunststoff angreifen, ergeben sich Einbuchtungen.

»Styropor«-Tafeln eignen sich vorzüglich als Dekorationsmaterial. Hier ein Nummernschild, bei dem die Ziffern mit dem Lötkolben eingeritzt wurden.

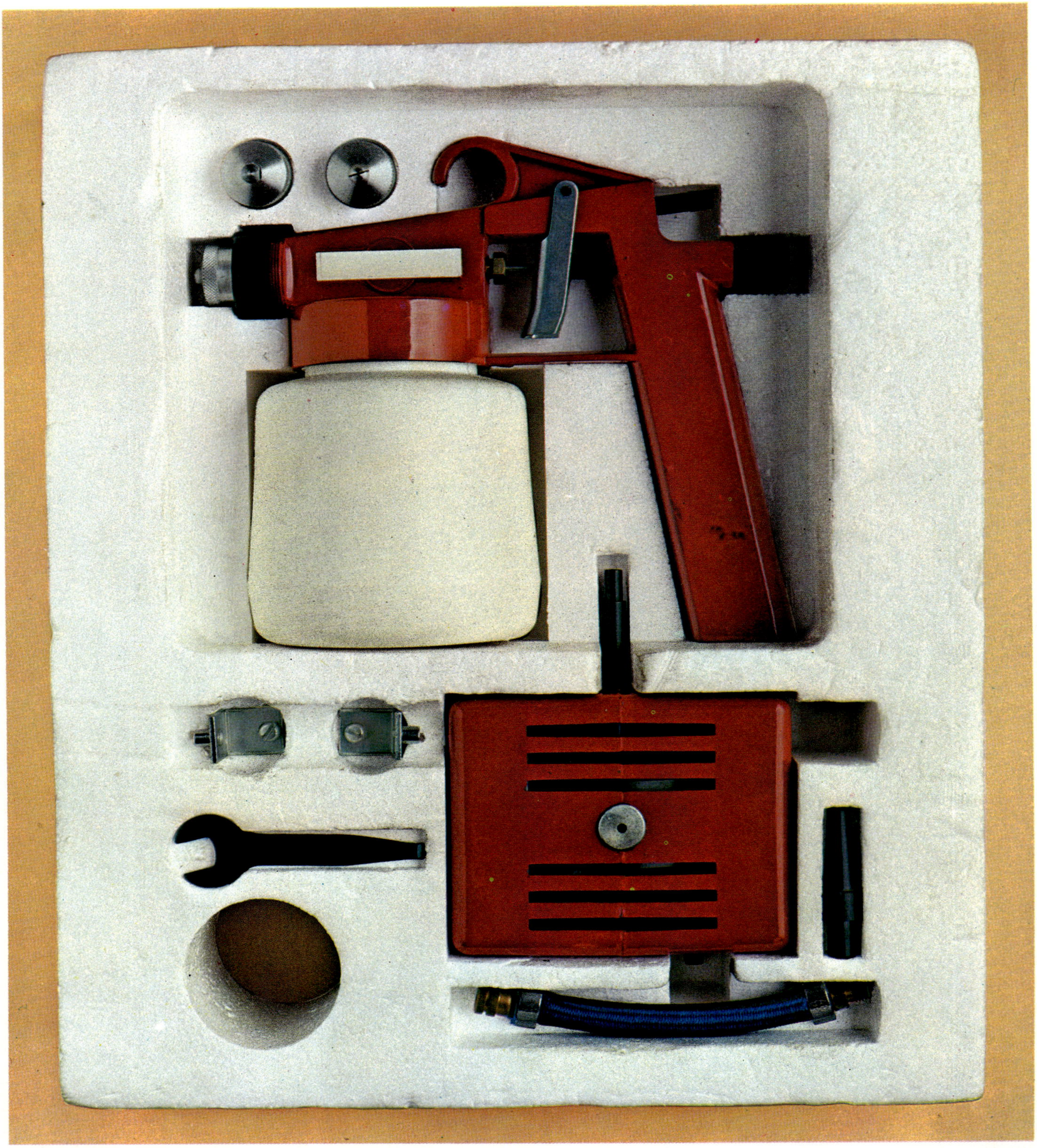

Der wichtigste Verwendungszweck für Polystyrol-Schaumstoffe im Alltag: Schutzverpackungen für stoßempfindliche Geräte und Zubehörteile. Die Einbettung in Schaumstoff bietet zugleich den Vorteil, daß die Gerätschaften übersichtlich darin präsentiert und aufbewahrt werden können.

und materialgerecht behandeln will. Alle Modifikationen des Polystyrols sind brennbar, in unterschiedlichem Maße temperaturunbeständig (in den meisten Fällen durch Hitze leicht verformbar!) und werden von Chemikalien wie Benzin, Benzol und Chlorkohlenwasserstoff angegriffen. Zum Verkleben dieser Kunststoffe dienen Lösungsmittel wie Azeton, Trichloräthylen, Benzol usw. oder darauf basierende Klebstoffe.
Für die Arbeit des Bastlers kommt als Werkstoff lediglich verschäumtes Polystyrol in Frage, das in Tafel-, Folien- und Blockform im Handel ist.
Mit »Styropor«-Platten lassen sich Decken und Betondächer gut isolieren; wegen ihrer hohen Brennbarkeit müssen sie jedoch auf jeden Fall durch nichtbrennbare Schichten abgedeckt sein.

Selber töpfern macht Freude. Immer mehr Menschen wenden sich diesem schöpferischen Hobby zu. Hübsche Gegenstände aus Keramik können Sie sogar ohne Töpferscheibe herstellen. Die Aufbaukeramik und die Gießtechnik, die wir auf

KURSUS 71

TÖPFERN

den nächsten Seiten zeigen, erfordern keinen großen Aufwand an Werkzeug. Allerdings muß man die angefertigten Teile zum Brennen wegbringen. Über das Arbeiten mit der Töpferscheibe informieren wir Sie in einem weiteren Kursus.

Rechts: Material für die Gußkeramik. Tongießmasse, Gips für Form und Modellkörper zum Abgießen, Kaffeesieb für die Tonmasse. Links: Modellierton und Werkzeuge für die Aufbaukeramik.

Schöne und originelle Gefäße aus Ton können Sie nach eigenem Entwurf selbst herstellen.

Ton ist in verschiedenen Formen und Farben im Handel erhältlich. Es gibt ihn als Pulver zum Selbstanmachen, als Tonschlamm zum Gießen in Eimern, als verarbeitungsfertigen Modellier- oder Töpferton in Paketen. Die üblichen Farben sind weißlich, dunkelgrau, gelb und rot. Sie ändern sich nach dem Brennen. So wird z. B. gelber Ton durch den Brand ziegelrot.

Da Ton beim Trocknen und Brennen um ca. zehn Prozent schwindet, setzt man der Masse Schamottmehl oder -grieß hinzu, das diesen Schwund vermindert. Nur der sogenannte Töpferton ist ohne solche Zusätze, er läßt sich deswegen besonders leicht drehen.

Die größte Gefahr beim Töpfern sind Lufteinschlüsse. Im Brennofen nämlich will sich die Luft ausdehnen. Wenn sie keinen Ausweg hat, zerstört der Druck das Gefäß, was manchmal explosionsartig abläuft. Das kann eine ganze Ofenladung kosten. Darum ist es unerläßlich, den Ton vor der Verarbeitung gut

1 GIESSTECHNIK: Für die Gußkeramik brauchen Sie ein Modell der äußeren Form des Gefäßes, das Sie herstellen wollen. Man kann z. B. ein fertiges Gefäß nehmen und in Gips abgießen.

2 Nachdem der Gips abgebunden hat, läßt sich die entstandene Form vom Modell abheben. Hier diente eine Kunststoffolie als Unterlage, der Gips trennt sich leicht, die Fläche wird glatt.

3 Die vollkommen trockene Gipsform gießt man bis zum Rand mit Tonbrei aus. Nach einer Weile den Schwund durch Aufgießen ausgleichen.

4 Der Gips nimmt Wasser auf, an der Wand bildet sich eine feste Tonschicht. Wenn sie dick genug ist, gießt man den Rest des Tons ab.

5 Den Streifen, der beim Ausgießen außen an der Form zurückbleibt, läßt man leicht antrocknen und entfernt ihn dann mit einem Spachtel.

6 Durchs Trocknen schrumpft das gegossene Stück um ca. 10%. Es löst sich dadurch von der Wand der Form, man kann es nun herausnehmen.

7 Das neue Gefäß hebt man vorsichtig, am besten mit beiden Händen, heraus. So vermeidet man Beschädigungen und Verformungen.

8 Für eine Flasche macht man eine zweiteilige Form. Die untere Hälfte bekommt konische Zapfenlöcher, damit man die Teile gut zusammenpassen kann.

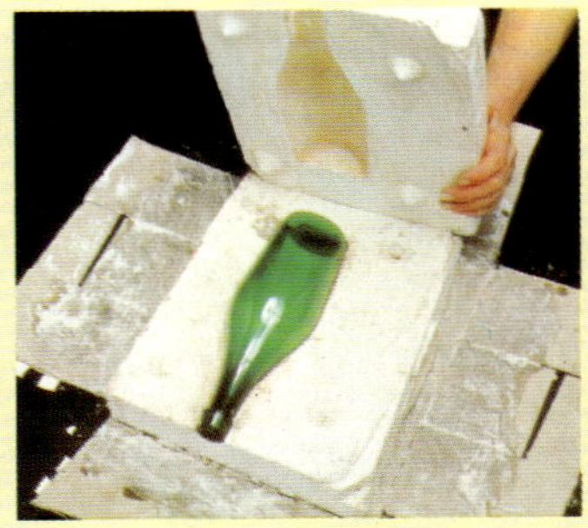

9 Die Trennfläche der unteren Hälfte wird vor dem Gießen der oberen 2mal mit Zaponlack behandelt. Achtung: Keinen Lack in den Gußraum bringen.

10 Die beiden Formhälften sorgfältig zusammenschnüren, dann durch einen Trichter den Tonbrei einfüllen. Im folgenden wie oben (4–7) verfahren.

durchzukneten oder mit einem Holz zu schlagen. Den Klumpen dabei immer wieder mit einem gespannten Draht durchschneiden und auf Luftblasen kontrollieren. Zur Formenherstellung bei der Gußtechnik nimmt man am besten Stuckgips. Man rührt ihn zu einem sämigen Brei an, wobei man den Gips ins Wasser einrührt und nicht umgekehrt. Bei der Schale in unserem Beispiel besteht das Gefäß für die Gußform aus einem Rest PVC-Bodenbelag. Die Kante zum Boden (PVC-Folie) wurde mit Ton abgedichtet. Die Gipsform muß eine ausreichende Masse haben, um nachher das Wasser aus dem Tonschlamm absorbieren zu können. Durch dieses Aufsaugen bildet sich an der Wand der Form die feste Tonschicht.

Wenn die Gußform ausgetrocknet ist, kann sie erneut für weitere Gefäße verwendet werden.

1 AUFBAUKERAMIK: Bei der Aufbautechnik rollt man sich zunächst aus nicht zu feuchtem Ton mit gespreizten Fingern die erforderliche Menge an Tonwülsten. Den Gefäßboden stellt man aus einer Wulstspirale her. Man muß sie sorgfältig zu einer Platte verstreichen, es dürfen keine Lufteinschlüsse verbleiben, sonst gibt's beim Brennen Bruch.

2 Die übrigen Wülste schneidet man auf Umfanglänge ab und verbindet die Enden zu Ringen, aus denen man die Wand des Gefäßes aufbaut.

3 Besonders sorgfältig muß man die Verbindung zwischen dem Boden und dem ersten Wandring herstellen, weil hier die Belastung am stärksten ist.

4 Auch an Übergängen und Krümmungen, wie hier am Oberteil der Kanne, muß man die Wülste besonders innig miteinander verbinden, um beim Brennen Risse zu vermeiden.

5 Die Tülle befestigt man erst, nachdem man mit einem Hölzchen (Schaschlikspieß) mehrere kleine Löcher in die Wand gestochen hat. So wirkt die Kanne zusätzlich als Teesieb.

6 Tülle und Henkel befestigt man so: Die zu verbindenden Flächen aufrauhen, dann sehr dünnflüssigen Ton auftragen und die Teile zusammenpressen, bis der Schlicker aus der Fuge quillt.

7 Die Plattenbautechnik bietet sich vornehmlich für rechteckige Gefäße an. Ton gleichmäßig dick ausrollen, mit dem Messer exakt zuschneiden, vor der Verarbeitung ca. 30 Min. liegen lassen.

8 Durch das Liegenlassen werden die Platten steifer. Man verbindet sie untereinander mit Schlicker, den man sich selbst durch Anrühren von Ton mit Wasser herstellen kann.

9 Der Schlicker wird auf die Verbindungsflächen dick aufgetragen. Beim Zusammenfügen der Teile muß er aus der Fuge herausquellen. Diesen Überschuß muß man sorgfältig glätten.

10 In den Deckel stanzt man vor dem Aufsetzen auf den Vasenkörper ein Loch in passender Größe. Für diesen Zweck eignet sich ein scharfkantiger Blechdeckel oder ein Keksausstecher gut.

11 Auf dieses Loch setzt man einen Tonzylinder, den man vorher aus einem Streifen zusammengefügt hat. Es gehört einige Übung dazu, um die Verbindung von innen ganz glattzustreichen.

12 Die einfachste Arbeitsmethode ist die Daumentechnik. Auf diese Weise kann man aus einem Tonklumpen Aschenbecher und kleine Gefäße, wie z. B. diese kleinen Vasen, herstellen.

KURSUS 72

RATTAN VERARBEITEN

Genaugenommen heißt das Material Manila- oder Manau-Rohr. Es kommt aus Südostasien und ist bei uns allgemein unter dem Namen Rattan bekannt (Rotan = Rohrgeflecht, holl.). Sitzmöbel und Tische aus Rattan sind beliebt, weil das Material billig ist, sich sehr gut verarbeiten läßt und außerdem auch noch gut aussieht.

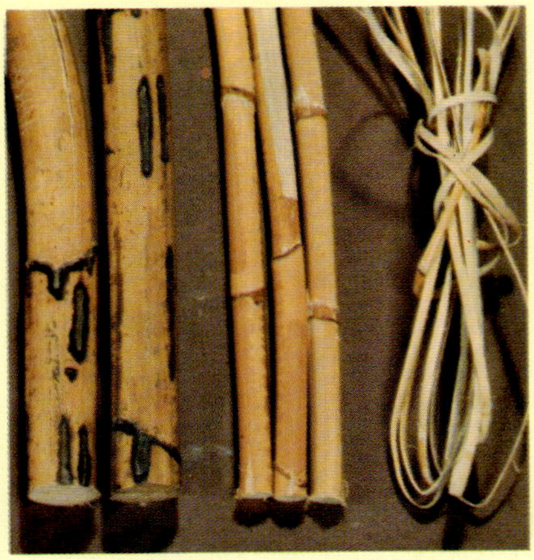

1 Rattanrohr gibt es in verschiedenen Dicken. Für Stühle und Tische sollte es 20 bis 30 mm dick sein. Für die Verbindungen nimmt man aufgespaltenes Rattanrohr (Binderohr genannt).

2 Wenn das Rohr gebogen werden soll, muß es mit einem flachen Lötbrenner heiß gemacht werden. Dabei vorsichtig mit genügend Abstand arbeiten, weil man das Rohr sehr leicht verbrennt.

3 Große Rundungen lassen sich auch mit dem Fuß biegen. Allerdings muß man behutsam vorgehen: Bei einem zu hohen Druck bricht das Rohr! Es muß immer wieder erwärmt werden.

4 Für kleine Rundungen braucht man eine Schablone, die man sich aus einer 25 mm dicken Spanplatte herstellen kann. Den Innenradius erreicht man mit Hilfe eingeschlagener Nägel.

5 Für sehr kleine Radien benutzt man ein 30 bis 50 mm dickes Buchenholzbrett, in das man ein entsprechendes Loch bohrt. Bei verschiedenen Rohrdicken mehrere Löcher bohren!

6 So werden die Rohre miteinander verbunden: Die Enden mit einer Feinsäge spitz zuschneiden. Die Flächen müssen unbedingt gerade sein. Dann eine kleine Schraube eindrehen.

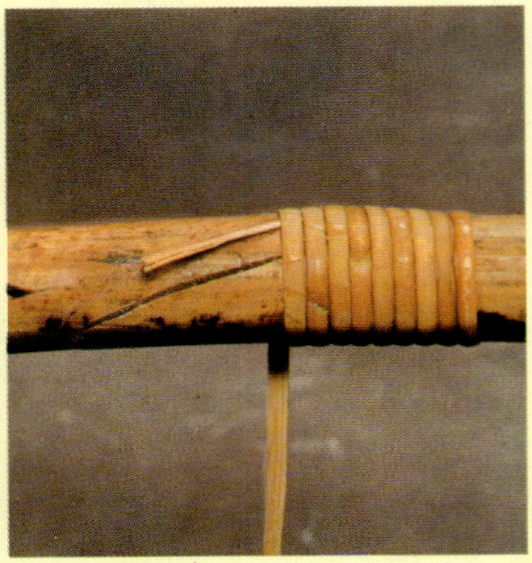

7 Die Verbindungen sollten zusätzlich gesichert werden. Hierzu benötigt man aufgeschnittenes Rattanrohr, Binderohr genannt. So verdeckt man auch den unschönen Schraubenkopf.

8 Die abgeschrägten Enden können auch verleimt werden. Die Zwinge muß vorsichtig angesetzt werden, damit die Enden nicht auseinanderrutschen. Abbindezeit: Ca. 2 Stunden.

9 So entsteht eine haltbare »T«-Verbindung: Die Binderohre mit kleinen Nägeln am Rohr befestigen, das andere Rohr anlegen und das Binderohr auf der anderen Seite annageln.

10 Danach das dünnere Binderohr darüber wickeln. Den Anfang des »Fadens« schräg legen, damit er von den anderen Wicklungen festgehalten wird. Das andere Ende jetzt verleimen.

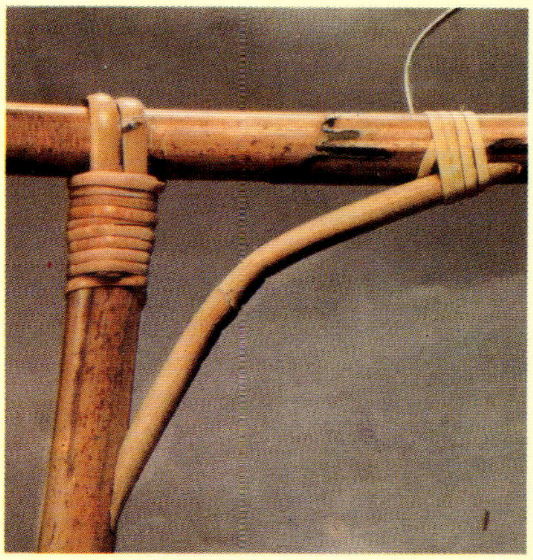

11 Diese Verbindungsart ist besonderer Belastung ausgesetzt. Deshalb ist es sicherer, noch eine Querverstrebung anzubringen. Das Rohr wird an beiden Enden angeschrägt und fest verwickelt.

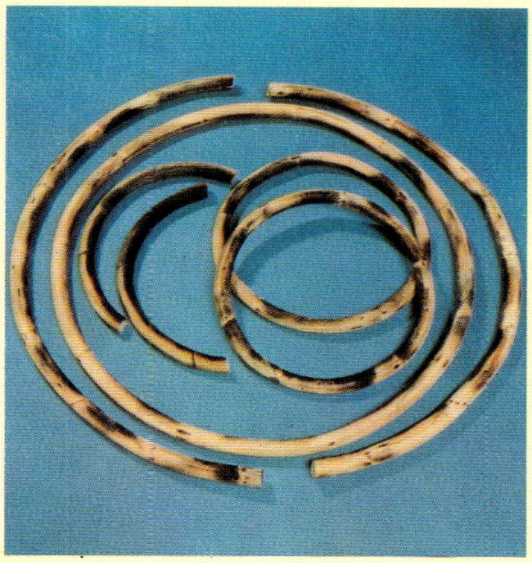

12 Das ist das Material für den Tisch. Weil das Rattanrohr später gestrichen werden soll, ist es hier nicht so schlimm, wenn die Oberfläche durch die Lötlampe ein bißchen dunkler wird.

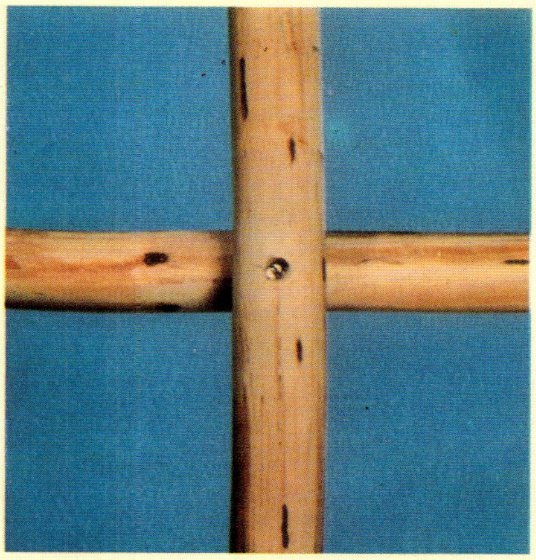

13 Alle einzelnen Rohre für Tisch und Hocker werden miteinander verschraubt. Die Senkholzschrauben sollten um 5 mm kürzer als die Materialdicke beider Rohre sein.

14 Das fertige Tischgestell braucht nur noch vorgestrichen zu werden. Wen die Jahresringe stören, der kann sie vorher mit einer gröberen Raspel und Schleifpapier entfernen.

15 Durch die etwas überstehenden Beine kann die Glasplatte, die auf dem oberen Rattanring liegt, nicht verrutschen. Nach diesem Ring die Glasplatte genau zuschneiden lassen.

16 Der kleinere Hocker wird genauso wie der Tisch hergestellt. Der Bezug ist aus Wildleder und wird unter der Sitzfläche mit Schnüren (eingeschlagene Ösen) stramm gespannt.

Ziehklingen sind für Tischler notwendige Werkzeuge. Aber auch der Heimwerker braucht sie, um Holz- oder Lackoberflächen zu glätten oder abzuziehen. Ziehklingen gibt es in verschiedenen Formen, auch als Hobel, und

KURSUS 73

ARBEITEN MIT ZIEHKLINGEN

in verschiedenen Dicken. Aber eines haben sie alle gemeinsam: Sie sind nur zu gebrauchen, wenn sie scharf sind. Was man mit ihnen machen kann und wie man sie richtig schärft, zeigen wir Ihnen in diesem Kursus.

Ziehklingen benutzt man, um Hobelspuren zu entfernen, wildgewachsene Hölzer oder Furniere zu putzen und um alte Lackschichten zu entfernen. Man schabt oder zieht mit ihnen die Späne ganz fein ab.
Für gerade Flächen gibt es einfache, rechteckige Ziehklingen, für Rundungen und für Hohlkehlen den sogenannten »Schwanenhals«. Mit einer Spezialausführung, dem Ziehklingenhobel, arbeitet es sich besonders gut, da er fest in der Hand liegt. Bei diesem Hobel werden die Unebenheiten nicht (wie mit dem Putzhobel) abgeschnitten, sondern abgeschabt. Weil das Eisen leicht nach vorn geneigt ist und einen angezogenen Grat hat, werden die Holzfasern beim Arbeiten gegen die Maserung weniger angerissen als durch einen einfachen Putzhobel.
Allerdings haben unsachgemäß geschärfte Ziehklingenhobel den Nachteil, daß sie weiche Jahresringe nicht abschaben, sondern nur herunterdrücken.
Für Heimwerker besonders gut geeignet sind die Schaber mit Ersatzklingen. Hier spart man das Schleifen und Abziehen. Die Klingen werden einfach ausgewechselt. Ziehklingen sind aus Flußstahl gefertigt und zwischen 0,6 und 1,0 mm dick. Die dickeren nimmt man für Vorarbeiten, die dünneren für Feinarbeiten, zum Nachziehen.
Das Wichtigste: Die Klingen müssen immer scharf sein. Achten Sie auch darauf, daß der Grat keine Scharten aufweist! Sonst gibt es unschöne Kratzer, die nur schwer zu entfernen sind.

▲ **1. Ziehklingenhobel, 2. verschiedene Abziehsteine, 3. runde Feile, »Rattenschwanz« genannt, 4. Ziehklingenstahl zum Gratanziehen, 5. Flachfeile, 6. Öl für die Abziehsteine, 7. Schaber, 8. Ersatzklingen für die Schaber, 9. Ziehklinge für Hohlkehlen und Rundungen, »Schwanenhals« genannt, 10. einfache Ziehklinge.**

So wird mit dem Ziehklingenstahl der Grat angezogen. Mit sehr viel Druck fährt man dabei einmal fast senkrecht über die Kante. Wichtig: Zum Körper hin arbeiten. ▶

Mit der Flachfeile wird die Ziehklinge gerade abgefeilt. Die Feile muß genau im rechten Winkel über die Klinge geführt werden. Die Feile nicht zu fest aufdrücken. Wichtig: Die Klinge darf keine Hohlkehle aufweisen!

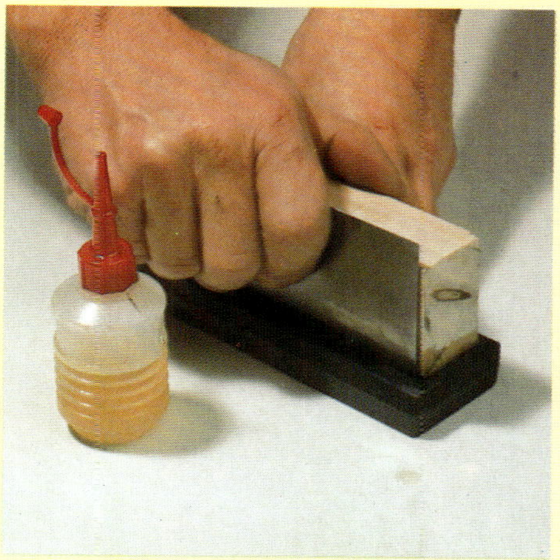

Auf dem Abziehstein wird die Klinge danach parallel mit einem Holzstück hin- und hergezogen, damit sie nicht verkantet. Alle Feilstriche müssen entfernt werden; sie ergeben Scharten im Grat.

Zuerst den Grat, der durch das Abziehen entstanden ist, entfernen: Mit dem Ziehklingenstahl flach über die Klingenbreite streichen. Dann den Stahl fast gerade über die schmale Kante ziehen (Zeichnung).

Arbeiten mit einer einfachen Ziehklinge. Vorziehen: Man biegt sie etwas durch und schabt vom Körper weg. Nachziehen: Man läßt die Klinge gerade und zieht zum Körper hin. Vorsicht: Keine Rillen in das Holz reißen!

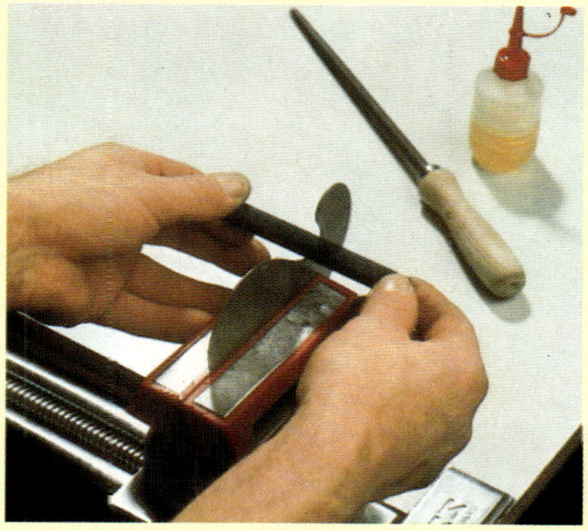

Der Schwanenhals wird mit einer runden Feile, dem »Rattenschwanz«, bearbeitet. Anschließend werden die Außen- und Innenrundungen mit einem runden Abziehstein abgezogen (siehe auch Materialfoto).

Für Rundstäbe und Hohlkehlen, die abgezogen werden sollen, ist der Schwanenhals geeignet. Dieses Gerät zu schärfen, erfordert etwas Übung. Vor allem das Anziehen des Grates ist nicht ganz einfach.

Mit einer Stellschraube wird die Ziehklinge im Ziehklingenhobel etwas durchgebogen. Die Klinge muß entsprechend dem gewünschten Abhub mehr oder weniger unten herausstehen.

Mit dem Ziehklingenhobel kann man gut glätten. Durch die beiden Griffe liegt er sicher in der Hand. Die sonst schwer putzbaren Wurzelfurniere zum Beispiel sind so leichter zu bearbeiten.

Der Schaber mit den auswechselbaren Klingen eignet sich für Heimwerker besonders gut. Der Vorteil dieses Werkzeugs: Die stumpfen Klingen können leicht gegen neue ausgewechselt werden.

KURSUS 74

ENTROSTEN

Rost ist der Erzfeind des Eisens. Wenn das Metall ungeschüzt der Witterung oder Feuchtigkeit ausgesetzt ist, oxydiert es. Die Metalloberfläche wird rostbraun, wirft Blasen und blättert ab. Der Rost frißt weiter, bis das Metall zerstört ist. Man muß dem Rostfraß rechtzeitig Einhalt gebieten, um wertvolles Material zu erhalten. Loser Rost muß entfernt werden, dann versieht man das Metall mit dem schützenden Überzug.

Losen Rost entfernt man am besten mit einer Drahtbürste. Schnell und einfach geht es mit einer Topfbürste in der Bohrmaschine.

Mit einer Schleifscheibe kann man rostige Teile bis aufs blanke Metall säubern. Hierbei unbedingt eine Schutzbrille tragen!

An gefalzten Kanten beginnt bei Autokarosserien meist der Rostfraß. Zum Entrosten muß das Metall immer vollkommen trocken sein.

Anti-Rost-Grund trocknet schnell und bietet langwährenden Schutz, wenn er richtig angewandt wird. Er ist in Grau und Braun zu haben.

Rostumwandler auf Phosphorsäurebasis wandelt Rost in haltbares Eisenphosphat um. Herkömmliche Mittel (z. B. Mennige) sind vorzuziehen.

Zinkhaltige Farbe hat eine gute Rostschutzwirkung und ist außerdem hitzebeständig bis 400°C; sie ist z. B. für Auspuffrohre geeignet.

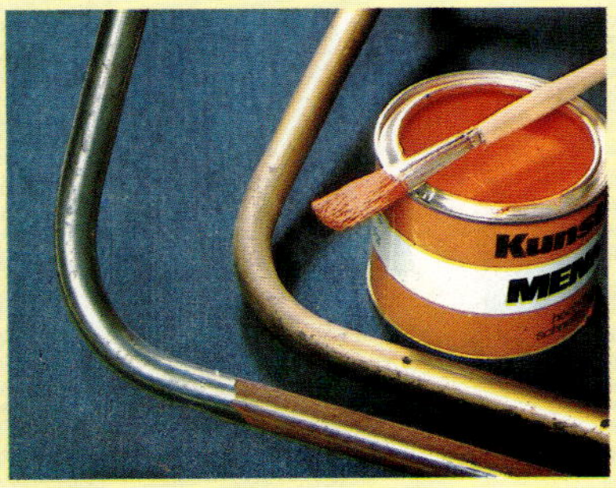

Bleimennige ist preiswert und bietet den besten und dauerhaftesten Rostschutz. Mennige auf Kunstharzbasis trocknet außerdem schnell.

Rostiges Blech mit (v.l.) Rostumwandler behandelt, unbehandelt, mit Anti-Rost-Grund, mit Zinkfarbe, mit Bleimennige und blankgeschliffen.

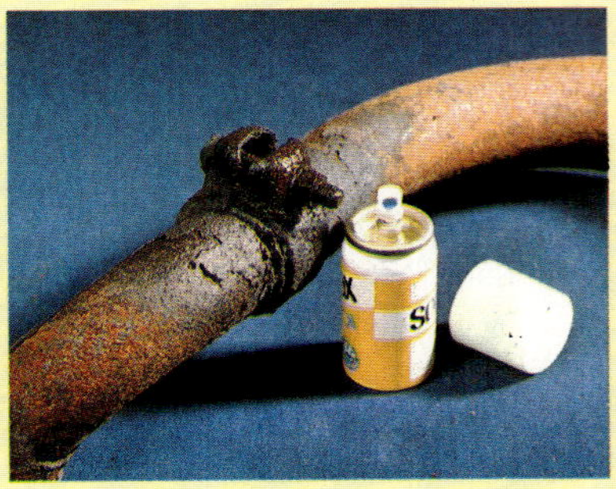

Kriechöl mit Graphit oder MoS_2 (Molybdändisulfid) hilft rostige Schrauben lockern. Wenn das nicht reicht, die Mutter mit der Flamme erhitzen.

KURSUS 75

TÖPFERN

Wer am Umgang mit Ton Freude gewonnen hat, verspürt früher oder später den Wunsch, auf der Töpferscheibe zu arbeiten. Sie wurde übrigens vor mehr als 3000 Jahren in Ägypten erfunden. Die Technik des Drehens ist zwar einfach, doch sie wirklich zu beherrschen, erfordert Übung und Erfahrung. Nach der Aufbau- und Gießkeramik (S. 181) zeigen wir auf den folgenden Seiten die wichtigsten Handgriffe und Techniken beim Arbeiten mit der Töpferscheibe.

Zum Arbeiten auf der Scheibe eignet sich Töpferton; er enthält kein Schamottemehl und läßt sich deshalb leicht drehen.
Man formt die benötigte Menge Ton zu einer Kugel und wirft sie mit Schwung auf die Mitte der Scheibe. Dadurch wird die erforderliche Haftung zwischen Teller und Tonmasse hergestellt. Dann wird der Klumpen zentriert, indem man ihn mit der linken Hand (die rechte hält gegen) zur Mitte drückt, bis er ohne Seitenschlag läuft. Dazu ist einige Kraft nötig, denn man neigt leicht dazu, mit der Hand der Exzenter-Bewegung zu folgen.
Damit der Ton leicht zwischen den Fingern gleitet, feuchtet man die Hände immer wieder in einer Wasserschüssel an. Bevor man mit dem eigentlichen Formen beginnt, zieht man den Ton zu einem schmalen Kegel hoch und drückt ihn wieder flach; dies wiederholt man ein paarmal.
Das Aufbrechen, Auseinanderziehen und Formen (Bilder 5–8) sollte man einige Male üben und den Ton wieder zusammenkneten, ehe man sein erstes Werkstück zum Brennen gibt.
Das fertige Werkstück schneidet man von der Scheibe (Foto 9) und läßt es einige Tage trocknen, bis die Oberfläche lederartig hart geworden ist; dann befestigt man es mit drei Tonklümpchen umgekehrt auf der Scheibe. Mit dem Abdreheisen höhlt man den Boden leicht konkav aus. Das Gefäß bekommt so einen sicheren Stand, weil es nur am Rand aufliegt.

Hobby-Drehscheibe mit angebautem Elektromotor, Töpferton zum Drehen in verschiedenen Farben, Abdreheisen und Abdrehschienen für die Schlußbearbeitung der Werkstücke.

Vor dem ersten Brennen muß der Ton völlig lufttrocken sein. Je nach der Wanddicke dauert das 2–6 Wochen. Zum Trocknen sollen die Gefäße an einem kühlen, luftigen Ort stehen.
Beim ersten Brand (Schrühbrand) wird aus dem Ton das chemisch gebundene Kristallwasser ausgetrieben; er ist danach nicht mehr wasserlöslich. Wasserdicht wird er aber erst durch das Glasieren beim zweiten Brennen.
Es gibt eine große Auswahl an Glasuren und Farben. Die Farben verändern sich beim Brennen sehr stark. Daher ist das genaue Einhalten der vorgeschriebenen Brenntemperatur wichtig für das Gelingen der Farbe.

1 Man wirft einen etwa faustgroßen Klumpen Töpferton mit Schwung auf die Scheibe. Deren Oberfläche soll feucht, aber nicht naß sein. So erreicht man die notwendige feste Haftung zwischen Ton und Scheibe.

2 Zuerst muß man den Tonklumpen zentrieren. Dazu drückt man mit der linken Hand von außen gegen die Masse, bis sie gleichmäßig läuft. Die rechte Hand drückt dabei von innen gegen das linke Handgelenk.

3 Zwei- bis dreimal zieht man den Ton zu einem schmalen Kegel hoch und drückt ihn anschließend wieder flach. Dies ist sehr wichtig, um wirklich alle Lufteinschlüsse restlos aus der Drehmasse zu entfernen.

4 Jetzt läuft der Ton genau zentriert und flach; man kann nun mit dem eigentlichen Formen des Werkstücks beginnen. Damit fängt man stets von der Mitte der auf diese Weise vorbereiteten Tonscheibe an.

5 Vorsichtig drückt man ein Loch in die Mitte des Tons. Dabei ist darauf zu achten, daß genügend Material für den Boden des Gefäßes übrigbleibt; er muß später von der Scheibe abgeschnitten werden.

6 Den dicken Tonwulst, der nun zwischen den Fingern läuft, zieht man langsam nach außen, bis man den endgültigen Durchmesser des Gefäßes erreicht hat, welches man herstellen will.

7 Nun kann man damit beginnen, der Schale die gewünschte Form zu geben. Zwischen den Händen bildet man die Krümmung. Die Wand soll an allen Stellen gleichmäßig dick sein.

8 Einen glatten, runden Rand kann man mit Hilfe eines Tuches formen. Aber auch zwischen den Fingern kann man bei einiger Übung unterschiedliche Arten von Gefäßrändern herstellen.

9 Um die Schale von der Scheibe abzulösen, zieht man einen Stahldraht oder eine Nylonsaite straff gespannt über die langsam drehende Scheibe. Das Abheben des Gefäßes erfordert einiges an Geschick und Übung.

10 Als Hilfsmittel beim Formen benutzt der Töpfer hölzerne Schablonen, die man Schienen nennt. Es gibt sie in verschiedenen Formen. Hier erhält die Außenseite eines Topfes eine Hohlkehle.

11 Mit der geraden Schiene bekommt hier die Außenseite eines Topfes ein professionell-glattes Aussehen. Viele Hobbytöpfer lassen dagegen ganz bewußt die Spuren der Handarbeit bestehen.

12 Wenn das Stück nach einigen Tagen lederhart geworden ist, befestigt man es mit drei Klümpchen weichen Tons umgekehrt auf der Scheibe und höhlt den Boden mit einem Abdreheisen aus.

1 Nach dem ersten Brennen wird glasiert. Glasuren kommen als Pulver in den Handel, das man bis zur erforderlichen Konsistenz in Wasser einrührt. Die Mischung vor dem Auftrag durchsieben.

2 Durch ein feines Sieb gießt man die Glasur in den Topf. Das Sieb ist dabei für eine glatte Glasur unbedingt notwendig, um eventuell in der Glasurmasse vorhandene Klümpchen zurückzuhalten.

3 Durch Drehen und Kippen des Topfes erreicht man, daß sich die Glasur gleichmäßig über die Innenfläche verteilt. Den Rest der Glasurmasse, der übrigbleibt, gießt man in die Schüssel zurück.

4 Auf die Außenseite kann man die Glasur auf verschiedene Art auftragen. Wird sie wie hier aufgepinselt, gibt es nach dem Brennen eine etwas ungleichmäßige, reizvolle strukturierte Fläche.

5 Eine ganz glatte Oberfläche erzielt man, wenn man das Gefäß völlig in die Glasuremulsion eintaucht. Der Gefäßboden muß danach vor dem Brennen sorgfältig von aller Glasur gereinigt werden.

6 Das Begießen mit der Kelle ist eine sparsame Methode, eine gleichmäßig glatte Glasurfläche zu erzielen. Die Fingerspuren bessert man hinterher durch vorsichtiges Tupfen mit dem Pinsel aus.

KURSUS 76

GEWINDE SCHNEIDEN

Gewindeschneiden ist auch für Heimwerker kein Problem. Mit gutem Werkzeug und etwas Geduld und Sorgfalt beim Arbeiten ist es einfach, saubere Gewinde herzustellen. Sie können Innen-, Aussen-, sogar Linksgewinde schneiden!

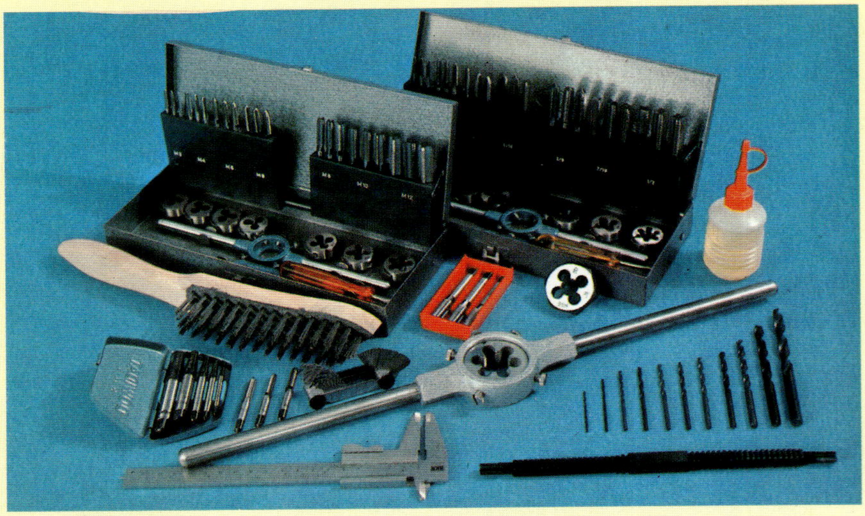

Gewinde-Werkzeuge: Spiralbohrer in Kernloch-Maßen, Gewindebohrer, Schneideisen, Windeisen, Meßzeug, Gewindefeile, Bolzenausdreher.

Für Maschinengewinde gibt es verschiedene Normen. Am gebräuchlichsten ist die metrische Norm der ISO (International Standards Organisation), die der DIN-Norm entspricht. Sie wird in allen Staaten verwendet, die der Meter-Konvention angeschlossen sind. Solche Schrauben und Muttern sind durch den Buchstaben M und eine Zahl bezeichnet, die den Außendurchmesser eines Gewindes angibt, z. B. M 10 = 10 mm. Bei Spezialgewinden wird zusätzlich noch die Steigung angegeben. M 10 × 1,0 ist z. B. ein Feingewinde für Lampenfassungen.
Für Gewinde mit Zollmaßen gilt »Whitworth« als gebräuchlichste Norm. Hier wird der Schraubendurchmesser in Zollbruchteilen angegeben, z. B. 1/8, 1/4; 7/16 usw.
Bei Gewindewerkzeugen gibt es in Preis und Qualität große Unterschiede. In Kaufhäusern bekommt man einen Satz Schneideisen und Durchlaufbohrer aus Werkzeugstahl schon für wenig Geld. Damit lassen sich aber nur Buntmetalle und weiches Eisen bearbeiten. Für einen kompletten Satz mit Vor-, Nach- und Fertigschneidern sowie Schneideisen für M 3–M 12 in Werkstattqualität muß man allerdings mehr anlegen. Man kann die Teile aber auch einzeln kaufen, also z. B. einen Satz für M 8.
Wichtig: Nie ohne Schmierung arbeiten. Einfaches Maschinenöl ist ein gut brauchbarer Ersatz für spezielles Schneidöl.

Welcher Spiralbohrer für welches Gewinde?

ISO-Gewinde (metrisch)

Nenn-Durchmesser	Steigung	Kern-Durchmesser	Bohr-Durchmesser (in mm)
3	0,5	2,46	2,5
4	0,7	3,24	3,3
5	0,8	4,13	4,2
6	1,0	4,92	5
8	1,25	6,65	6,8
10	1,5	8,38	8,5
12	1,75	10,11	10,2
16	2,0	13,84	14
20	2,5	17,29	17,5

Whitworth-Gewinde (Zoll)

Nenn-ø Zoll	Gänge/Zoll	Kern-ø (in mm)	Bohr-ø (in mm)
1/4	20	4,72	5,0
5/16	18	6,13	6,4
3/8	18	7,49	7,7
1/2	12	9,99	10,25
5/8	11	12,92	13,25
3/4	10	15,8	16,25
7/8	9	18,61	19,0
1	8	21,34	21,75

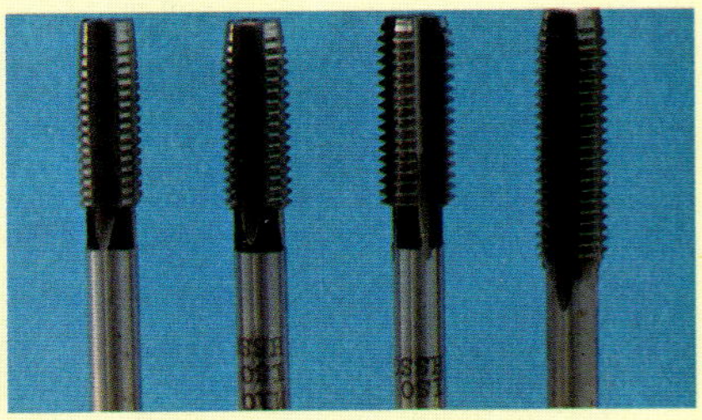

1 Bohrer zur Herstellung von Innengewinden. V. l.: Vorschneider, Nachschneider und Fertigschneider. Rechts ein Durchlaufbohrer, der die drei Funktionen in sich vereinigt. Alles M 10.

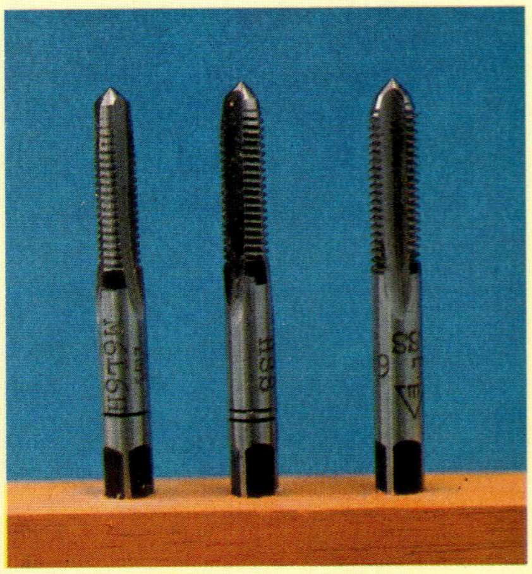

2 Auch für Linksgewinde gibt es Gewindebohrer und -schneider. Hier ein Satz für M 6 links. Solche Gewinde braucht man an drehenden Teilen sowie in Spannvorrichtungen.

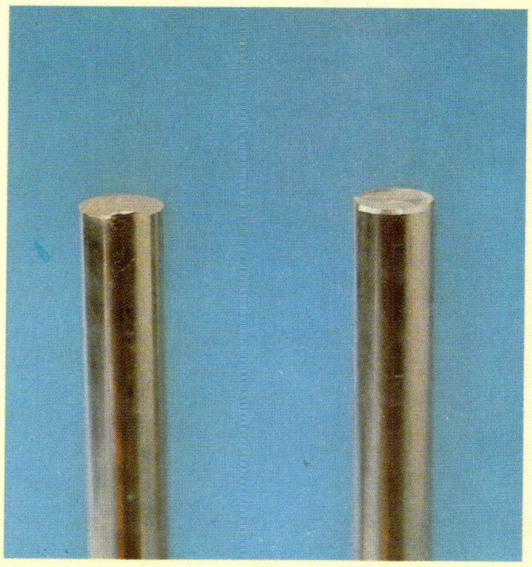

3 Bevor man den Gewindeschneider an einem Rundstab ansetzt, empfiehlt es sich, das Ende an der Schnittkante leicht konisch anzuschleifen. Links Schnittkante mit Grat, rechts angefast.

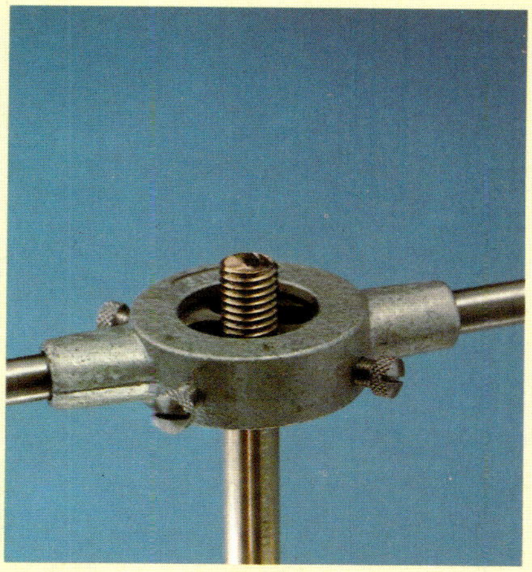

4 Sobald das Schneideisen gefaßt hat, dreht man zügig und gleichmäßig weiter. Nach jeweils 2–3 Windungen ein Stück zurückdrehen, um das Schneideisen wieder von Spänen freizumachen.

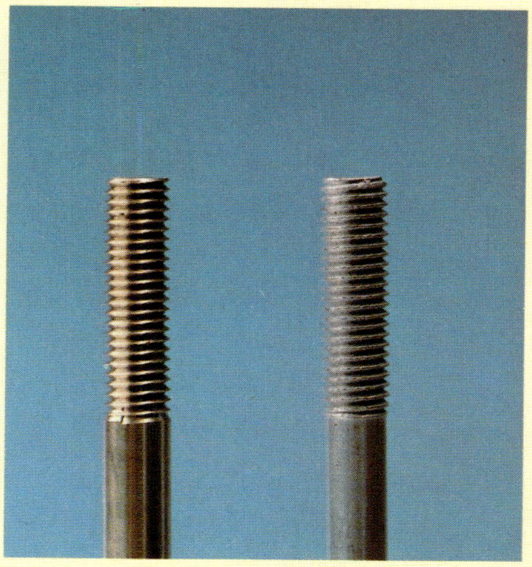

5 Links eine geschnittene Schraube, rechts zum Vergleich eine aus industrieller Fertigung. Dieses Gewinde wird ohne Spanabnahme eingepreßt. Der Schaft der M 10-Schraube hat 9 mm ⌀.

6 Die Ansicht eines Schnittmodells zeigt von rechts ein vorgebohrtes Loch, die Bearbeitung mit dem Vorschneider, Nachschneider und Fertigschneider; ganz links mit dem Durchlaufbohrer.

7 Das Spiel zwischen Innen- und Außengewinde ist durch die Norm festgelegt. Erst beim Anziehen verspannen sich die Flanken gegeneinander. Die Schraube dehnt sich dabei etwas, Zugkraft entsteht.

8 Mit dem Durchlaufbohrer lassen sich Innengewinde nur in relativ dünnem Material, wie hier in einem 4-mm-Alu-Blech, schneiden. Für Alu eignet sich Spiritus gut als Schmier- und Kühlmittel.

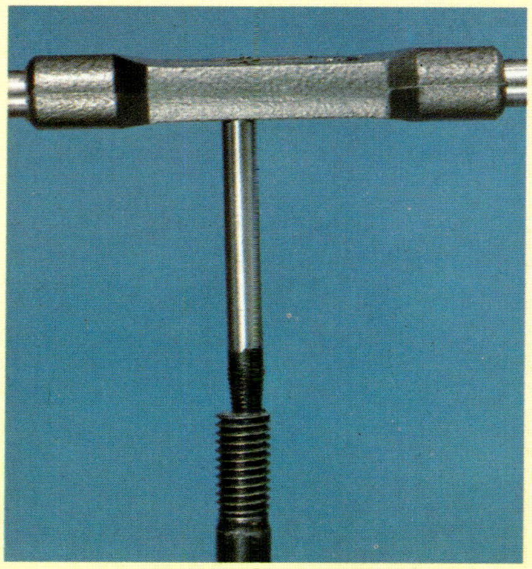

9 Ein Ausdreher holt auch abgerissene Bolzen heraus, an die man kein Werkzeug ansetzen kann. Er hat ein konisches Linksgewinde, das sich im angebohrten Bolzen festbeißt.

10 Mit der Gewindelehre prüft man die Steigung von Innen- und Außengewinden. Sie wird bei ISO als senkrechter Abstand zwischen zwei Gängen, bei Whitworth in Gänge/Zoll angegeben.

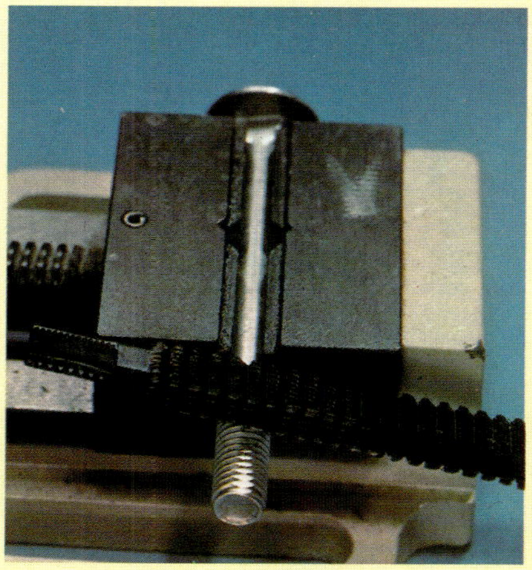

11 Mit der Gewindefeile kann man beschädigte Gewinde wieder gängig bekommen. Das Verfahren lohnt sich jedoch nur für unersetzliche Gewinde, z. B. an Maschinenteilen.

KURSUS 77

SCHNITZEN

Ob Sie nun Schriftzüge oder Rosetten aus dem Holz »zaubern« wollen – die Technik des Reliefschnitzens ist immer gleich. Wenn Sie diese beherrschen, brauchen Sie nur noch Ausdauer und viel Übung, um zu guten Ergebnissen zu kommen. Zur Ausrüstung gehören beim Reliefschnitzen allerdings einige Schnitzmesser mehr als für die einfachere Kerbschnitzerei, die wir Ihnen in unserem Kursus Seite VII/192 zeigten. Hier sehen Sie jetzt, wie die Rosette (oben) aus dem Holz entsteht.

Um verschiedene Formen schnitzen zu können, brauchen Sie auch verschiedene Schnitzeisen. Greifen Sie nie zum Hammer, wenn die eigene Kraft nicht ausreicht. Benutzen Sie dazu immer ein Klopfholz (links). Wer keine Hobelbank hat, kann das Werkstück auch festzwingen.

1 Hohlkehlen werden mit verschieden breiten Hohlkehleisen geschnitzt. Zum Abziehen dieser Messer benötigt man einen Abziehstein in der Form eines geraden Tropfens.

2 Dieses V-förmige Schnitzeisen wird »Geißfuß« genannt. Auch hier gibt es verschiedene Größen. Zum Schärfen wird die spitze Kante des Abziehsteines genommen.

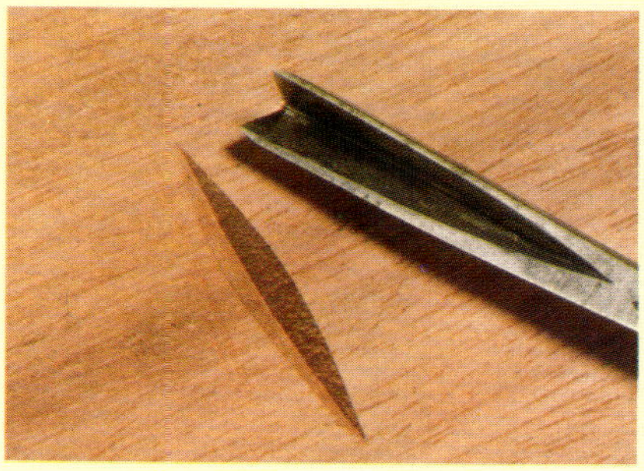

3 Wie hier die V-förmige Hohlkehle kann auch eine runde Kehle direkt aus der Fläche geschnitzt werden. Wichtig: In einem Zug arbeiten, nicht von beiden Seiten anfangen!

4 Damit wir es deutlich zeigen können, haben wir nur ein Rosettenblatt aufgezeichnet und geschnitzt. Normalerweise wird die ganze Fläche aufgerissen und geschnitzt.

5 Nachdem mit dem Geißfuß (Foto 4) das Blatt freigelegt wurde, wird mit dem halbrunden Eisen die Fläche so ausgehoben, daß ein Rand von 1 cm Dicke stehen bleibt.

6 Das Blatt wurde mit einem sehr flachen Hohlkehleisen plastisch abgeschrägt. Danach zeichnet man sich die Umrisse noch einmal auf: So macht man sich die Feinarbeit leichter.

7 Zwischen den einzelnen Fingern des Blattes wird das Holz mit dem Geißfuß sauber abgestochen. Bei diesen Feinarbeiten reicht die Fingerkraft. Bedingung: Ein sehr scharfes Messer!

8 Bei Schnitzereien werden die Kanten nicht mit Schleifpapier gebrochen, sondern der Grat wird mit dem flachen Eisen weggestochen. So erscheinen die Kanten noch plastischer!

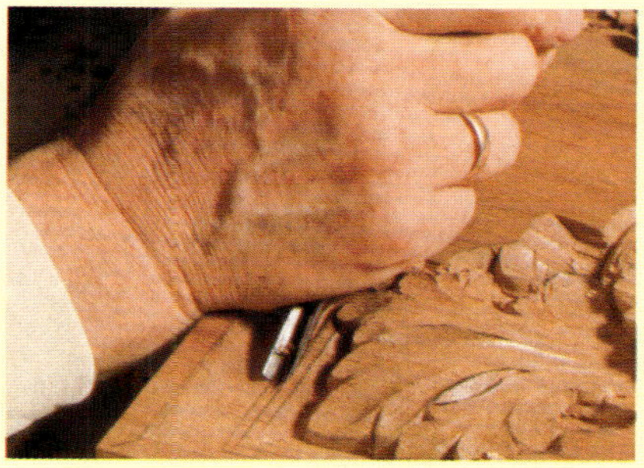

9 Die umlaufende, scharfkantige Hohlkehle wird mit dem kleinen Geißfuß ausgehoben. Das Ausstechen von geraden Kanten sollte man vorher an einem Abfallholz üben!

10 Wenn das Blatt fertig ist, werden die letzten feinen Arbeiten ausgeführt. Alle Ecken und Kanten überprüfen: Es dürfen keine angestochenen Holzfasern mehr zu sehen sein!

11 Die letzte Arbeit: Der Rand wird mit einem geraden Schnitzeisen abgestochen, so daß er 5 mm unter den Blättern liegt. Deutlich sichtbar: Die hohlgeschnitzten Blätter.

12 Das Blatt ist fertig! Damit man nicht so oft die Messer wechseln muß: Die gleiche Tätigkeit hintereinander an allen anderen (hier nicht gezeigten) Blättern ausführen!

KURSUS 78

ARBEITEN MIT PLATTEN AUS SCHICHT-PREẞSTOFF

Schichtpreßstoffplatte ist der etwas umständliche Fachausdruck für die widerstandsfähigen, harten Kunststoffplatten, mit denen heute z. B. die Arbeitsflächen der meisten Küchenmöbel beschichtet sind. Bekannter sind sie unter den Markennamen der Hersteller, wie zum Beispiel Resopal, Hornit oder Formica.
Es gibt eine Fülle von Dekors mit hochglänzenden, seidenmatten und strukturierten Oberflächen.
Bei diesen Platten handelt es sich um einen Verbundwerkstoff aus Spezialpapier und Melaminharz. Die Trägerschicht besteht aus harzgetränktem Papier. Darauf kommt bei einfarbigen Platten eine Schicht eingefärbten Harzes. Muster werden dagegen auf die Trägerschicht gedruckt und zusätzlich durch eine danach aufgebrachte Deckschicht durchsichtigen Harzes geschützt.
Melaminharz gehört zu den Duroplasten, d. h. es härtet unter Hitze und Druck so aus, daß es nicht wieder verformbar ist. Die Verbundplatten sind sehr widerstandsfähig gegen Wärmeeinflüsse, unempfindlich gegen im Haushalt vorkommende Chemikalien und agressive Stoffe. Weil das Material hart ist, bietet es einige Probleme bei der Verarbeitung. So werden Werkzeuge schnell stumpf. Hartmetallbestückte Werkzeuge haben sich für längeren Einsatz gut bewährt. Empfindlich sind die Platten gegen Kratzer, die durch härtere Materialien verursacht werden. Sägetische und Arbeitsunterlagen sauberhalten und mit Filzstreifen bekleben. Ein Schwingen und Vibrieren der Platten bei der Verarbeitung ist unter allen Umständen zu vermeiden: Auf großen Aufagen arbeiten; die Werkstücke gut festspannen.

Beim Beschichten von Vor- und Rückseite einer Spanplatte müssen die Schleifrillen der Kunststoffplatten in der gleichen Richtung laufen.

Das Kreissägeblatt muß bei Zuschnitt beschichteter Platten ausreichenden Überstand haben, sonst wird die Kante unsauber. Am besten: Hartmetallwerkzeuge.

Um Beschädigungen der Oberflächen bereits zugeschnittener oder aufgeleimter Platten bei der Weiterverarbeitung zu verhindern, schützt man sie mit Streifen aus Klebeband. Kratzer können z. B. durch Späne der Schichtpreßstoffplatten entstehen. Daher soll man solche Späne vor weiteren Arbeitsgängen entfernen.

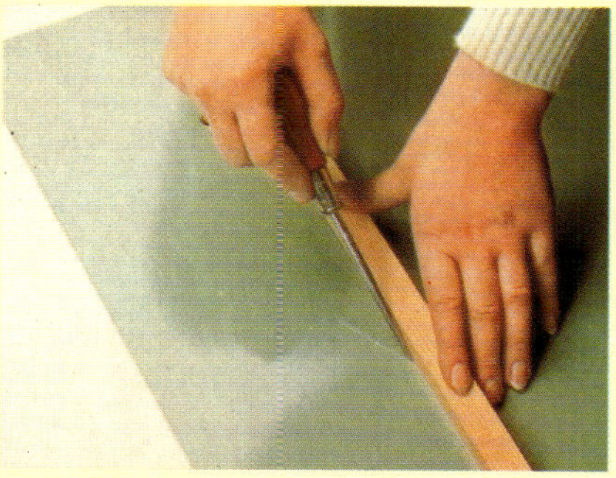

Auch von Hand kann man Melaminharzplatten zertrennen. Mit Messer, Stecheisen oder Ritzhaken mehrmals entlang eines Lineals anritzen, bis die Kernschicht . . .

. . . freigelegt ist. Danach kann man die Platte über die Kante des Lineals nach oben abbrechen. Das Lineal sollte dabei festgespannt sein.

Kleinere Schnitte kann man auch mit Handsägen ausführen. Feinzahnige, wenig geschränkte Sägen mit gehärteten Spitzen eignen sich dazu am besten.

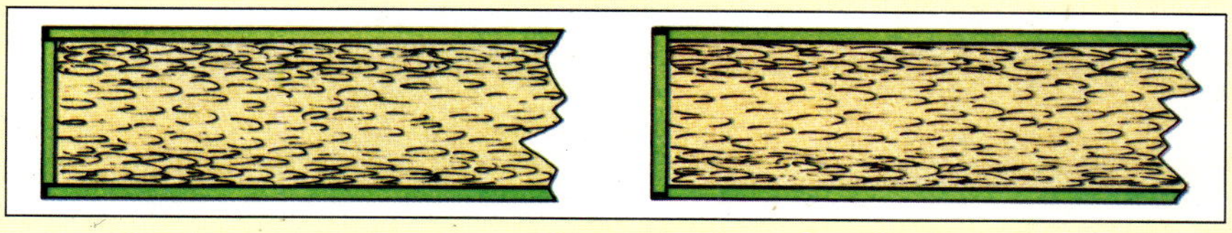

Bei vollständiger Umkleidung einer Spanplatte gibt es verschiedene Möglichkeiten, die Stöße an den Kanten zu bearbeiten. Man sollte jeweils die am meisten sichtbare Fläche bis an die Kante durchlaufen lassen.

Um Überstände an Kanten zu beschneiden, braucht man einen Hobel mit Metallsohle. Das harte Kunststoffmaterial würde eine Holzsohle beschädigen.

Mit einem Kreisschneider wie diesem lassen sich saubere runde Öffnungen herstellen. Von beiden Seiten aus je bis zur halben Materialtiefe schneiden.

Bei Ausschnitten scharfe Winkel vermeiden, das Material reißt leicht ein. Durch Vorbohren (10 mm) erhält man saubere, abgerundete Ecken.

Die Feinarbeit erledigt man mit einer scharfen Feile mit feinem Hieb. Den letzten Schliff bekommen die Kanten mit feinem Sandpapier auf einem Klotz.

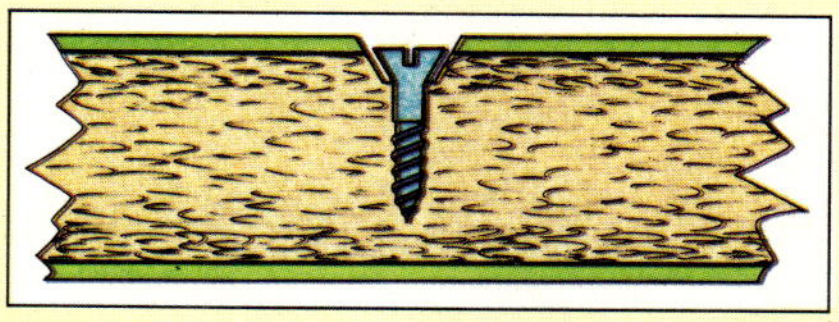

Bei Schraubmontagen müssen die Schraubenlöcher so aufgebohrt werden, daß die Köpfe die Dekorplatten nicht berühren. Diese Platten könnten sonst splittern.

Auch mit Fräsen lassen sich die Kantenüberstände bearbeiten. Hierfür eignen sich nur Hartmetall-Werkzeuge. Dabei höchstens 2 mm je Arbeitsgang zerspanen.

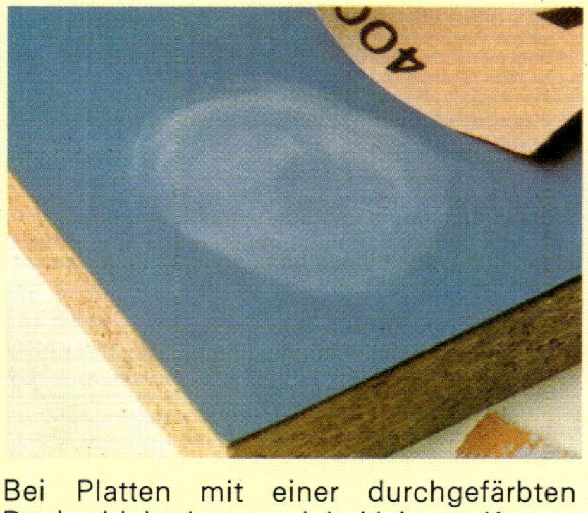

Bei Platten mit einer durchgefärbten Deckschicht lassen sich kleinere Kratzer herausschleifen. Zuerst mit trockenem 400er Papier vorschleifen . . .

. . . dann mit einer Schwabbelscheibe und mittelhartem Polierwachs nacharbeiten. Anschließend mit Nitroverdünnung den Glanz mildern.

KURSUS 79

MOSAIK LEGEN

Mosaiklegen ist eine Kunst, die bereits vor unserer Zeitrechnung ausgeübt wurde. Die Technik hat sich, unabhängig von den verarbeiteten Werkstoffen, im Prinzip nicht geändert. Mit Mosaiksteinen kann man viele schöne und nützliche Dinge gestalten. Bei der Wahl der Muster und Farben sind Ihrer Phantasie kaum Grenzen gesteckt. Unser Kursus soll Ihnen als Einführung in die Praxis dienen.

Schon bei der Materialauswahl der Mosaiksteine muß man sich darüber klar sein, ob das fertige Produkt seinen Platz im Hause oder im Freien haben soll. Für die Freiluftverwendung müssen Sie unbedingt frostfeste Steine, z. B. Kachelreste, Steingutkacheln, Glasmosaik oder ähnliches verwenden. Das Abdichten der Mosaikfugen an Rand und Oberfläche sollte in diesem Falle besonders sorgfältig geschehen, da Feuchtigkeit eindringen und das Werk zerstören kann.
Mosaiksteine bekommt man in Baumärkten, häufig in Matten und mit dem erforderlichen Fugenzwischenraum versehen. Es gibt sie in vielen leuchtenden oder gedeckten Farben, die sich zur Dekoration unterschiedlicher Zier- oder Gebrauchsgegenstände eignen.
Die Grundplatte, auf die das Mosaik aufgebracht wird, muß so stabil sein, daß sie nicht durchbiegt. Denn dann platzen die Steine ab, und die Arbeit war vergebens.

Das Grundmaterial: Farbechte Glasmosaik-Steine, die man auch im Freien verlegen kann.

1 Das Arbeitsmaterial: Eine Grundplatte (Beton), Mosaiksteine, Schleifstein, Glasschneider, Kneifzange, Spachtel, Messer, Schraubenzieher, Fliesenkleber, Mörtel, wasserlöslicher Kleber, Papier.

2 Der Entwurf wird seitenverkehrt in gewünschter Größe auf die Arbeitsvorlage, Packpapier, übertragen. Wasserlöslichen Leim auftragen, Steine mit dem »Gesicht« nach unten aufkleben.

3 Das Anpassen der Steine: Mit einem Glasschneider einritzen. Dann mit der Zange, die nur an der Kante angesetzt wird, abkneifen. Auf diese Weise wird der Bruch ziemlich glatt.

4 Die mit der Zange zerteilten Mosaiksteine werden auf einem Abziehstein sauber geschliffen, damit die Kanten abstumpfen und ungleiche Stellen besser ausgeglichen werden.

5 Die Steine entsprechend Ihrer Farbvorlage so aufkleben, daß zwischen ihnen ein schmaler Spalt freibleibt. So kann das Material arbeiten. Die Steine platzen nicht so leicht ab.

6 Die Reste der bereits zerteilten Steine unbedingt aufbewahren. Oft passen diese Stücke an einer anderen Stelle des Motivs und brauchen dann nur noch eingefügt zu werden.

7 Wenn auch die letzten Lücken ausgefüllt sind, zerteilt man die Arbeitsvorlage in mehrere Segmente. Dazu fährt man mit einem feinen Messer durch die Spalten der Mosaiksteine.

8 Die einzelnen Segmente werden angehoben und über Kopf auf die beschichtete Grundplatte (Foto 9) geklebt. Das Papier darf nicht stark durchbiegen, sonst fallen einzelne Steine heraus.

9 Der Fliesenkleber wird mit dem Zahnspachtel aufgetragen. Dabei kann man, je nach Größe des Werkstücks, auch segmentweise vorgehen, damit der Kleber nicht vorher abbindet.

10 Nun befindet sich das Papier auf der Oberseite. Steine mit einem kleinen Holzstück anpressen. Dann erneut Kleber auftragen, das nächste Teilstück auf die Platte bringen.

11 Da die Mosaiksteine mit wasserlöslichem Leim auf das Papier der Vorlage geklebt wurden, ist es leicht, Papier samt Leim aufzuweichen und von der Oberfläche zu entfernen.

12 Die letzten verbliebenen Fugen werden mit Fliesenkleber oder Feinmörtel geschlossen. Danach muß man die Mosaikoberfläche mit einem feuchten Tuch vorsichtig reinigen.

KURSUS 80

ZAPFEN MIT KEIL

Mit Keilen gesicherte Zapfenverbindungen gab es schon im Altertum. In Jahrhunderten Bewährtes hält auch heute noch zuverlässig. Und reizvoll sind diese nach solider Tischlerart hergestellten Verbindungen heute erst recht. Hier kann der Heimwerker sein Geschick unter Beweis stellen.

Eine dekorative Verbindung ist der durchgesteckte Zapfen mit eingebohrtem Keil. Zapfenloch und Keil sind beide in einem Winkel von etwa 10° abgeschrägt und genau zusammengepaßt.

Für Tischgestelle und Kleinmöbel eignet sich diese Art der Verbindung besonders gut. Das Loch für den Keil muß stets quer zum Verlauf der Maserung gebohrt werden.

Hauptsächlich bei Türrahmen findet diese Art der verkeilten Zapfenverbindung Verwendung. Der breite Steg des Zapfens sitzt paßgenau im Loch und verhindert seitliches Ausweichen.

Nur leicht angeschrägt sind hier die Flächen der Keile. Vor dem Einschlagen bestreicht man sie dünn mit Leim. Beide Keile gleichmäßig eintreiben, dann die Überstände abschneiden.

Der Vierfach-Keil-Zapfen eignet sich vor allem für Tischgestelle mit Kreuzfuß. Zuerst die Überblattung herstellen und zusammenpassen, dann das Loch für den Zapfen ausstechen.

Zwei gekreuzte Sägeschnitte dienen hier als Schlitze zur Aufnahme der Keile. Die Keile sollte man aushobeln oder auf einer Bandsäge herstellen. Der Keilwinkel ist hier nur ganz flach.

Standsicher und wackelfrei hält bei sachgerechter Ausführung die Verbindung die Teile des Kreuzfußes untereinander und mit der Stütze zusammen. Alle Teile werden verleimt.